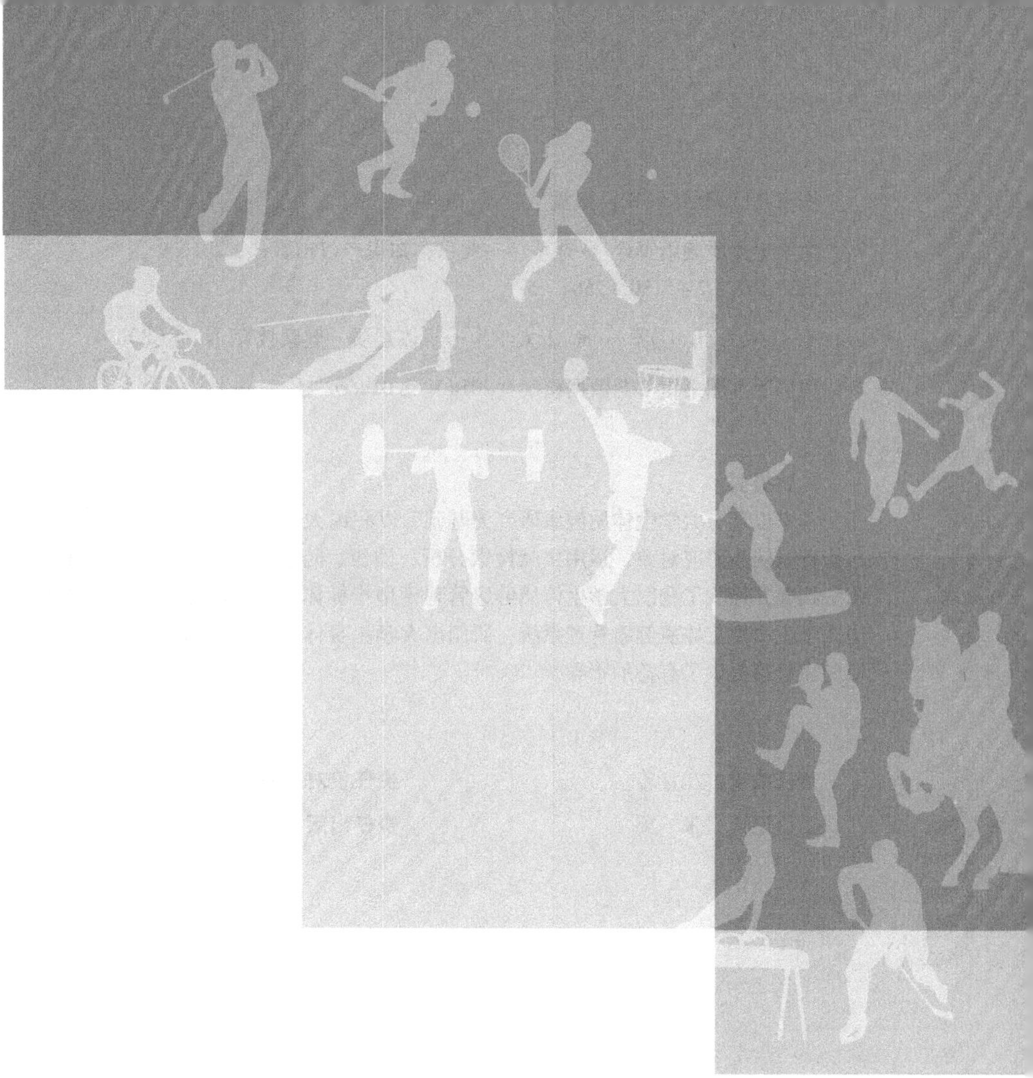

大学生体质健康管理

罗 奇◎著

DAXUESHENG TIZHI JIANKANG GUANLI

图书在版编目（CIP）数据

大学生体质健康管理/罗奇著. —北京：知识产权出版社，2016.9
ISBN 978-7-5130-2564-5

Ⅰ.①大… Ⅱ.①罗… Ⅲ.①大学生—身体素质—健康教育 Ⅳ.①G807.4

中国版本图书馆 CIP 数据核字（2014）第 014662 号

内容提要

本书以现有大学生体质健康研究为基础，以我国大学生体质健康指标和个性化体质健康管理系统为研究对象，运用文献检索分析、访谈、问卷调查、数理统计和计算机工程等方法构建并检验了我国大学生体质健康管理模型指标体系，并以此为基础设计和开发了我国大学生个性化体质健康管理系统，研制出大学生身体运动能量监测仪，为加强大学生体质健康管理提供了有益的指导。

责任编辑：江宜玲	责任校对：潘凤越
封面设计：张 冀	责任出版：卢运霞

大学生体质健康管理

罗 奇◎著

出版发行：知识产权出版社有限责任公司	网　址：http://www.ipph.cn
社　址：北京市海淀区西外太平庄 55 号	邮　编：100081
责编电话：010-82000860 转 8339	责编邮箱：jiangyiling@cnipr.com
发行电话：010-82000860 转 8101/8102	发行传真：010-82000893/82005070/82000270
印　刷：北京中献拓方科技发展有限公司	经　销：各大网上书店、新华书店及相关专业书店
开　本：720mm×1000mm 1/16	印　张：16.25
版　次：2016 年 9 月第 1 版	印　次：2016 年 9 月第 1 次印刷
字　数：272 千字	定　价：58.00 元
ISBN 978-7-5130-2564-5	

出版权专有　侵权必究

如有印装质量问题，本社负责调换。

目 录

第一篇 湖北省高校开展"阳光体育运动"的长效机制

第1章 绪 论 … 3
- 第1节 研究背景及研究意义 … 3
- 第2节 国内相关研究综述 … 9
- 第3节 国外相关研究现状 … 21
- 第4节 研究对象和研究方法 … 23

第2章 普通高校开展"阳光体育运动"的背景 … 25
- 第1节 社会背景 … 25
- 第2节 学校体育的发展回顾与"阳光体育运动"的起源 … 31
- 第3节 "阳光体育运动"的概念 … 44
- 第4节 普通高校开展"阳光体育运动"的具体内容及要求 … 49

第3章 湖北省高校开展"阳光体育运动"的现状 … 52
- 第1节 湖北省高校"阳光体育运动"现状的调查设计 … 53
- 第2节 湖北省高校开展"阳光体育运动"的调查 … 53
- 第3节 湖北省高校"阳光体育运动"现状分析 … 59

第4章 构建湖北省高校"阳光体育运动"的长效机制 … 63
- 第1节 构建湖北省高校"阳光体育运动"长效机制的管理学分析 … 63
- 第2节 湖北省高校开展"阳光体育运动"的过程控制 … 67
- 第3节 建立"阳光体育运动"组织保障机制 … 72

第4节 建立"阳光体育运动"制度保障体系 ………………………… 73
第5节 发挥湖北省高校体育文化环境对学生运动
       参与的促进作用 ………………………………………………… 78
第6节 加大经费投入，强化硬件及师资建设 …………………………… 82
第7节 建立完善的《国家学生体质健康标准》监测机制 …………… 83
第8节 建立湖北省高校"阳光体育运动"监督机制 ………………… 88

第二篇　大学生体质健康管理的应用

第5章　问题的提出 ……………………………………………………… 93
第1节 研究对象 ……………………………………………………… 93
第2节 研究内容 ……………………………………………………… 96
第3节 研究方法 ……………………………………………………… 97
第4节 研究意义 ……………………………………………………… 98
第5节 大学生体质健康测试后续服务管理的理论构建 …………… 100
第6节 大学生体质健康测试后续服务管理模式 …………………… 103

第6章　文献综述 ………………………………………………………… 105
第1节 核心概念的界定 …………………………………………… 105
第2节 大学生体质健康管理研究现状及其发展趋势 ……………… 110
第3节 大学生体质健康指标研究现状 …………………………… 127

第7章　大学生个性化体质健康管理模型指标体系的构建 …………… 145
第1节 研究目的与内容 …………………………………………… 145
第2节 研究方法 …………………………………………………… 145
第3节 研究技术路线 ……………………………………………… 148
第4节 访谈及专家初试问卷条目确定 …………………………… 148
第5节 第一轮专家问卷调查 ……………………………………… 152
第6节 第二轮专家问卷调查 ……………………………………… 158
第7节 心理健康指标部分项目分析 ……………………………… 164
第8节 大学生个性化体质健康心理指标检验及验证性因素分析 … 172
第9节 大学生个性化体质健康管理模型指标体系 ……………… 180

第8章 大学生个性化体质健康管理系统的设计与开发 ……………… 182
第1节 研究目的与内容 ……………………………………………… 182
第2节 系统的硬件配置和软件配置 ………………………………… 182
第3节 大学生个性化体质健康管理系统的设计原则和设计思想 …… 183
第4节 大学生个性化体质健康管理系统的可行性分析 …………… 185
第5节 大学生个性化体质健康管理系统的功能模块 ……………… 186
第6节 大学生个性化体质健康管理系统的网页设计 ……………… 190
第7节 大学生个性化体质健康管理系统的数据库设计 …………… 191
第8节 大学生个性化体质健康管理系统的开发 …………………… 196
第9节 讨 论 ………………………………………………………… 198
第10节 小 结 ………………………………………………………… 199

第9章 大学生身体运动能量监测仪的研制 ……………………………… 200
第1节 研究目的与内容 ……………………………………………… 200
第2节 研究方法 ……………………………………………………… 200
第3节 研制背景 ……………………………………………………… 201
第4节 硬件设计 ……………………………………………………… 205
第5节 软件设计 ……………………………………………………… 207
第6节 本研究的创新之处 …………………………………………… 211
第7节 小 结 ………………………………………………………… 211

第10章 结论与建议 ……………………………………………………… 212
第1节 结 论 ………………………………………………………… 212
第2节 本研究的创新之处 …………………………………………… 213
第3节 继续开展本研究的设想 ……………………………………… 214

附 录 ……………………………………………………………………… 215
一、大学生个性化体质健康管理模型研究访谈提纲（生理类A） … 215
二、大学生个性化体质健康管理模型研究访谈提纲（生理类B） …… 216
三、大学生个性化体质健康管理模型研究访谈提纲（心理类A） … 217
四、大学生个性化体质健康管理模型研究访谈提纲（心理类B） …… 218
五、大学生个性化体质健康生理指标甄选专家问卷（第一轮） …… 218
六、大学生个性化体质健康心理指标甄选专家问卷（第一轮） …… 220

七、大学生个性化体质健康生理指标甄选专家问卷（第二轮） …… 224
八、大学生个性化体质健康心理指标甄选专家问卷（第二轮） …… 227
九、大学生个性化体质健康心理指标学生调查问卷……………… 234
十、人体运动量监控系统说明书………………………………… 236

参考文献……………………………………………………………… 241

第一篇

湖北省高校开展"阳光体育运动"的长效机制

第一篇

第1章 绪　论

第1节　研究背景及研究意义

一、研究背景

1. 国家背景

改革开放以来，我国经济取得了突飞猛进的发展，人民生活水平也得到了极大提高，人们精神文化生活日渐丰富，群众体育事业也取得了辉煌的成就。然而，由于现代社会生活节奏加快，青少年的学习压力和社会竞争加大，因此他们的健康问题越来越严重而受到社会各界的广泛关注。

2005年第五次全国学生体质健康调研结果显示，尽管青少年的营养水平和形态发育水平不断提高，但是，青少年学生体能素质指标中的肺活量水平、速度素质和力量素质连续10年下降，耐力素质连续20年下降；超重和肥胖学生的比例持续增加。其中，7~22岁城市男生，2005年超重和肥胖的检出率分别为13.25%和11.39%，比2000年分别上升了1.4%和2.7%；7~22岁城市女生，2005年超重和肥胖的检出率分别为8.72%和5.01%，比2000年分别上升了0.7%和0.9%；7~22岁乡村男生，2005年超重、肥胖检出率分别为8.20%和5.07%，比2000年分别上升了1.8%和1.6%；7~22岁乡村女生，2005年超重、肥胖检出率分别为4.61%和2.63%，比2000年分别上升了1.2%和0.4%。与2000年相比，19~22岁的城市女生，肺活量分别下降303毫升和238毫升，为下降最明显的人群之一。中国青少年学生、儿童视力不良的比例居高不下，近视率已居世界第二位，小学生近视比例达31.67%，初中生为58.07%，高中生为76.02%，大学生为82.68%。基于此，2006年12月23日，教育部与国家体育总局共同召开了新中国成立以来第一次"全国学校体育工作会议"，并下发了《关于开展全国亿万学生"阳光体育运动"的通知》，指出：从2007年开始，结合《国家学生体质健康标准》的全面实施，在全国各级各类学校中广泛、深入地开展全国亿万学生"阳光体育运动"。同年4月23日，时任中共中央总书记的胡锦涛同志主持召开中共中央政治局关于"研究加强青少年体育工作和网络文化建设"的工作会议。同年4月29日，"全国亿万学生阳光体育运动"在北京正式启动。2007年5月7日，中共中央、国务院印发了《关于加强青少年体育 增强青少年体质的意见》（中发[2007]7号）。同年5月25日，国务院又召开了"加强青少年体育、增强青少年体质"的电视电话会议，一时间学校体育工作被摆到了国家层面，"阳光体育"这一名词强势进入公众视野。

大学生在青年群体中占据重要地位，是未来我国社会主义建设的主力军和接班人。当代大学生除了要具备良好的品质、丰富的知识和扎实的本领之外，还要具有健康的身体素质和心理素质。提高大学生的健康水平、培养他们的健康体格是一项基础性工程，是普通高校推进素质教育义不容辞的责任。由于受应试教育的影响，长期以来学生的课业负担很重，休息和体育锻炼时间严重不足。步入大学后，他们课业负担相对减轻，自由支配时间增多，但早期健康教育的缺失导致学生们没有养成良好的生活习惯。长期缺乏锻炼，熬夜打游戏，不吃早餐就上课，考试前整天上自习、考试后通宵泡KTV等成为当代不少大学生的生活状态。针对全国各地高校大学生健康状况的多种调查显示，大学生的身体机能日益衰退，再加上就业压力很大，大学生的生理和心理问题日益增多，很多大学生都处于亚健康状态。

据世界卫生组织报告，在决定人的健康程度因素中，遗传因素和环境因素只占15%和17%，医疗条件占8%，而生活态度、生活方式占59%。钟南山院士曾提出人体健康有五大基石：合理膳食、适量运动、戒烟限酒、心理平衡和充足睡眠。体育锻炼是增强体质、增进健康最积极有效的手段。研究结果表明，科学合理的体育锻炼对人的体质健康将产生积极的影响。从2007年开始，随着"阳光体育运动"在各地各类学校的开展，学生的体质情况得到了一定程度的改善。2010 年，第六次全国学生体质健康调研工作展开，这是开展"阳光体育运动"以后的第一次全国范围内的学生体质检测。调研结果显示，7～18 岁中小学生的爆发力、柔韧性、力量、耐力等身体素质指标持续下滑的趋势开始得到遏制，与 2005 年相比，以上几项身体素质指标有了不同程度的提高。调研结果显示，虽然大学生身体素质继续呈现缓慢下降态势，但下降幅度明显减小。19～22 岁年龄组除坐位体前屈指标外，爆发力、力量、耐力等身体素质水平进一步下降，但与前一个五年相比（2000—2005 年），下降幅度明显减小。与 2005 年相比，19～22 岁城市男生、乡村男生立定跳远成绩分别平均下降 1.29 厘米、0.23 厘米，引体向上成绩分别平均下降 1.44 次、1.45 次，1000 米跑成绩分别平均下降 3.37 秒、3.09 秒；城市女生、乡村女生立定跳远成绩分别平均下降 2.72 厘米、0.92 厘米，仰卧起坐成绩分别平均下降 3.02 次/分、2.48 次/分，800 米跑成绩分别平均下降 3.17 秒、1.87 秒。另外，城市男生、城市女生握力分别平均下降 0.18 千克、0.35 千克；城市男生、城市女生、乡村女生 50 米跑成绩分别平均下降 0.06 秒、0.10 秒、0.05 秒。调研结果显示，学生肥胖和超重检出率继续增加。7～22 岁城市男生、城市女生、乡村男生、乡村女生肥胖检出率分别为 13.33%、5.64%、7.83%、3.78%，比 2005 年分别增加 1.94%、0.63%、2.76%、1.15%；超重检出率分别为 14.81%、9.92%、10.79%、8.03%，比 2005 年分别增加 1.56%、1.20%、2.59%、3.42%。

由此可见，"阳光体育运动"的开展对大学生体质状况的改善已经初见成效，但并没有改变大学生体质下降的情况，"阳光体育运动"的开展并没有达到中共中央、国务院《关于加强青少年体育 增强青少年体质的意见》中所要求的全国大中小学开展"阳光体育运动"的水平，在五年内提高青少年体质、改变青少年体质健康状况的目标没有实现，大学生的体质健康状况仍然在下降。

2. 地区背景

湖北省地处华中地区，有其特定的地域特性与文化习俗。作为教育大省，湖北省是我国高校最多的省份之一，在校大学生数量达到 100 多万。

从各项评价指标看，在 1985—2000 年的 15 年间，男大学生在 1991 年及 1995 年的形态发育状况较好，而 1985 年及 2000 年较差；反映身体机能状况的肺活量、体质量指数均呈下降趋势；速度素质及耐力素质 1991 年比 1985 年有明显提高，但随后又呈下降趋势；柔韧素质从 1985 年到 1995 年逐渐提高，但 2000 年又明显下降。女大学生的形态发育，1995 年以后较 1995 年以前好；肺活量、体质量指数在 1995 年以前均呈下降趋势，2000 年又有所上升；速度、耐力、腰腹肌力均呈下降趋势，柔韧素质 2000 年较 1995 年明显下降。总体来说，湖北省大学生的体质健康水平并未随时间的推移而提高，男大学生的身体机能呈下降趋势，体质健康状况近年来由良好水平降到了及格水平，男、女大学生的各项身体素质均呈下降趋势。2005 年一项关于湖北省学生的调查结果显示，与 1985 年比较，湖北省男女学生除下肢爆发力素质、力量素质（除男引体向上）有较大幅度的提高外，速度素质、耐力素质、柔韧性素质均呈下降趋势，这与全国学生的体质状况基本一致。

2008 年，为推动"阳光体育运动"的开展，切实落实中共中央 7 号文件和全国学校体育工作会议精神，深入推进素质教育，切实加强湖北省青少年体育素养，增强青少年体质，促进广大青少年全面发展和健康成长，湖北省制定了《中共湖北省委湖北省人民政府关于加强青少年体育 增强青少年体质的实施意见》（鄂发［2008］10 号）。该意见为湖北省普通高校"阳光体育运动"的广泛开展指明了方向。

"阳光体育运动"开展以来，湖北省积极支持和推进普通高校体育全面发展，将"阳光体育运动"的开展与体育课堂教学、课外体育活动、学生体育俱乐部活动、高水平运动队建设相结合，使普通高校体育进入一个体育课堂教学、课外体育活动有机结合，全面实施《国家学生体质健康标准》的"教""练""评"三位一体的崭新发展阶段。尽管"阳光体育运动"取得了一些成果，学生的体育锻炼意识与体育积极性得到了一定的提高，学生的体质健康得到了一定程度的提高和改善，但由于各个地区、地域条件和经济条件不一样，"阳光体育运动"发展得并不均衡。一些学校领导体育意识淡薄，对学生体育的重视不够，招生规模增加导致运动场所和器材不足，基础体育教育意识缺失使得学生缺乏体育锻炼的习惯。同时高校内部的构建也存在问题，高校教师忙于搞科研，只将较少的精力放在体育运动上，教师参与度和积极性的缺乏极大地影响了"阳光体育运动"的开展。根据湖北省数据管理中心对高校大学生 2008 年、2009 年、2010 年体质统计数据进行的一项研究分析显示，通过 2007 年、2008 年、2009 年、2010 年以来认真贯彻实施《国家学生体质健康标准》

工作，确实给湖北省大学生体质健康状况带来了一定变化。但是，湖北省大学生体质健康整体水平仍令人担忧。大学生体质健康状况明显较差，反映形态、机能指标均与2005年持平，反映身体素质的各项指标中，男生下肢爆发力、上肢力量指标均低于2005年的平均水平，而反应速度、耐力素质的指标则优于2005年平均水平。由此可见，湖北省大学生的体质状况依旧不容乐观。

随着"亿万学生阳光体育运动"在全国各级各类学校中的广泛开展以及《国家学生体质健康标准》的全面实施，并随着每天一小时校园体育活动的深入开展，普通高校的学校体育工作必将向着更深层次迈进。结合湖北省地方的现状与特点，构建普通高校开展"阳光体育运动"可持续发展的运行机制，努力提高学生的体育意识，以"达标争优，强健体魄"为目标，将体育课堂教学和课外体育活动相结合，加强组织领导，营造良好的舆论氛围，为普通高校体育工作的开展提供人、财、物、信息、制度等方面的保障，正是本研究的目的与意义所在。

二、研究意义

1. 有利于系统了解湖北省普通高校"阳光体育运动"开展状况

自"阳光体育运动"启动以来，各级政府高度重视，湖北省许多高校纷纷开展多种活动，如湖北省高校大学生"阳光体育"冬季长跑，湖北省普通高等学校"阳光体育运动"创编项目运动会等。如今六年时间过去了，各个高校开展"阳光体育运动"的情况如何？每所高校开展"阳光体育运动"的方式如何？存在什么样的问题？各项活动是有条不紊地持续开展，还是一阵口号过去就不见踪影？各项活动的开展是否充分调动了大学生的积极性？大学生的体质是否有了一定程度的改善？各项活动的开展是否达到了"阳光体育运动"的目标？本课题将对这些问题开展研究，以期系统地了解湖北省普通高校开展"阳光体育运动"的状况。

2. 有利于深化湖北省各高校对开展"阳光体育运动"本质特征的理解

"阳光体育运动"的开展主要分为两部分，一是中小学，二是高校。2011年7月，教育部印发了《切实保证中小学生每天一小时校园体育活动的规定》，要求各中小学认真执行国家课程标准，保质保量上好体育课，同时将校园体育活动的时间和内容纳入教学计划，列入学校课表，严格执行国家关于保证中小学生每天一小时校园体育活动的规定。目前中小学的"阳光体育运动"广泛开展，检查、评估体系也已逐渐成形，众多政府部门和"阳光体育运动"的工作人员将注意力放在中小学上，对中小学的"阳光体育运动"投入了更多的物力和财力。而在高校层面上因为缺乏具体的政策以及监督检查制度，"阳光体育运动"很难引起体育相关部门和高校领导部门的关注。尤其是大学生由于突然到了大学这样一个相对自由的环境，体育运动意识也越来越淡薄，甚至很多人以为"阳光体育运动"是中小学的事情而与大学无关。学校和学生双方对"阳光体育运动"都没有给予高度的重视，因此导致许多高校"阳光体育运动"开展不到位。本课题的研究可加深高校对开展"阳光体育运动"的认识，加深对"阳光体育运动"本质的理解。

3. 有利于高校"阳光体育运动"长效机制的形成

"阳光体育运动"不仅是一种口号，更是一种行动。从一项"阳光体育运动"的实施到"阳光体育运动"的开展、结束，需要花费很长的时间，在开展的过程中，需要高校各个部门的参与和配合，从而保证每一项活动的完成，最终达到"阳光体育运动"的目标。

自倡导"阳光体育运动"以来，国家及地方政府相继出台了一系列的政策措施，引导和鼓励"阳光体育运动"的开展，因此必须建立起完善的、可行性强、操作性强的监督和保障体制，调动所有参与人员的积极性与主动性，以此真正形成自上而下的政策体系来促进"阳光体育运动"的可持续发展。本课题的研究将为高校阳光体育长效机制的构建提供一些建议，进而更好地推动此项活动的开展。

4. 有利于高校学生形成体育锻炼的意识

"阳光体育运动"的开展是以青少年学生的健康发展为出发点和落脚点的，其最终的目标是增强学生的体魄。"阳光体育运动"开展形式多样，学生在参加"阳光体育运动"的过程中，可以找到自己感兴趣的项目及活动，从而找到体育活动的乐趣。这种乐趣将更有利于学生积极主动地参与"阳光体育运动"，关注"阳光体育运动"，从而提高学生体质健康水平。当学生们感受到"阳光体育运动"给他们带来的身体状况的改善及心理素质的提高，体会到"阳光体育运动"的意义，就会形成体育锻炼的主观意识，养成良好的体育锻炼习惯。

5. 有利于构建健康和谐校园

良好的校园文化会给学生带来温馨、舒适的学习和生活状态。校园文化建设包括物质建设、精神文化建设和制度文化建设三个方面。校园精神文化建设是校园文化建设的核心内容，也是校园文化的最高层次。它主要包括校园历史传统和被全体师生员工认同的共同文化观念、价值观念、生活观念等意识形态，是一个学校本质、个性、精神面貌的集中反映。"阳光体育运动"在精神层面上有利于校园文化的建设，可为校园文化建设输入正能量。

"阳光体育运动"的开展在活动项目选择上也强调学生的兴趣和主动性，从学生本身的需求出发，倡导"和谐、关爱、自由、平等"的校园氛围，为此，本研究意在理顺普通高校开展"阳光体育运动"的组织运行机制，让学生以阳光的心态、更积极的姿态投身到日常的体育锻炼中去，在运动中充分发挥主动性。

6. 有利于政府和高校完善"阳光体育运动"的相关政策

目前很多"阳光体育运动"相关政策已经出台，然而我们要认识到提高大学生身体健康水平不是一朝一夕之功，需要长期坚持。"阳光体育运动"的开展并非一蹴而就，也不是出台几个文件、开展几项活动就能达到效果的，最根本的是需要政府、高校及学生长期的坚持，这样才能达到学生体质健康水平提高这一最终目标。本研究在总结现有经验的基础上，试图从宏观性、方向性和原则性上给予各高校开展"阳光体育运动"以方法与思路方面的新启示。

第2节 国内相关研究综述

2006年12月20日，《教育部、国家体育总局、共青团中央关于开展全国亿万学生"阳光体育运动"的决定》发布以来，"阳光体育运动"就成为全社会关注的焦点。几年来，有关"阳光体育运动"的研究逐渐增多，以"阳光体育运动"为关键词，从中国期刊全文数据库、中国优秀硕士学位论文全文数据库、中国博士学位论文数据库、中国重要会议论文全文数据库检索的结果来看（截止到2013年10月），相关的研究论文已超过8000篇，但是以"湖北省高校阳光体育运动"为研究对象的文献数量很少。现有的研究成果主要集中在以下八个方面。

一、"阳光体育运动"的概念与内涵

自"阳光体育运动"开展以来，人们对"阳光体育运动"概念和内涵的探索也成为目前研究的热点之一，这对于构建本研究的理论基础具有一定的指导意义。

苏端飞等在文章《阳光体育之特征与发展》中认为："阳光体育"是指坚持"健康第一"的指导思想，以普遍提高全民族身体素质为目的，以全面实施《国家学生体质健康标准》为基础，以"达标争优、强健体魄"为目标，增进学生健康，增强学生体质，培养学生主动的体育意识、体育能力、体育习惯、体育行为，在广大青少年中形成热爱体育、崇尚运动、健康向上的良好风气，在全国范围内开展青少年学生体育活动。

李爱民、刘欣然、黄玲等在《对开展青少年学生"阳光体育运动"的理论分析》一文中将"阳光体育运动"界定为：坚持"健康第一"的指导思想，以全面实施《国家学生体质健康标准》为基础，以"达标争优、强健体魄"为目标，以增进学生的健康、增强学生的体质为目的，要求培养学生具有主动的体育意识、体育能力、体育习惯、体育行为，在广大青少年中形成热爱体育、崇尚运动、健康向上的良好风气，最终在全社会形成全民族身体素质普遍提高的局面，而在全国范围内开展一场群众性的青少年学生体育活动。

黄祖林认为："阳光体育运动"的启动，是全面推进素质教育的重要组成部分，就是要全面贯彻党的教育方针，坚持教育为社会、为人民服务，坚持教育与社会实践相结合，以提高国民素质为根本宗旨，以培养学生的创新精神和实践能力为重点，努力造就有理想、有道德、有文化、有纪律的德、智、体、美全面发展的社会主义建设者和接班人。实施阳光体育与素质教育要贯彻落实"三个面向"和"五个统一"，即坚持面向现代化、面向世界、面向未来，使受教育者坚持学习科学文化与加强思想修养的统一，坚持身心协调发展的统一，坚持学习书本知识与投身社会实践的统一，坚持实现自身价值与服务祖国人民的统一，坚持树立远大理想与进行艰苦奋斗的统一。

刘海元在《深入推进"阳光体育运动"需要思考的几个问题》一文中对

"阳光体育运动"内涵阐释为:"阳光体育运动"是一项旨在促进大中小学生积极参加体育锻炼,增强体质健康水平的,由学校、社会、家庭多方组织的一体化体育工作,其工作重点和重心是提高学生体质健康水平。

孙俊伟这样来阐述"阳光体育运动"的内涵:"阳光体育运动"是一项国家领导、社会支持、全民参与、有目标、有任务、有措施的体育健身计划,是与建设和谐社会相配套的社会系统工程和战略规划。为全面贯彻党的教育方针,认真落实"健康第一"的指导思想,在全国亿万学生中掀起群众性体育锻炼的热潮,结合《国家学生体质健康标准》的全面实施,在全国各级各类学校中广泛、深入地开展全国亿万学生"阳光体育运动"。

刘小俊认为:"阳光体育运动"是指坚持"健康第一"的指导思想,以全面实施《国家学生体质健康标准》为基础,以"达标争优、强健体魄"为目标,以增进学生的健康、增强学生的体质为目的,培养学生具有主动的体育意识、体育能力、体育习惯、体育行为,在广大青少年中形成热爱体育、崇尚运动、健康向上的良好风气,在全国范围内开展青少年学生体育活动,最终实现全民族身体素质的普遍提高。

王月华在《开展全国亿万学生"阳光体育运动"的认识与思考》一文中分析了开展全国亿万学生"阳光体育运动"的历史及现实意义,阐述了这一活动的开展现状及实施步骤,认为:开展全国亿万学生"阳光体育运动",国家完善相关法规及体制是保证;提高体育课质量,搞好校内外体育活动是关键;对各级各类学校相关人员进行培训是基础;将此项工作纳入考核内容是导向;建立学校管理监督机构、规章制度及评价体系是核心。

另外,刘海元、袁国英在《关于开展"阳光体育运动"若干问题的探讨》一文中指出:许多学校可能会将阳光体育与学校体育混淆,该研究对开展"阳光体育运动"的背景、目标及其与学校体育的关系等问题进行了深入探讨,说明了二者的异同点。研究认为,开展"阳光体育运动"要与落实中央7号文件相结合;要制定长远规划,为考评做好准备;要充分发挥体育部门和共青团部门的作用;要以实施《国家学生体质健康标准》为主线;要发动从基层做起的活动,建立长效机制。文中还指出:开展"阳光体育运动"的对象是全国的大中小学生群体,"阳光体育运动"的具体内容可根据《关于开展全国亿万学生"阳光体育运动"的决定》《国家学生体质健康标准》和中央7号文件的内容而设置；开展"阳光体育运动"的工作主要涉及体育课程教学、课外体育活动、舆论宣传、组织领导以及《国家学生体质健康标准》五大方面、14个小项的工作。

二、"阳光体育运动"的体系与模式

现代科学技术的迅速发展，给体育科学研究开辟了广阔前景，系统科学是近年来体育理论科学领域一个应用较为广泛的研究方法，它从复杂系统的整体性、系统性、非线性等角度提出理论研究的新思路。

关于阳光体育的体系研究，刘传安在《系统科学视觉下的"阳光体育运动"体系》一文中从系统科学的角度构建"阳光体育运动"体系。该体系从本系统的生存环境出发，以国家教育方针政策为指导，以"健康第一、以人为本"、从实际出发、统筹兼顾人的全面发展为原则，充分体现从科学发展观的角度遵循我国学校体育的指导思想，全面落实素质教育来构建其思想体系。文中将"阳光体育运动"体系概括为：目标体系、实施运作体系、组织管理体系、保障体系、评价体系和监督体系。其中，保障体系、评价体系和监督体系是当前"阳光体育运动"体系建设中需要进一步深入研究的重要且亟待解决的问题。

张兵在《对"阳光体育运动"实施体系的思考》一文中认为："阳光体育运动"实施的影响因素可分为内部因素和外部因素。内部因素其实质包括可以量化的学校体育人力资源、设施配置和意识层面的校园文化环境因素。外部因素主要包括社会、经济、政治、科技及文化教育等方面。"阳光体育运动"体系主要指从学生发展角度，遵循学校体育发展特征和素质教育原则，推进"阳光体育运动"实施的核心因子或过程。"阳光体育运动"实施体系包括目标体系、实施组织体系、保障体系和评价监督体系。"阳光体育运动"目标体系包括健康第一、达标争优、强健体魄。"阳光体育运动"实施组织体系广泛采用的形式主要有体育课、课外体育活动、大课间体育活动、体育园地、体育俱乐部、体育竞赛及主题特色活动等。保障体系主要包括学校体育人力资源、设施配置和校园体育文化环境。评价监督体系包括三个方面，即目标体系层面、组织实施体系层面和保障体系层面。

吴杰提出了"阳光体育运动"俱乐部教学模式，即把大学一二年级体育课程列为必修课，把大学三四年级以及研究生体育课程列为选修课，把校代表队及确有专长学生的专项运动训练列为专项的高层次体育课程教学，同时兼顾特殊学生群体，开设以康复保健、野外生存为主的体育课程，使之成为一体化的全新体育教学课程。他认为该模式有利于最大限度地满足学生需要，培养其对体育运动的兴趣；能升华学生运动的体育意识，并且该模式的专项性能可提高教学目标的系统性。

张琴琳在《学校"阳光体育运动"模式的比较和选择——以湖南省为例》中通过比较分析传统体育课模式和新型体育课模式的特征、国外体育活动模式的特征，提出两种学校"阳光体育运动"模式，即 A 模式（体育课与大课间体育活动相结合），B 模式（体育课与俱乐部或社团课外体育活动相结合），并对这两种模式进行了比较分析。

王洪磊、仇银霞在《普通高校"阳光体育运动""三元化"模式研究》中制定了家庭体育互补化、学校体育人性化、社会体育开放化三种模式。这三种模式相互补充，共同发展，为增强大学生体质，使他们形成终身体育习惯，进而完成"阳光体育运动"的目标，促进全民健身的发展奠定基础。作者还指出，学校体育是实施阳光体育的基础，是实施家庭体育、社会体育的根基。学校体育人性化模式是"以人为本"的管理模式，就是要激发和调动大学生的积极性、主动性和创造性。

目前探讨湖北省"阳光体育运动"模式的文章比较少，顾勇所著《我国高校阳光体育"一院一品"模式研究——以湖北大学为例》一文对湖北大学开展"阳光体育运动"的模式进行了分析。"一院一品"即学校的每个学院根据自己的特点及兴趣承办全校性单项赛事。作者认为，"一院一品"阳光体育的各项机制比较健全，学校的各个相关职能部门能够密切配合，而且所组织的比赛项目丰富多彩，学生参与体育锻炼的积极性空前高涨，学生们参与体育锻炼的时间也得到保证。

这些文章对于"阳光体育运动"的体系研究和模式探索，有利于我们对"阳光体育运动"有了更深刻的了解，但是目前的研究都还停留在理论探索的阶段，并且缺乏相应的实践分析。

三、"阳光体育运动"的价值和意义

研究"阳光体育运动"的价值和意义有利于我们更全面地了解"阳光体育运动"。目前虽然这类研究众多，但本书选取了其中最具代表性的研究成果。

杨贵仁在《从战略高度认识和加强体育》一文中从战略高度论述了阳光体育的重要意义。他认为：第一，要把增强学生体质作为学校教育的基本目标；第二，要认真上好体育课，切实落实学生每天一小时的体育活动时间；第三，深入持久地开展全国亿万学生"阳光体育运动"，掀起群众性的体育锻炼热潮；第四，要确保开展体育运动、增强学生体质的必要条件；第五，要积极主动争取各方支持，形成全社会关心少年健康成长的良好局面。

黄玉宁在《"阳光体育运动"价值研究》一文中认为："阳光体育运动"的价值不光体现在体育运动方面，更主要的是活动参与者个体对其意义的理解。"阳光体育运动"很好地诠释了体育的本质，对学生的素质教育起到了促进作用。"阳光体育运动"对于教育的可持续健康发展起到了必不可少的作用，它不仅符合科学发展观的要求，而且更能体现其具体实施的状况，对于广大青少年学生健康积极的成长以及社会体育教育的可持续发展状况有着促进作用，对我国一直倡导的素质教育也有着推动作用。

张玉兰、朱书祥、黄显忠等人在《"阳光体育"的内涵及时代意义解析》一文中，从现实、教育和终身体育三个方面阐述"阳光体育运动"的意义。其现实意义能加强青少年的体质健康，其教育意义表现为"阳光体育运动"既是贯彻和谐教育理念的实践要求，也是创建和谐未来的需要。它以教育为出发点，以鼓励学生走向操场、走进大自然、走到阳光下的体育锻炼为形式，发动全社会珍视健康、崇尚科学健康文明的生活方式，积极投身到全民健身活动中去。终身体育的意义在于生理上有利于学生的骨质坚实，提高神经活动的灵活性，增强体力和学习的能力，心理上能够转移人的注意力，在脑内产生积极的生物化学变化，解除紧张的肌肉反应，极大地锻炼他们的意志品质。

郑汉山认为"阳光体育运动"在大学生体育教育价值观、体育健康价值观、体育休闲娱乐价值观、体育竞争价值观和体育道德价值观等方面有着积极的促进作用。刘天宇的《教育本质的回归——"阳光体育运动"价值研究》一文则收集了文献资料，采用逻辑分析等方法分析了教育的本质是一个不断提

升人的素质，促进个体的成长和发展，从而推动社会发展的过程；从社会学角度分析了"阳光体育运动"对于学生、体育教育、学生素质教育和中华民族伟大复兴的内在价值。文章认为"阳光体育运动"的开展是教育本质回归的深刻体现。

四、大中小学开展"阳光体育运动"的现状调查与对策

另一个研究热点集中在大中小学开展"阳光体育运动"的现状调查及对策研究上。一方面，是从"阳光体育运动"的整体开展现状或者其中某一个因素进行现状分析。如刘海元在《全国10省市区贯彻"中央7号文件"精神及实施意见的研究》及《全国教育系统落实"中央7号文件"的基本状况》两篇文章中较全面、系统地对中小学落实"阳光体育运动"状况进行了阐述，并对各地对中央7号文件的落实情况进行了详细的比较分析，提出开展"阳光体育运动"要针对当地情况采取更具操作性和地方性特色的对策。

罗敦雄在文章《学校体育政策执行阻滞问题研究——以高效实施"阳光体育运动"为例》中从"阳光体育运动"政策出台的背景出发，对高校"阳光体育运动"政策执行的现状进行了考察分析，探究了"阳光体育运动"政策执行阻滞的主体因素、目标群体因素、资源因素和监督保障因素，并提出了完善学校体育法规建设、加强学校体育工作管理、优化学校体育资源配置、建立健全学校体育政策执行的监督系统的对策。

另一方面，针对各省市开展"阳光体育运动"的现状调查研究也层出不穷，如聂盼的《北京市普通高校开展"阳光体育运动"的现状和对策研究》一文运用文献资料、调查访问、数理统计、访谈、观察等方法对北京市高校"阳光体育运动"的开展情况、开展内容、宣传安全机制进行调查，并对北京市高校学生2008年和2009年体质检测的数据进行比较分析。作者认为，高校要采用"软硬兼施"的措施，在高校建立起"阳光体育运动"的长效机制。

从姬军战、张鹏的《湖南省高校开展"阳光体育运动"现状研究》中可以了解到，湖南高校宣传"阳光体育运动"的力度不够大，组织开展的运动项目缺乏创新，不能引起学生的兴趣。影响大学生参加体育活动的因素包括：场地器材缺乏、学生不感兴趣、学习压力大、没有适合学生的运动项目等，其中不感兴趣和没有合适的运动项目是影响大学生参加体育活动的最主要因素。

皮云云在《西安市普通高校"阳光体育运动"实施现状及发展对策研究》一文中指出，影响西安市高校"阳光体育运动"开展的因素主要有：场地器材不足、资金不足、领导重视程度不够、教师不足等。学校场地不足虽然影响"阳光体育运动"开展，但不是决定因素。此外，他还针对"阳光体育运动"的实施情况提出了六个方面的对策：①加大宣传力度，提高学校领导对"阳光体育运动"的重视程度；②建立健全的学校体育制度，切实落实"阳光体育运动"的开展；③提高体育教师的业务水平，推动"阳光体育运动"的开展；④加强高校体育课程的改革，为"阳光体育运动"的开展提供平台；⑤加强学生对参加"阳光体育运动"的认识，激发学生的参与兴趣；⑥营造良好的校园文化氛围，促进"阳光体育运动"更好地开展。

目前，针对湖北省高校开展"阳光体育运动"研究的有价值的文章比较少。熊玲、彭拥军的《湖北省高校"阳光体育运动"初始阶段现状研究》一文，从湖北省教育厅在2010年组织编写的《湖北省普通高等学校学生"阳光体育运动"经验材料汇编》中随机抽取了部分高校材料，对这些高校的"阳光体育运动"开展情况进行了分析，指出湖北省高校初始阶段的"阳光体育运动"虽在一定程度上得到了具体的落实，但实施状况不容乐观。熊玲、余超、杨谦、周光海在《湖北省普通高校"阳光体育运动"管理现状研究》中对湖北省30所高校"阳光体育运动"的开展形式、组织单位、活动的主要参与者以及高校所选择的形式等方面进行了整理，并对开展情况进行了总结，但是文章并没有提出对策。柯育平、杨江明在《湖北省高校开展"阳光体育运动"的现状与对策研究》中采用文献资料法、问卷调查法、访谈法、逻辑分析法、数理统计法对湖北省高校开展"阳光体育运动"的现状进行调查，并指出湖北省高校实施"阳光体育运动"存在的问题，提出了相应的对策。

这方面的文章对本课题的调查分析有一定的启发作用，其建议与对策虽然缺乏具体的可操作性与可实施性，但是为我们进一步的研究提供了突破口。

五、"阳光体育运动"的开展与学生参与体育运动的意识

开展"阳光体育运动"旨在培养青少年学生参与体育运动的自主性，养成终身进行体育锻炼的习惯，青少年是"阳光体育运动"参与的主体，因此

针对学生参与体育运动意识的研究也成为学者们的重点选题之一。赵昀的《成都市中小学师生对"阳光体育运动"的认知与期望调研》一文从认知与期望角度分析认为，开展"阳光体育运动"必须以学生为主体，应充分挖掘学生的主动性、积极性。宁业梅的《高校开展"阳光体育运动"促进学生参与体育运动的研究》一文则从高等学校出发，深刻挖掘并分析了学生对"阳光体育"的个体参与性对开展高校"阳光体育运动"的积极意义，从参与项目、时间、频率等方面对学生参与"阳光体育运动"的情况进行调查，并提出加大"阳光体育运动"的宣传力度，提高大学生的体育健身意识，学校要高度重视，加大监督和指导力度，广开渠道，解决运动场地和运动器材缺乏的问题，成立大学生体育社团和体育俱乐部的对策和建议。

闫秋霞的《武汉市中学"阳光体育运动"的社会保障与个人自觉研究》一文从个体角度出发，即从学生对"阳光体育"的认知、对体育活动的态度、对自身身体健康状况的认知与归因、对体育活动的需求，以及制约中学生参加"阳光体育运动"的因素等方面，对"阳光体育运动"开展的社会保障体制与个体自觉性予以分析，并提出了"阳光体育运动"可持续开展的对策，包括：营造良好的舆论导向，引发学生践行"阳光体育运动"的内驱力，提高对"阳光体育运动"的认识；形成良好的社会保障机制，采取多种政策措施齐抓共管，创造良好的"阳光体育"环境；深化教育体制改革，积极推进素质教育，改善"阳光体育运动"的外部条件。

这部分的前期研究成果为本课题的研究提供了一定的理论依据。

六、"阳光体育运动"中学校体育活动的探讨

"阳光体育运动"的开展一方面对学校体育工作提出了更高的要求，不论是中小学的体育课程改革，还是高校的公共体育课、课外体育活动以及体育专业教学的研究都受到了学者们的关注；另一方面，在"阳光体育运动"的背景下，体育项目的开展现状及对策也受到了相关领域研究人员的关注。

黄祖林的《从"阳光体育"的内涵与特征审视体育教育专业的改革》一文则由阐述"阳光体育"的内涵出发提出了有关体育专业改革的新思路与新对策。

杨士金的《"阳光体育运动"视角下上海市部分高校课外体育活动现状研究》一文则运用文献综述法、问卷调查法、数理统计法、逻辑分析法对上海

市部分高校的本科大学生参与课外体育活动的现状进行调查研究与分析,并提出了一些对策建议。如加强对学校体育的检查监督以保障"阳光体育运动"和课外体育活动开展的实效性,培养高校大学生的体育价值观,激发高校大学生的体育锻炼兴趣,增强自主锻炼意识,学校应重视体育场地设施的建设,合理利用现有体育设施等。

高卫民在《"阳光体育运动"背景下高校公共体育课程体系的研究》中指出,高校体育课作为实施高校体育的主要途径,对"阳光体育运动"的发展起着重要的推动作用。文章立足于"阳光体育运动"的健身理念和精神,以文献资料法、访谈法、观察法和逻辑分析法为研究方法,对高校公共体育课程目标、课程内容、教学组织形式、教学方法和手段、教学评价等进行深入研究和分析,探讨满足"阳光体育运动"精神的我国高校公共体育课程体系的新理念,最终构建起与"阳光体育运动"相适应的以课堂体育教学、体育俱乐部教学和课外体育活动为一体的"三层次"教学模式。

周唯的《"阳光体育运动"的实施与体育教育专业的体操教学》一文从体育教育专业体操课的具体层面上探讨了"阳光体育运动"的影响与启示。何海艳的《"阳光体育"背景下洛阳市中学乒乓球运动开展的现状与对策研究》一文从乒乓球开展的现状来谈对"阳光体育运动"的影响。

钱飞云在《"阳光体育"背景下学生参与课余体育现状调查报告》中,谈到学生爱好的体育活动,初中男女生共同喜欢的项目有篮球、羽毛球、排球、游泳和溜冰;高中男女生共同喜欢的项目有篮球、羽毛球、排球、乒乓球、网球、游泳。男生更喜欢参加篮球、足球、乒乓球等活动量比较大、竞争性比较强的项目;女生在运动项目上也稍偏向于选择活动量大、具有竞争性的项目。此外,多数学生还比较喜欢参加一些强度和竞争性较小、具有一定娱乐性的活动项目,如踢毽子和跳绳等更受女生的欢迎。

目前,这部分的研究都只从课程改革或者课外活动等具体层面切入"阳光体育运动",在课程改革的具体实施方面提供了对策措施,但普遍缺乏对"阳光体育运动"系统整体的探究。

七、"阳光体育运动"评价指标体系

对"阳光体育运动"评价指标的研究不多,大多数的研究仅仅对评价的重要性、意义等方面进行了论述，仅有几篇文章提出了评价的具体指标和权重，为本书的研究提供了一定的启示。

姚旭霞、赵强在《普通高校"阳光体育运动"评价体系研究》中主要采用初选、专家筛选和统计优化三个步骤构建了普通高校"阳光体育运动"的评价体系。第一次指标筛选是通过问卷的形式向天津市从事体育教育的20名专家、教授发放问卷。一级评价指标包括五项，二级指标包括11项，三级指标包括42项。一级指标和二级指标分别是组织领导和宣传（二级指标为组织领导、宣传情况）、实施基础（实施硬件、师资队伍建设）、"阳光体育运动"的组织形式（课内外体育活动、训练与竞赛）、项目设置和时间空间安排（运动项目设置、时间安排、空间安排、监督），以及影响因素（具体影响因素），并给出了相应的指标权重。

李生民、王波、祝菁在《普通高校"阳光体育运动"评价指标体系构建》一文中从普通高校"阳光体育运动"的工作实际出发，采用问卷调查与专家访谈、系统分析等方法，选择北京大学、中国人民大学、复旦大学、山东大学、武汉大学、吉林大学、南京大学、中山大学、厦门大学、四川大学、长安大学、新疆大学、云南大学等24所高校，最终确立了六个一级指标、15个二级指标。指标分别为：组织管理（机构设置、制度建设），条件保障（师资队伍、专项资金、场馆设施），体育课教学（课程设置、课程结构与内容、教学效果），课外体育活动（日常体育锻炼、课余竞赛与活动），标准实施（测试组织、测试结果、反馈指导），宣传教育（宣传力度、教育效果），并给出了相应的权重。

冯秀敏在《西安市中小学"阳光体育运动"实施效果评价指标体系研究》中，分别从小学、初中和高中三个维度对1200名学生和30名教师进行抽样，对西安市中小学"阳光体育运动"的实施现状进行分析和研究，建立了"阳光体育运动"实施效果评价的理论框架；同时提出了"阳光体育运动"实施效果评价体系，体系包括四个一级指标："阳光体育运动"资源、"阳光体育运动"过程、"阳光体育运动"结果和"阳光体育运动"社会环境；并初步确定"阳光体育运动"实施效果评价指标体系的12个二级指标和36个三级指标，通过专家调查法和德尔菲法确定了指标体系的各级指标权重，初步建立了一套"阳光体育运动"实施效果的综合评估方案。

八、"阳光体育运动"开展的监督机制与长效运作机制

"阳光体育运动"的开展受到社会各个层面的广泛关注，青少年体质健康的提高是一项艰巨而长期的系统工程，关系着国家和民族未来的发展。"阳光体育运动"不仅要注重短期青少年体育活动的蓬勃开展，更要建立起能够真正长期促进青少年健康成长的制度体系、方法体系和管理机制，而这方面的研究目前还较少，少有的几篇评价与监督机制的研究大多停留在粗线条的描述上，缺乏系统性、操作性强的研究论述，这也为本课题的深入研究留下了空间。

赵郭侠的《论建构"阳光体育运动"的长效机制》一文把"阳光体育运动"长效机制理解为"我国为了实现'健康第一'教育目标而制定的一套具有长期效用的学生健身、健心和社会适应的方式和机理"；该研究还指出，当"'阳光体育运动'向纵深方向发展时，有必要对建立稳定的活动机制进行深刻的剖析和研究"。在分析建构"阳光体育运动"长效机制的现实需要和基本出发点的基础上，提出了一些建设性意见。

唐建华的《普通高校"阳光体育运动"长效机制构建初探——以湖南省高校为例》通过对湖南省高校的"阳光体育运动"开展情况进行调查，总结了值得借鉴的经验和模式，指出普通高校"阳光体育运动"长效机制构建的可行性，并提出了长效机制构建应注意的几点问题。文章指出：高校"阳光体育运动"长效机制的构建要区别于中小学，要注意充分利用高校学生不再受高考"指挥棒"制约的有利条件，与高校体育教学改革相结合。这为高校今后"阳光体育运动"长效机制的构建提供了一定的启示。

综上所述，现有的研究文章或停留在政策解读和现状分析层面，或以中小学研究见长，鲜有文章能够从概念、内涵、特质上系统、全面地揭示高校开展"阳光体育运动"的深层次理论问题，同时也缺乏具有针对性和可操作性的普通高校开展"阳光体育运动"长效运作机制的研究。现有的研究也没有结合湖北省的地方性特点与文化特点。前期的研究成果为本课题的进一步研究提供了理论依据，同时也为本课题的深入研究留下了创新空间。

第3节　国外相关研究现状

事实上，青少年体质下降并不是我国社会特有的问题，它已经成为一个困扰世界各国经济和社会发展的社会现实。2006年召开的第十一届世界群众体育大会指出，儿童肥胖是全球性问题，每6个人中就有1人超重。全球有60%的人的运动量不足以保证他们的健康。为此，世界许多国家都采取了相应的措施，或者推行某种计划来改善和提高青少年学生的体质和健康水平。

日本从20世纪90年代开始实施新的教学大纲，学校开始提倡快乐体育。据1993年日本文部省对学校青少年参加体育活动的调查表明，有55%的学生参加了不同项目的体育活动，一个学生平均每天用2小时、每周用10小时左右的时间参加课外体育活动，并且多以参加俱乐部的活动为主。学生凭兴趣选择自己喜爱的运动项目，主要项目有足球、棒球、篮球、田径、游泳、柔道及野外活动等。日本青少年参与体育活动比例高，其原因主要得益于以体育课程和课外体育为两翼的日本学校体育制度。为此，日本政府召开了各种各样的研讨会，出台了各种各样的方针、政策等来促进青少年体育运动的开展。例如，日本中央教育审议会在2001年度提出在10年发展计划中明确了促进青少年儿童发展的三个支柱：通过振兴体育促进青少年儿童的运动能力发展的策略；全球范围内的体育环境的准备策略；进一步提高日本国际体育竞技能力，从而达到激励青少年儿童参加体育活动的兴趣的目的。2004年1月20日，日本中央教育审议会提出了《关于促进儿童运动能力的综合策略》。从2006年4月开始在全国中小学中提出"早睡、早起、吃早饭"的口号，并指导各学校完善广播体操以及早读课制度，提出"每天让学生活动100分钟的活动方案"，其中包括体育课、课外俱乐部的训练、运动队的活动、课外活动、课间活动以及假期活动，以使学生得到充分的户外活动，达到增强体质的目的。

美国的学校体育活动开展得较好。20世纪初，美国就在《全国的目标：促进健康、预防疾病》的报告中确定了10年目标，即到1990年要有60%以上的在校青少年每天参加学校组织的体育活动——体育课和课外体育活动。目前据统计，美国中小学生参加课外体育活动的人数多达85%以上，课外体育活动的时间5~12年级平均每周为12.8小时。其中，7~9年级活动的时间最长，平均每周为13.2小时；10~12年级平均每周为12.1小时。对比每周的课外体育活动时间与体育课时间（2.35小时）可以看出，学生体育活动时间主要在课外，美国中小学参加课外体育活动的学生多达80%以上。组织形式大体可以分为三种：班级课外体育活动、校际课外体育活动和运动俱乐部。班级课外活动是指在一所学校范围内组织进行的体育活动，主要以班级为单位进行。在活动的内容上，学生参加最多的项目依次为自行车、游泳、篮球、棒垒球、美式橄榄球、现代舞蹈等。女生中最流行的项目是健美操、自由体操等，在男生中最流行的项目是美式/英式橄榄球、足球和摔跤等。同时，美国中小学体育必修大纲与课外体育活动之间存在密切的联系。

现在在美国，学生从事体育运动的形式主要包括：基本教学大纲内容的教学项目，体操，课外、校外运动，在各类俱乐部、运动中心和专项运动队中的训练，学校间的运动竞赛等。体育课分为必修课和补充课。必修课是指基本教学大纲规定的教学内容，主要有以下三种形式：按周期（一般为几个星期）教授一定运动项目的基本课；志愿课，学生可选择自己感兴趣的运动项目；综合课，包括基本课和志愿课。美国学校都是采用"跑班"上课，没有像我们这样固定的行政班，也没有班主任，加上体育是选修课程，所以他们没有课间操，没有校运动会，没有体育锻炼课，没有年级比赛等，唯有较少的校际间的比赛。美国的学校体育内容丰富、形式多样，不受时间、班级、学校、场地的限制，灵活性非常大，不仅满足了学生的需要，而且达到了教育目标。

英国青少年的身体肥胖也是日趋严重、令人担忧的问题。为此，英国政府制定了一项新目标，要求学校每周必须上好两节高质量的体育课。根据计划，政府还在2006年年底以前从"新机会基金会"中拨出4.5亿英镑投资大众体育事业的建设和发展。这笔经费主要用于启动与校外体育合作的项目、扩大学校的体育规模、增加体育教师的待遇。

加拿大已于1998年启动了"高质量的日常体育活动计划"，旨在通过学校体育活动鼓励和提高儿童及青少年积极参与体育活动，以促进其健康成长。

第4节 研究对象和研究方法

一、研究对象

湖北省普通高校"阳光体育运动"开展的相关因素,包括出台的相关政策、参与活动的相关人员等。

二、研究方法

1. 文献资料法

文献来源于中国期刊网、中国期刊全文数据库、博硕论文数据库等网站和数据库,并查阅超星图书馆等网上资料,结合全民健身及素质教育的背景,广泛查阅与"阳光体育运动"有关的政策材料、学校体育工作的相关文献资料,对现有的研究成果进行全面的整理、归纳、分析和概括,进而总结"阳光体育运动"开展的理论背景。

2. 问卷调查法

旨在通过问卷调查了解普通高校开展"阳光体育运动"的状况,吸纳地方相关管理单位、高校体育管理部门、教育专家和大学生群体的建议,以及在校大学生对"阳光体育运动"的态度及做法,以使本项研究更加科学和严谨。

3. 访谈法

根据本研究需要,在获得数据资料的基础上,对从事学校体育教育、体育运动训练以及组织及管理"阳光体育运动"的专家进行访谈,获得专业指导意见及第一手资料,为研究工作的顺利开展奠定坚实的基础。

4. 数据分析法

对问卷调查获得的数据以及有关量表数据进行数据分析,运用 SPSS 11.0 等数理统计软件进行统计与分析。

5. 模糊评估法

本研究中普通高校开展"阳光体育运动"评估体系的构建包括两部分,一是评估指标体系的构建,二是指标体系各指标的权重分配。各项指标权重的确定需要应用基于层次分析法（AHP）的模糊综合评价方法，进而制定评价标准，实现对普通高校"阳光体育运动"运作系统的综合评价，为长效运作机制的建立提供技术支持。

6. 系统分析法

系统分析法是指把要解决的问题作为一个系统，对系统要素进行综合分析，找出解决问题可行方案的咨询方法。普通高校开展"阳光体育运动"的运作系统涉及因素众多，并且各因素间关系复杂，表现出一定的模糊性、不确定性及非线性。采用系统分析法能较好地集成反馈的信息，梳理并找到影响复杂系统的外部及内部因素，从而建立起层次清晰的系统结构。

7. 计算机工程方法

此方法应用于本研究中"大学生个性化体质健康管理系统"的研制，系统保证对学生每天参加一小时运动时间的监控及对学生的体质状况进行长期有效的跟踪记录，有利于实现体育场馆设施现代化管理的功能。

第 2 章 普通高校开展"阳光体育运动"的背景

第 1 节 社会背景

1984—2006 年,教育部、国家体育总局、卫生部、国家民族事务委员会、科学技术部共同组织了多次全国多民族大规模的学生体质与健康调研,结果显示,我国青少年部分体能指标连续多年呈下降趋势,青少年的体质在 20 多年来持续下降。2005 年,全国 1300 多万学生体质健康标准测试数据和陕西、北京、江苏等省市体质与健康调研结果均显示我国学生体质健康存在一些不容忽视的问题。

2006 年,教育部、国家体育总局和团中央联合成立的全国学生体质健康标准推广活动组委会举办了一场国际青少年体能训练营,同时邀请了中、日、韩三国共 320 名大中学生参加。在激烈的对抗赛中,人们发现,中国中学生在运动中的耐力水平和运动后的恢复能力都远低于日、韩学生。

2006 年 8 月 19 日,由教育部、国家体育总局、共青团中央共同成立的全国学生体质健康标准推广活动组委会主办的"首届中国青少年体质健康论坛——青少年体质健康与企业社会责任"在北京举行。来自全国各地的青少年体质健康专家、经济学家、社会学家等各界人士和学生代表参加了本次论坛。会上,教育部体卫艺司司长杨贵仁发表了关于《我国青少年体质健康现状及对策》的主题演讲,介绍了党中央、国务院关于"学校教育要树立健康第一的指导思想"的要求,科学分析了我国学生体质健康的现状与趋势。

2006年9月，国家体育总局、教育部等部门发布的2005年学生体质监测数据又进一步表明，我国青少年学生的体能素质指标与2000年相比仍在下降：大中小学生视力不良率均有所上升；学生各年龄组的肺活量水平继续下降；速度、爆发力、力量、耐力素质均进一步下降。表现为：第一，在7~22岁的学生中超重和肥胖率继续增加，其中城市男生的超重率达到了13.25%，肥胖率比2000年增长了2.7%。第二，与2000年相比，全国各年龄组学生的视力不良率均有所上升，且随年龄的增加而升高。小学生视力不良率达到31.6%，初中生为58.07%，高中生达76.02%，大学生更是高达82.68%。第三，青少年肺活量水平继续下降。与2000年相比，7~18岁和19~22岁两个年龄段的城市女生肺活量分别下降303毫升和238毫升，为下降最明显的人群。在2005年高考中，有85%的考生由于体质问题报考专业受限；在近两年的征兵工作中，有63.7%的高中生因体检不合格被淘汰。

2006年10月，教育部、国家体育总局等部门联合发布了全国学生体质健康状况存在突出问题的消息，引起社会各界的强烈反响，社会知名人士纷纷呼吁全社会要关注青少年体质健康，重视青少年的体育工作。青少年体质健康存在的突出问题也引起了中央领导、国务院领导的高度重视，要求各级党委和政府高度重视、全社会予以关心和支持。

2006年12月20日，教育部、国家体育总局和共青团中央共同成立全国"阳光体育运动"领导小组，制定实施细则，领导和组织全国"阳光体育运动"的展开。其详细内容可参见教育部、国家体育总局联合下发的《关于进一步加强学校体育工作 切实提高学生健康素质的意见》（教体艺［2006］5号）。

2006年12月23日，召开了新中国成立以来的第一次全国学校体育工作会议，会议提出各级教育行政部门和学校要把学校体育工作作为全面推进素质教育的重要切入点和突破口；宣布启动由教育部、国家体育总局、共青团中央共同组织与发动的全国亿万学生"阳光体育运动"。会议还要求：学校教育要牢固树立健康第一的指导思想；要切实贯彻落实国家对学校体育工作的要求；要开足开齐体育课，小学1~2年级每周四学时，3~6年级每周三学时，初中每周三学时，高中每周两学时，落实"确保学生每天有一小时体育活动的时间"的规定，让"每天锻炼一小时，健康工作五十年，幸福生活一辈子"的口号深入人心；努力加强体育教师队伍建设，要重新核定编制，配足体育教师，认真落实体育教师室外工作的劳保待遇；要完善学校体育评价制度，加强学校体育督导检查；要深入开展"阳光体育运动"，掀起亿万学生体育锻炼的热潮。用五年的时间，使学生普遍达到国家体质健康的基本要求，耐力、力量、速度等体能素质明显提高，营养不良、肥胖和近视发生率明显下降，加大投入，改善学校体育条件，争取全社会的支持。

2007年4月23日，时任中共中央总书记的胡锦涛同志主持中共中央政治局会议，研究加强青少年体育工作，会议指出当前和今后一个时期，加强青少年体育工作的总体要求是：认真落实健康第一的指导思想，建立健全学校体育工作的机制，充分保证学校体育课和学生体育活动，广泛开展群众性青少年体育活动和竞赛，加强体育卫生设施和师资队伍建设，全面完善学校、社区、家庭相结合的青少年体育工作网络，形成全社会珍视健康、重视体育的氛围，培养青少年良好的锻炼习惯和健康的生活方式，在广大青少年中形成热爱体育、崇尚运动、健康向上的良好风气。会议强调，要加强领导，齐抓共管，形成全社会支持青少年体育工作的合力。各级党委和政府要把加强青少年体育工作摆上重要议事日程，进一步完善和加强青少年体育的政策保障措施，加强对学校体育工作的督促与检查，为实施素质教育、促进学生全面发展创造良好条件。教育、体育、卫生部门和共青团、妇联组织要加强对青少年体育、卫生、健康工作的组织、指导、服务，加强家庭和社区青少年体育工作，为青少年健康成长创造良好氛围。学校要把增强学生体质作为教育的基本目标之一，把健康素质作为评价学生全面发展的重要指标，全面实施《国家学生体质健康标准》，切实抓好青少年学生体育工作的落实。教育部、国家体育总局、共青团中央决定于2007年4月29日在全国范围内全面启动"全国亿万学生阳光体育运动"。

2007年5月7日，中共中央、国务院印发了《关于加强青少年体育 增强青少年体质的意见》（中央7号文件），同年5月25日国务院召开"加强青少年体育 增强青少年体质"电视电话会议，充分体现了党中央、国务院对广大青少年学生体质健康的高度重视和深切关怀。文件指出，当前和今后一个时期，加强青少年体育工作的总体要求是：认真落实健康第一的指导思想，把增强学生体质作为学校教育的基本目标之一，建立健全学校体育工作机制，充分保证学校体育课和学生体育活动，广泛开展群众性青少年体育活动和竞赛，加强体育卫生设施和师资队伍建设，全面完善学校、社区、家庭相结合的青少年体育网络，培养青少年良好的体育锻炼习惯和健康的生活方式，形成青少年热爱体育、崇尚运动、健康向上的良好风气和全社会珍视健康、重视体育的浓厚氛围。通过五年左右的时间，使我国青少年普遍达到国家体质健康的基本要求，耐力、力量、速度等体能素质明显提高，营养不良、肥胖和近视的发生率明显下降。确保学生每天锻炼一小时。中小学要认真执行国家课程标准，保质保量上好体育课，其中小学1~2年级每周四课时，小学3~6年级和初中每周三课时，高中每周两课时；没有体育课的当天，学校必须在下午课后组织学生进行一小时集体体育锻炼，并将其列入教学计划；全面实行大课间体育活动制度，每天上午统一安排25~30分钟的大课间体育活动，认真组织学生做好广播体操、开展集体体育活动；寄宿制学校要坚持每天出早操。高等学校要加强体育课程管理，把课外体育活动纳入学校日常教学计划，使每个学生每周至少参加三次课外体育锻炼。各级教育行政部门要提出每天锻炼一小时的具体要求并抓好落实，因地制宜地组织广大农村学生开展体育锻炼，有针对性地指导和支持残疾青少年的体育锻炼活动。

2010年，教育部发布实施的《国家中长期教育改革和发展规划纲要（2010—2020年）》明确指出：增强学生体质；科学安排学习、生活、锻炼，保证学生睡眠时间；大力开展"阳光体育运动"，保证学生每天锻炼一小时，不断提高学生体质健康水平；提倡合理膳食，改善学生营养状况，提高贫困地区农村学生营养水平；保护学生视力。

2011年3月5日，"保证中小学生每天一小时校园体育活动"被写进政府工作报告。2011年7月，教育部印发《切实保证中小学生每天一小时校园体育活动的规定》，要求各中小学认真执行国家课程标准，保质保量上好体育课，同时将校园体育活动时间和内容纳入教学计划，列入学校课表，严格执行国家关于保证中小学生每天一小时校园体育活动的规定。

为了认真贯彻落实《中共中央国务院关于加强青少年体育、增强青少年体质的意见》（中发［2007］7号），根据《学校体育工作条例》《省教育厅关于规范全省义务教育学校作息时间的通知》（鄂教基［2006］5号）、《省教育厅转发教育部关于保证中小学体育课课时的通知》（鄂教体艺［2004］37号）、《省教育厅关于落实保证中小学生每天体育活动时间的通知》（鄂教体艺

〔2005〕30号)、《省教育厅、省体育局、团省委关于开展湖北省青少年学生"阳光体育运动"的通知》(鄂教体艺〔2007〕8号)等文件精神,湖北省制订了《湖北省中小学校每天一小时"阳光体育运动"实施方案》,以"阳光运动、健康成长"为活动主题,对全省各级各类中小学校每天一小时的"阳光体育运动"做了明确的安排:每天一小时"阳光体育运动"时间由早操、课间操、眼保健操、体育课、课外体育活动等活动时间组成。学校应在每天上午第二节、第三节课之间安排30分钟的课间操,即大课间体育活动时间。小学1~2年级每周为四节体育课,小学3~6年级和初中每周为三节体育课,高中每周为两节体育课。各学校应在每天下午第一节课和第二节课之间,组织学生做好一次眼保健操。除了大课和体育课、眼保健操安排一样之外,走读制学生还安排了课外体育活动,寄宿制学生还安排了早操。此外,还对活动内容进行了安排。早操的活动内容为第一、第二套中小学生系列广播体操或自编操、集体跑操等,以集体跑操为主。大课间活动内容包括校园集体舞,第一、第二套中小学生系列广播体操,分班级开展特色体育活动(各校要按照教育部对"体育、艺术2+1"项目的要求,做到班班有特色项目,如武术操、抖空竹、器械操、健身操、球操、流星球、独轮车、莲湘等),其中校园集体舞为必须开展的项目。体育课内容按照小学、初中、高中《体育与健康课程标准》的要求组织开展教学活动。课外体育活动内容围绕《国家学生体质健康标准》,开展"锻炼身体、达标争优"活动。可以以班级为单位组织开展篮球、排球、足球、踢毽子、跳绳、仰卧起坐、形体向上、掷实心球、投沙包、立定跳远、短跑、中长跑等各种达标活动,开展多种形式的群体竞赛及"快乐体育活动"。方案同时要求建立健全组织机构,各市、州、县要成立相应的组织机构。学校是组织开展每天一小时"阳光体育运动"的关键,各学校要成立以"一把手"(校长)为组长,分管校长为副组长,校办、教务、德(政)教、团委、后勤、体卫(规模较大的学校要成立体卫艺工作专门机构)、医务室、保卫等部门负责人为成员的"阳光体育运动"领导小组。建立省宏观管理,市、州、县统一组织,学校具体实施的管理体制。切实加强对学校每天一小时"阳光体育运动"的领导、协调、组织、监督和检查。

同时,为了认真贯彻落实《中共中央、国务院关于加强青少年体育 增强青少年体质的意见》和全国学校体育工作会议精神，全面贯彻党的教育方针，深入推进素质教育，切实加强湖北省青少年体育，增强青少年体质，促进广大青少年全面发展和健康成长，湖北省提出了《中共湖北省委湖北省人民政府关于加强青少年体育 增强青少年体质的实施意见》。该意见指出：教育行政部门和学校要按照国家课程计划和有关规定，把体育课作为必修课和学生毕业、升学考试科目。学校要保证义务教育阶段1~2年级体育课每周四课时，3~6年级体育课和7~9年级体育与健康课每周三课时，高中阶段学校每周两课时，开齐课程，开足课时，完成教学内容，达到课程目标，任何学校和个人不得占用、停开体育课。体育课应以室外教学为主，以培养学生掌握基本知识、技能、技术，增强体质，促进身心健康为目的。积极推进体育课程改革，制定科学的评价标准，丰富体育教学内容，提高教学质量。高等学校要按照《全国普通高校体育教学指导纲要》的要求组织体育课教学。大学一二年级按国家规定开设体育课，三年级以上开设体育专项、选修课，把体育课程覆盖学生全部修业年限。学生在校期间，体育课未修满规定学分和考试不及格者不予毕业，不得授予学位。要把减轻学生的课业负担、保证学生体育活动时间、保障学生体育锻炼的权利，作为规范办学行为的重要内容，建立责任制、签订责任书、落实责任人，加强检查和落实。体育活动时间应写进教学计划和课时表，任何学校和个人不得占用学生的体育活动时间。严格执行作息规定，保证小学生每天10小时、初中学生每天9小时、高中学生每天8小时的睡眠时间。学生在校期间每天应做一次课间操和两次眼保健操，落实25~30分钟的大课间体育活动，在没有体育课的当天，组织学生集体参加体育活动。高等学校和寄宿制中小学校要实行早操或晨练制度，保证学生每天有一小时的体育锻炼时间。把学生"阳光体育运动"与"湖北省百万青少年健身运动"结合起来，发挥全民健身中心、青少年户外体育营地、体育俱乐部、红领巾小社团组织的资源优势，在体育骨干培训、体育器材配备、体育赛事组织等方面，为学校开展体育活动提供服务。要组织开展好体育科普、体育辅导、体育竞赛进校园活动，活跃校园文化生活，提高学生的体育兴趣和爱好，指导学生科学锻炼身体。要鼓励学生到阳光下、到操场上、到大自然中去锻炼身体，对达到健康标准优秀等级的学生，颁发"阳光体育奖章"。要建立体育活动的常规制度，开好春、秋两季的体育运动会，举办夏（冬）令营，开展冬季体育锻炼，组织学生开展具有现代特点、地方特征、民族特色的体育活动，使每一位学生都能掌握两项体育技能，做到校校有特色、人人有特长，把学生身边的体育活动开展好。要结合学生兴趣创办体育俱乐部、体育社团、体育团队和体育兴趣组织，培养学生体育骨干，引导学生参加体育锻炼，把学生身边的体育组织建设好。要开发和利用体育资源，自制学生喜爱的、安全耐用的小型体育器材，满足学生体育锻炼的需求，把学生身边的体育器材配备好。

第2节 学校体育的发展回顾与"阳光体育运动"的起源

一、"阳光体育运动"的理论探源

毛泽东同志的体育思想博大精深，它不仅是中国体育史的一笔宝贵财富，同时也是当代及今后指导我国体育发展的理论基础。毛泽东体育思想形成的理论来源于马克思主义体育思想、中国传统体育思想和中国近代体育思想。

刘花云、孙洪涛在《高校实施"阳光体育运动"的审视》一文中提出了一个崭新的观点——"阳光体育运动"是毛泽东体育思想的回归。毛泽东同志在《体育之研究》中谈到不好运动的原因时指出："其原因盖有四焉，一则无自觉心也，一则积习难返也，一则提倡不力也，一则学者以运动为可羞也。"其中，积习难返和提倡不力为客观原因。他还指出："我国历来重文，今之所称教育家，多不谙体育，自己不知体育，徒有其名，亦从而体育之，所以出之也不诚，所以行之也无术，遂减学者研究之心。"毛泽东对颜元"文武缺一岂道乎"的观点尤为赞赏，对颜元重视体育的思想进行了充分发挥。毛泽东认为，"贵乎动"体现了人的原始本性，体育的功效在于："强筋骨，增知识，调感情，强意志。"体育的首要功用在于"强筋骨"。人的体质强弱，并不是先天生成的，而是后天努力的结果，坚持体育锻炼就可以强筋骨，增体质，然后身心俱佳。而且人体的强弱是可以通过努力来调节的，只有勤锻炼，才能增益其所不能。体育可以"增知识"。知识的获得，是人体感官和大脑活动的结果，人必须通过耳目大脑这些人体器官才能获得知识，而这些器官的功用要通过体育锻炼才能更加灵活、受用，加强体育锻炼就可以间接地增加知识。体育"足以调感情"。古人用理性来控制感情，叫"以理制心"。而理性是精神的活动，精神活动又是以人之身体为载体，这些方面都是有联系的，当遇到烦恼之事，可以通过体育锻炼，使大脑清明，忘记烦恼，达到心情愉悦的效果。坚韧不拔的意志不是人生来就有的，而是通过后天锻炼生成的，体育可以培养猛烈、不畏、敢为、耐久等意志。人生事业的辉煌要有坚强的意志作为基础，而意志的锻炼可以通过平常的体育活动得到，"要皆可于日常体育之小基之"。

青年毛泽东主张"三育"并重，体育是学校教育的一部分。"三育"中，"德智皆寄于体，无体是无德智也"。所以，毛泽东认为在"德、智、体"三者中，体育应该居首位，"体育于吾人实占第一之位置。体强壮而后学问道德之进修勇而收效远""体育一道，配德育与智育，而德智皆寄于体"。体育是知识和道德的载体，没有体育，何谈知识与道德呢？"体者，为知识之载而为道德之寓者也。其载知识也如车，其寓道德也如舍。体者，载知识之车而寓道德之舍也。"所以体育在学校中理应受到重视，只有身体强健后才有能力学习知识和提高道德修养。

虽然当前人们对体育的认识有了一定的提高，但仍然很有限。社会上有很大一部分人（其中也包括很多教育工作者），认为体育运动只是游戏，体育锻炼的重要性也只是这些体育从业人员的夸大其词，他们认识不到体育对人一生的重要作用。他们对从事体育事业的人也存在歧视，认为体育从业人员"四肢发达就会头脑简单"，或认为瘦弱、骨感、苗条是一种美，忽视体育的健康之美。因此，他们十分轻视体育锻炼。正如毛泽东同志所言，这些人认为："鄙运动者之自损其身，用思想之人，每欷于体；而体魄蛮健者，多缺于思。"因此，在这些错误的理念认知之下，青少年一个个埋头苦读，封闭在教室之中，体育课得不到应有的重视。所以，要解决体育运动的这个问题，首先要从认知上提高对体育的认识，使体育运动真正成为每个人生活的一部分。

毛泽东同志一直提倡体育运动要到大自然中去、到阳光下去。他身体力行，是用自然的方式（爬山、露宿、野游、在风雨中长跑、在寒冬时节游泳等）锻炼身体的典范。1963年3月18日，毛泽东同志在《中共中央关于体育卫生工作的指示》中指出："全民健身运动内容要多种多样，方法要简单易行,因地制宜地利用自然条件达到锻炼身体的目的。"毛泽东体育思想给予我们开展"阳光体育运动"形式以丰富的启示,我们既要利用各学校现有的体育条件来不断改善体育设施,还要利用各种自然条件组织开展学生感兴趣的、符合学生个性发展的体育活动,使"阳光体育运动"开展得多姿多彩,使每个学生真正成为体质健康的"阳光学生"。

综上所述,毛泽东同志的科学体育思想使我们看到了"阳光体育"精神的火花,也为我们现在开展体育活动提供了重要启示,从另一个角度来说,"阳光体育运动"的开展也正是毛泽东同志科学体育思想的回归。

二、"阳光体育运动"与教育本质

百年大计,教育为本。教育是民族振兴、社会进步的基石,是提高国民素质、促进人的全面发展的根本途径,寄托着亿万家庭对美好生活的期盼。强国必先强教。优先发展教育、提高教育现代化水平,对于实现全面建设小康社会奋斗目标,建设富强、民主、文明、和谐的社会主义现代化国家具有重要意义。

关于"教育"一词,词典的解释为:教育是培养新生一代从事社会生活的全过程。《辞海》解释为:"教育是对人类文明进步成果的继承和发扬的全过程。"对于教育的本质的解释,长期以来被人们所争论,主要的观点有:教育是上层建筑,教育是生产力,教育具有上层建筑和生产力的双重属性,教育是一种综合性的社会实践活动,教育是促进个体社会化的过程,教育是培养人的社会活动等。总结这些观点我们可以看到,教育的本质离不开与社会的发展和人的个体发展之间的关系。在教育过程中,首先要有教育对象即人,还需要有教育内容,两者结合起来形成一种社会实践活动,以期对教育对象产生影响,促进其身心发展。简单地说,教育可以使人不断提升自身素质,促进人的成长和发展,而个体的成长又会推动社会的发展,所以说教育的本质可以归纳为:不断提升人的素质,促进个体的成长和发展,从而推动社会发展的过程。

目前我国提倡素质教育,所谓"素质教育"是指:依据人的发展和社会发展的实际需要,以全面提高全体学生的基本素质为根本目的,以尊重学生主体性和主动精神,注重开发人的智慧潜能,注重形成人的健全个性为根本特征的教育。随着"阳光体育运动"的开展,国家出台的《国家学生体质健康标准》的全面实施，把健康素质作为评价学生全面健康发展的重要指标。端正各级各类学校的办学思想，切实减轻学生过重的课业负担，认真执行国家课程标准，确保学生每天锻炼一小时，帮助青少年掌握科学用眼的知识和方法，降低青少年近视率；加强对卫生、保健、营养等方面的指导和保障，确保青少年休息睡眠时间。各级政府认真落实《公共文化体育设施条例》，加强学校体育设施建设，加强体育安全管理，指导青少年科学锻炼等一系列有利于素质教育的措施。在开展"阳光体育运动"过程中，许多地方和学校的素质教育都找到了行之有效的抓手，办学思想得到了进一步的端正，形成了青少年热爱体育、崇尚运动、健康向上的校园体育氛围，学生的精神面貌和体质状况有了明显的改善，综合素质有了很大的提高。近年来的实践充分证明，"阳光体育运动"确确实实成为全面实施素质教育的重要突破口。

三、全民健身背景下的"阳光体育运动"

体育是社会发展与人类文明进步的一个标志，体育事业发展水平是一个国家综合国力和社会文明程度的重要体现。经济越发展，社会越进步，人们强身健体的意识就越强烈，体育的地位就越重要，作用就越显著。作为一种群众广泛参与的社会活动，体育不仅可以增强人民体质，也有助于培养人们勇敢顽强的性格、超越自我的品质、迎接挑战的意志和承担风险的能力，有助于培养人们的竞争意识、协作精神和公平观念。

新中国成立以后，党和国家十分重视群众性体育事业的发展，关心人民群众的体质健康，并将体育作为党和国家事业的一部分载入了宪法、法律，纳入了国民经济和社会发展总体规划。1952年，毛泽东同志"发展体育运动，增强人民体质"的题词就把党和国家体育工作的根本任务定位在提高全民族身体素质上。1954年，党中央明确提出"改善人民健康状况，增强人民体质是党的一项重要的政治任务"；1984年，党中央发出《关于进一步发展体育运动的通知》；1995年6月，国务院颁布了《全民健身计划纲要》；同年8月，《中华人民共和国体育法》公布实施；2002年，国务院党中央发出《中共中央国务院关于进一步加强和改进新时期体育工作的意见》；2009年9月，国务院又颁布了《全民健身条例》。《全民健身条例》是我国第一部系统的、专门的全民健身行政法规，涉及全民健身事业发展的各个方面。《全民健身条例》明确指出：国家推动基层文化体育组织建设，鼓励体育类社会团体、体育类民办非企业单位等群众性体育组织开展全民健身活动。《全民健身条例》在我国体育事业发展进程中具有十分重要的意义，它的颁布与实施不仅对促进我国群众体育事业的发展具有指导性意义，而且还为广大群众参与全民健身运动奠定了坚实的法律基础。为了更好地在湖北省落实全民健身，2013 年 9 月湖北省第十二届人民代表大会常务委员会第五次会议通过了《湖北省全民健身条例》，为湖北省未来开展全民体育活动和人民群众参加体育活动都奠定了坚实的基础。

全民健身计划旨在全面提高我国国民体质和健康水平，以青少年和儿童为重点，倡导国民每天做到参加一次以上的健身活动，学会两种以上的健身方法，每年进行一次体质测试。国家体育总局采取多项措施，期望全国人民都能把锻炼身体作为自觉的日常习惯，形成健康的生活方式。

2011 年，国务院下发《全民健身计划（2011—2015 年）》，指出：到 2015 年，城乡居民体育健身意识进一步增强，参加体育锻炼的人数显著增加，身体素质明显提高，形成覆盖城乡的比较健全的全民健身公共服务体系。全民健身活动内容更加丰富，大力开展田径、游泳、乒乓球、羽毛球、足球、篮球、排球、网球等竞技性强、普及面广的体育运动项目，广泛组织健身操（舞）、传统武术、健身气功、太极拳（剑）、骑车、登山、跳绳、踢毽、门球等群众喜闻乐见、简便易行的健身活动。全民健身组织网络更加健全，即市（地）、县（区）普遍建有体育总会、单项体育协会、行业体育协会及老年人、残疾人、少数民族、农民、学生等体育协会。社区体育俱乐部、青少年体育俱乐部、妇女健身站（点）有较大发展。80% 以上的城市街道、60% 以上的农村乡镇建有体育组织。城市社区普遍建有体育健身站（点），50% 以上的农村社区建有体育健身站（点）等。

根据党中央、国务院的总体部署和"十二五"时期我国体育发展面临的新形势、新任务和新要求，国家体育总局在 2011 年颁布了《体育事业发展"十二五"规划》，对我国"十一五"期间的体育工作进行了总结，并提出了"十二五"期间群众体育事业、体育产业等的发展目标。"十二五"时期群众体育的发展目标是：到 2015 年，全国各类体育场地达到 120 万个以上，人均体育场地面积达到 1.5 平方米以上，经常参加体育锻炼的人数比例达到 32% 以上，比 2007 年提高 3.8%，达到《国民体质测定标准》合格以上的人数比例明显增加。城乡、区域群众体育发展差距进一步缩小，群众体育事业发展迈上新台阶。针对青少年的健身计划，实施"青少年体育活动促进计划"，提高青少年健康素质。以各级各类学校、体校、公共体育设施及社会各类性质体育设施为载体，加强青少年体育组织网络建设，使国家级青少年体育俱乐部的数量达到5000个以上，国家级体育传统项目学校达到500所以上，保持青少年户外体育营地数量稳步增长。探索创建"青少年校外体育活动中心"和国家示范性青少年体育俱乐部。联合教育等部门和社会力量，关注青少年的体育需求，广泛开展青少年健身活动、竞赛交流、科学健身指导和体质监测等服务，努力营造全社会关心青少年体育的氛围，促使更多的青少年参与体育活动，全面提高青少年健康素质。

根据国务院《全民健身条例》《全民健身计划（2011—2015年）》，湖北省制订了《湖北省全民健身实施计划（2011—2015年）》，指出：每周参加体育锻炼活动不少于三次，每次不少于30分钟，锻炼强度中等以上的人数比例达到45%以上，其中16岁以上城市居民（不含在校学生）达到26%以上，农村居民达到13%以上。学生在校期间每天至少参加一小时的体育锻炼活动。提高老年人、残疾人体育锻炼人数比例等。

可见，全民健身计划是目前湖北省乃至我国社会主义现代化建设的一个重要组成部分，是涉及全民的、宏观的、长期实施的一项国策。而"阳光体育运动"是针对全国各级各类学校的全体学生，以青少年和儿童为重点实施对象而提出的。因此，"阳光体育运动"只是部分，是从属于全民健身计划的一部分，是对全民健身计划的一个补充。

从人的身心发展阶段来看，青少年时期是思想道德观、人生观、价值观、理想观及身心健康发展的关键期，而这一时期青少年正处于学校教育时期，也是就业前和走向社会前的教育期，因此这一阶段的体育教育是终身体育意识养成的关键期。从全民健身计划和"阳光体育运动"的表述中亦可以看出，全民健身计划统领"阳光体育运动"的开展，是上位目标。而"阳光体育运动"则充分体现了全民健身在现阶段的工作内容，与其"提高体质健康"的根本任务是一致的，并且"阳光体育运动"是全民健身的具体延续和补充衔接，是现阶段全民健身运动开展的重点。

四、学校体育的历史沿革与素质教育背景下的"阳光体育运动"

学校体育是指在学校教育环境中,以体育课教学、课间体育活动、课余体育锻炼、课余体育训练等组织形式,指导学生学习和掌握体育与健康的基本知识与技能,培养学生自主学习体育与健康知识和方法的能力,使他们形成体育锻炼意识,是一个提高学生体育活动能力,增强学生体质,增进健康的有目的、有计划、有组织的教育活动过程。

学校体育工作的指导思想直接关系学校体育的办学方针和办学理念,从《奏定学堂章程》中的军国民体育思想的体操课到"阳光体育运动"的全面启动,回顾中国学校体育百年发展历程,大概经历了九次重要转折。

(1)鸦片战争后,学校教育开始引进日本改造后的军国民体育思想,形成兵式体操。1902年,"壬寅学制"中具体规定了普通中小学体操课,课程内容以兵式体操和普通体操为主。"壬寅学制"未及实行,1904年,新颁布的"癸卯学制"(又称《奏定学堂章程》)就取代"壬寅学制","癸卯学制"是我国近代教育第一个以中央政府名义颁布并实施的全国性法令文件。该学制完全模仿日本学制而来,在学校体育方面,明确规定各级各类学校均需开设"体操科",并在课时、目标、内容、场地设施等方面都做了要求。这个时期体育的特点包括全面学习日本、以兵式体操为主以及逐渐重视体育的教育价值与作用。

(2)民国时期,学校体育经历了两个阶段。"五四"新文化运动之前,军国民教育是通过对学生和全体民众进行尚武精神的培养和军事素质的训练,使他们具有军人的品德和体质,以达到抵御外侮、寓兵于民的教育目的。军国民教育形成于清末,为了挽救民族危亡,一些有识之士试图借鉴西方的"尚武"教育思想,力主在学校中开展尚武教育,以此来达到抵御外侮、振兴国势的目的。1914年,第一次世界大战爆发,加之1915年日本提出无理的"二十一条",激起了全国人民强烈的爱国热情,纷纷要求加强军国民教育。在这样一个内忧外患的背景下,军国民教育渐渐高涨,学校体育的军事化色彩渐浓,军国民教育思想在国内达到高潮,兵式体操备受推崇。

"五四"新文化运动以后,人们愈加追求民主与自由,讲求人的身心和谐发展,人们的体育观念发生了转变,由救亡图存的国家观念转变为关注人自身的发展，他们纷纷指摘军国民教育的弊端，毛泽东、恽代英等革命家更是著文予以抨击，军国民教育和兵式体操趋于衰落。随着1922年"新学制"的建立，国内掀起了学习欧美的高潮，当时在欧美流行的自然主义和实用主义也相继传入我国。自然主义体育主张"体育即教育"，认为：体育是教育的一种形式，体育是以身体大肌肉活动和适当环境为工具，而达到教育目的的一种教育；强调体育的教育目的，体育要为教育服务，通过体育为社会培养有用人才，反对为体育而体育，为锻炼而锻炼的做法；增强体质只是体育的副产品，不必刻意追求，发展体育真正追求的是体育的教育性。此时中国学校体育界由向日本学习转为向欧美学习，学校"体操科"正式更名为"体育课"，体育的教育价值得到进一步彰显，体育在儿童身心发展过程中的作用也更加突出，中国学校体育界也开始形成学校体育研究的专门队伍和代表人物。

（3）抗日战争爆发后，我国学校体育推行的是一种战时体育思潮，主张国术、军事、体育三位一体，实际上是一种民主主义体育思想。

（4）新中国成立后，中国学校体育领域里发生了"引进"方向的第二次整体转向，由学习西方转向学习苏联。1950年6月，针对当时广大学生健康不良的实际情况，毛泽东做出了"健康第一"的指示；1951年，政务院发出了《关于改善各级学校学生健康状况的决定》；1952年，教育部和国家体委联合颁布了《学校体育工作暂行规定》，明确指出："促进学生身心发展，增强体质，并对学生进行道德品质的教育，使他们能很好地完成学习任务，从事社会主义建设和保卫祖国。"从此，"增强体质、健康第一，为生产建设和国防建设服务"成为学校体育课程的主要目标，体育课教学带有一定的军事色彩。一系列的政策相继出台实施。1956年，国家体委公布了《劳动卫国体育制度条例和项目标准修改草案》。1958年，国务院正式批准公布了《劳动卫国体育制度》（以下简称《劳卫制》），在1964年的全国体育工作会议上，将《劳卫制》改为《青少年体育锻炼标准》。据不完全统计，截至1965年，全国累计共有4280万青少年达到《劳卫制》的各级标准。

（5）"文革"期间，我国各项工作都受到严重冲击，学校体育也不例外，《青少年体育锻炼标准》被迫停止，学校体育遭受了毁灭性的破坏，体育教育体系的建立受到了冲击。体育事业进入了"劳动代替体育"和"军事代替体育"的状态。

（6）随着"文化大革命"的结束，我国的各项事业进入全面发展时期。由于"文化大革命"对中学体育的破坏，学生体质下降，增强学生体质问题受到了国家和社会的重视。1974年，国家体委印发了《关于下达中华人民共和国〈体育锻炼标准条例（草案）〉的通知》。经过一年的试行，国务院于1975年印发了国务院批转国家体委《关于在全国施行〈国家体育锻炼标准〉的请示报告》。1976年粉碎"四人帮"后，教育部为"拨乱反正"于1978年制定颁布了《全日制十年制学校小学体育教学大纲（试行草案）》《全日制十年制学校中学体育教学大纲（试行草案）》。1977年12月，国务院批准颁发《国家体育锻炼标准》证书和证章。在这一时期，"增进学生健康，增强学生体质"成为学校体育最为主要的工作重心。

（7）改革开放以来，体质教育受到了严峻的挑战，此时我国学校体育又把学习对象转向了欧美国家，但随着反对"资产阶级自由化"的呼声越来越高，这种学习思潮又转向学习苏联和东欧。然而伴随着东欧剧变和苏联解体，我国学校体育又失去了明确的指导方向。

（8）进入20世纪90年代以后，学校体育学科建设不断加强，学术观点趋向多元，学术视野日渐拓展，国际交流日益加强，且形成了中国学校体育教育学科的当代体系。尽管中国学校体育不同区域、不同层次发展不平衡，但学科建设中的反思批判意识普遍增强，中国学校体育学科建设因"元研究"的出现而开始进入"自为时期"。随着时代的发展和进步，人类个体的生存价值和生活需要越来越受到关注。终身体育说和人本主义体育观的出现，与此紧密相连。终身体育学说是苏联学者在终身教育学说的基础上于20世纪60年代末提出的，其主要思想包括：体育锻炼应是终身的，体育应该成为生活中不可缺少的重要内容；学校体育是终身体育的重要组成部分和基础阶段；学校体育应培养学生形成适应休闲和终身需要的体育运动技巧和能力，并以此作为学校体育的基本任务。受终身体育学说的影响，我国学校体育课也逐渐出现了以学生兴趣为基础的体育选项课教学模式。1999年，中共中央、国务院在《关于深化教育改革 全面推进素质教育的决定》中提出了学校教育要树立"健康第一"的指导思想，为学校体育课程进一步深化改革指明了方向，学校体育应以追求"增强学生体质、健康第一"为目标，要重视学生的个体特点和需要，要重视学生的感受和体验，打破以学科和教师为中心的传统教学模式。人本主义体育观就是在这种背景下诞生的。人本主义体育观与实用主义教育学说和自然主义体育思想有些类似,它强调体育课程的实施要以人为本,以学生为主体,应充分考虑学生的个体特点和需要,教学要特别重视学生的感受和体验,必要时可以打破学科中心和教师中心的传统模式。

(9) 2006年开始实施的"阳光体育运动"掀起了新一轮学校体育教育改革的浪潮,但是,其理论基础和根源都是源于素质教育、终身体育教育的大背景,其关注目标在于促进学生身心健康发展,从政策、体制和具体操作上都切实保障学生每天的锻炼时间。

"阳光体育运动"是素质教育背景下的产物,与新时期学校体育的理念相统一。2002年教育部颁布的《全国普通高等学校体育课程教学指导纲要》明确提出了"四个基本理念"和"五个领域目标",即坚持"健康第一"的指导思想,促进学生健康成长;激发运动兴趣,培养学生终身体育的意识;以学生发展为中心,重视学生的主体地位;关注个体差异与不同需求,确保每个学生受益的"四个理念"以及运动参与、运动技能、身体健康、心理健康、社会适应能力"五个领域的目标"。"阳光体育运动"是关于学生健康发展的科学规划,增进学生体质并不是最终目的,最终目的依然是"人的全面发展"。"阳光体育运动"倡导学生走向操场、走向大自然、走到阳光下,自由、自主地参与锻炼,突出"运动、健康、快乐"的主题导向,在素质教育的大环境中与学校体育的要求相得益彰、相映生辉。可以看出,"阳光体育运动"是新时期学校体育以"健康第一"思想为指导所开展的学校体育工作的重点,是这一时期学校体育工作的宏观概括。

五、"阳光体育运动"与学生体质健康标准的演变

新中国成立以来,我国相继出台了一系列的体育锻炼标准:《劳卫制》(1951—1963年);《青少年体育锻炼标准》(1964—1974年);《国家体育锻炼标准》(1975—2001年);《学生体质健康标准》(2002—2006年);《国家学生体质健康标准》(2007年至今)。体育锻炼标准的不断完善是我国社会迅速发展、人们生活水平提高和体育意识增强的结果。

20世纪90年代,我国经济进入了高速发展阶段,各种针对高校大学生体质锻炼的标准相继出台与执行。为了贯彻德、智、体全面发展的教育方针,鼓

励学生经常锻炼身体，不断增强体质，提高自我保健能力和健康水平，成为社会主义现代化建设需要的合格人才，根据《学校体育工作条例》，教育部于1990年10月颁布了《大学生体育合格标准》，并于1992年9月新学年开始在全日制普通高等学校中实行，标准适用于有正式学籍的本、专科在校学生（不含体育专业学生），研究生或其他类型的高等学校学生可参照执行。《大学生体育合格标准》的内容主要是从身体形态、身体机能、身体素质、视力、体育课和课外体育锻炼六方面综合评定学生的体育成绩，能够较全面地反映学生的体质和健康水平。《大学生体育合格标准》是对每个大学生接受体育教育状况进行检验的具体尺度，是对毕业大学生进行个体评价的重要内容，也是落实学校体育教育目标的重要手段。通过《大学生体育合格标准》的实施，促使学生掌握体育的基本知识和科学锻炼身体的方法，养成自觉锻炼身体的习惯。

教育部为了贯彻《中共中央国务院关于深化教育改革 全面推进素质教育的决定》提出的"学校教育要树立健康第一的指导思想，切实加强体育工作"的精神，促进学生积极参加体育锻炼，养成经常锻炼身体的习惯，提高自我保健体质健康水平，特制定了《学生体质健康标准》。标准从身体形态、身体机能、身体素质和运动能力等方面综合评定学生的体质健康水平，是促进学生体质健康发展、激励学生积极进行身体锻炼的教育手段，是学生体质健康个体评价标准。这一标准是《国家体育锻炼标准》的有机组成部分，是《国家体育锻炼标准》在学校的具体实施，是国家对学生体质健康方面的基本要求，适用于全日制小学、初中、普通高中、中等职业学校和普通高等学校的在校学生。标准包含评价指标、评分表、实施办法等，自2002年试行以来，在各地各学校都进行了推广试行，取得了很好的经验。

教育部颁发的《关于进一步加强高等学校体育工作的意见》明确指出："《学生体质健康标准》是《国家体育锻炼标准》的有机组成部分，是《国家体育锻炼标准》在学校的具体实施，是对大学生体质健康的基本要求，每个大学生都应该努力达到。《学生体质健康标准》成绩是学生体育成绩的重要组成部分。学校必须认真组织实施《学生体质健康标准》，身体方面没有特殊原因，未达到《学生体质健康标准》的学生，在其体育课成绩中应有反映。高等学校要建立学生体质健康检测咨询中心，定期组织学生进行测试，要充分发挥《学生体质健康标准》的教育功能、指导功能和反馈功能，使其真正成为激发学生自觉锻炼，提高学生体质健康水平的重要手段。"

为推动《学生体质健康标准》的贯彻落实，促进广大青少年学生身心健康发展，教育部、国家体育总局、共青团中央共同组织开展了"全国学生体质健康标准推广活动"。通过组织形式多样的竞赛、评选等活动，加强对标准的宣传，推动标准的全面实施。培育"健康少年""健康青年""健康大使"群体，带动广大青少年学生争创"健康少年""健康青年"，激发学生参加体育锻炼的主动性，帮助学生养成良好的锻炼行为和习惯。将标准的实施与体育课教学、课外体育活动以及家庭、社会、共青团、少先队活动相结合，推动学校体育的整体改革，为青少年体育锻炼创造良好的社会环境，组织了全国"健康少年"和"健康青年"评选和竞赛活动、学生体质健康达标单位评选活动、"健康大使"的招募活动和一系列的宣传活动。

2006年，教育部和国家体育总局颁布的《关于进一步加强学校体育工作 切实提高学生健康素质的意见》中提出：要全面实施《学生体质健康标准》，要建立《学生体质健康标准》测试报告书制度，并将其列入高等学校和高中阶段学生档案。建立《学生体质健康标准》公告制度，定期公布各省、自治区、直辖市和高等学校实施《学生体质健康标准》的情况和测试结果。建立新生入学体质健康测试制度，高等学校、普通高中和中等职业学校要组织新生进行《学生体质健康标准》的测试，将其结果反馈给地方和下一级学校。《意见》还指出：要把学校体育工作状况作为评价地方和学校教育质量和办学水平的重要指标。对地方和学校综合性的教育工作评价必须充分体现促进学生德、智、体、美全面发展的要求，在对各级各类学校不同层次的合格性评估、示范性评选和先进性奖励工作中，要纳入反映学生体质健康状况和学校体育工作水平的关键性指标。不能保证体育课课时和学生体育活动时间，学生体质健康水平连续下降的地区和学校，不能评为示范学校和先进单位，其负责人年终考核不得评为优秀。

2006年12月，全国亿万学生"阳光体育运动"开始启动，教育部、国家体育总局、共青团中央在《关于开展全国亿万学生"阳光体育运动"的决定》中指出开展"阳光体育运动"，要以全面实施《学生体质健康标准》

为基础。建立和完善《学生体质健康标准》测试结果记录体系，测试成绩要记入小学生成长记录或学生素质报告书，初中以上学生要记入学生档案，并作为毕业、升学的重要依据。建立《学生体质健康标准》通报制度，定期通报各地《学生体质健康标准》的实施情况和测试结果。认真组织全体学生积极开展"达标争优"活动，对达到《学生体质健康标准》合格要求的学生，颁发"阳光体育证章"；对达到优秀等级的学生，颁发"阳光体育奖章"。

2005年全国学生体质与健康调研结果表明：学生形态发育水平继续提高，营养状况继续改善，低血红蛋白等常见病检出率继续下降，握力水平有所提高。但同时也存在一些不容忽视的问题，包括学生肺活量水平继续呈下降趋势，速度、爆发力、力量耐力素质水平进一步下降，肥胖检出率继续上升，视力不良检出率仍然居高不下。为了扭转这种不利的局面，要切实加强学校体育工作，改善学生体质健康水平，教育部、国家体育总局根据《学生体质健康标准》试行五年来的实际情况和调研中发现的问题，在借鉴和吸收国内外学生体质健康评价的科研成果的基础上，根据新的形势对《学生体质健康标准》进行了修改和完善，定名为《国家学生体质健康标准》，并于2007年开始执行。中共中央、国务院《关于加强青少年体育 增强青少年体质的意见》中提出："全面实施《国家学生体质健康标准》，把健康素质作为评价学生全面健康发展的重要指标。加快建立符合素质教育要求的考试评价制度，发挥其对增强青少年体质的积极导向作用。普遍推行《国家学生体质健康标准》测试报告书制度、公告制度和新生入学体质健康测试制度。认真贯彻《学校体育工作条例》，建立和完善学校体育工作规章制度。"新标准与旧标准相比，测试的项目量加大，可选择范围增大，使得测试内容更加充实、可操作；注重学生的个性发展，体现了"以人为本"的方针；各测试项目的权重有所调整，加大对身体机能、身体素质和运动能力的测试，使新标准更加灵活。篮球运球、足球运球、排球垫球、跳绳等运动技能项目的加入使《学生体质健康标准》与《体育与健康课程标准》的教学有机结合，相得益彰，相互促进，详见表2-1。

表2-1 《学生体质健康标准》中大学生的评价指标

评价指标（测试项目）	得分	备注
身高标准体重	15	必测
肺活量体重指数	15	必测
台阶试验、800米跑（女）/1000米跑（男）	20	选测一项
立定跳远、50米跑	30	选测一项
握力体重指数、坐位体前屈	20	选测一项

新的《国家学生体质健康标准》（见表2-2）是国家对学生体质的要求，是国家对不同年龄阶段学生体质健康的个体评价标准，是"阳光体育"实施和达标的依据，是亿万学生"阳光体育运动"不可分割的一部分。

表2-2 《国家学生体质健康标准》中大学生的评价指标

评价指标（测试项目）	分值	备注
身高标准体重	10	必测
肺活量体重指数	20	必测
1000米跑（男）/800米跑（女）、台阶试验	30	选测一项
坐位体前屈、掷实心球、仰卧起坐（女）、引体向上（男）、握力体重指数	20	选测一项
50米跑、立定跳远、跳绳、篮球运球、足球运球、排球垫球	20	选测一项

第3节 "阳光体育运动"的概念

一、"阳光体育运动"的概念

自"阳光体育运动"提出后，虽然针对"阳光体育"的研究较多，但是对"阳光体育"给予明确定义的却并不多见。目前，国内对"阳光体育"的概念虽然暂时没有一个准确的定义，但是对于学校体育工作者或其他从事相关工作的人员来说，明确"阳光体育"的具体概念、特征与要求，明晰"阳光体育"与学校体育、全民健身的区别与联系，对于进一步开展体育工作具有非常重要的意义。

在分析已有概念的前提下，根据《关于开展全国亿万学生"阳光体育运动"的通知》的精神，结合"阳光体育运动"产生的背景和"阳光体育"的性质、功能和目标，本研究把"阳光体育运动"的概念定义为：以身体运动为基本手段，以增强学生的健康素质发展为根本目的，以引导和鼓励学生走向操场、走进大自然、走到阳光下积极参加体育锻炼的学校体育活动。

二、"阳光体育运动"的含义

"阳光体育""阳光体育运动"是"全国亿万学生阳光体育运动"的简称，这里的"阳光"有着多重含义，其一，阳光代表着大自然，"阳光体育"响应了大自然的召唤，使学生从紧张的课业学习中走出来，走入阳光下进行户外活动，放松身心；其二，对学生而言，参加"阳光体育"可以带来身心的快乐；其三，校园文化应该是阳光的、多姿多彩的，"阳光体育"让校园变得更加生机勃勃、充满健康欢乐，并形成良好的崇尚锻炼的校园文化。

"阳光体育运动"以"阳光"为关键词，紧紧把握"以人为本"的教育理念，鼓励青少年学生走向操场、走向大自然、走到阳光下，充分遵循学生身心发展规律，满足学生兴趣的需要和自身能力发展的需求，旨在培养每一个学生成为更健康、乐观、主动、自信、团结、协作的和谐个体，在走入社会后都能拥有和谐美好的幸福人生。

"阳光体育运动"强调从学生身心发展的实际出发，培养学生的日常锻炼习惯。"阳光体育运动"要与体育课教学相结合，体育课不是呆板枯燥的，而是一项充满乐趣和富有意义的活动。"阳光体育运动"要与课外体育活动相结合，要充分激发学生参与体育活动的兴趣与热情，使活动内容更加丰富多彩，使学生真正热爱体育活动，养成良好的体育素养。

三、"阳光体育运动"的特征

1. 明确的目标性

在教育部、国家体育总局、共青团中央《关于开展全国亿万学生"阳光体育运动"的决定》中明确提出：开展"阳光体育运动"，要以"达标争优、强健体魄"为目标。用五年的时间使85%以上的学校能全面实施《国家学生体质健康标准》，使85%以上的学生做到每天锻炼一小时，达到《国家学生体质健康标准》及格等级以上，掌握至少两项日常锻炼的体育技能，形成良好的体育锻炼习惯，体质健康水平切实得到提高。明确的目标为过去体育活动的开展提供了指导，为未来"阳光体育运动"工作的开展奠定了基础。

2. 广泛的参与性

"阳光体育运动"要求面向全体学生，从国家制度层面上保障所有学生学习运动技术、技能并发展自身体质的基本权利，其目的是让每个学生发现、发展、发掘自身参与体育运动的特长和潜能，更是从国家层面上号召与宣传，让健康和运动的理念深入每个学生的内心，把体育运动和健康的生活理念内化成自己的习惯。"阳光体育运动"内容丰富，能够积极地调动学生的参与热情，最终实现让每一个学生都能挖掘自身的特长和潜力，掌握至少两项以上适合自身的运动技巧，为终身体育打下坚实的基础，为个人健康、幸福的生活打下牢固的基础，为社会主义建设锻炼出强健的体魄。

3. 形式的多样化

《关于开展全国亿万学生"阳光体育运动"的决定》中指出：积极创建中小学快乐体育园地，加强学生体育社团和体育俱乐部建设。通过广泛开展学生体育集体项目的竞赛、主题鲜明的冬季象征性长跑、具有地方特点和民族特色的学生体育活动等，不断丰富学生课外体育活动的形式和内容。可见，"阳光体育运动"使得不同地域、不同民族、不同体质、不同性别、不同年龄、不同兴趣的青少年学生都可以根据自身不同的需要参与体育项目，给每一位参与者一个展现自己的舞台，改变了我国学校体育长期发展过程中运动项目单一、很难体现学生个体特征的弊端，从而使"阳光体育运动"的参与面全面扩大。

4. 注重学生共性与个性的不同需求

"阳光体育运动"的开展既重视了学生对体育锻炼的共同需求与强烈愿望，又关注了每个学生自身的体育素养。"阳光体育运动"对于学校如何开展体育运动、体育运动的组织方式和活动形式并没有做出统一要求，但对学生参加"阳光体育运动"的时间以及需要掌握的体育运动项目做了严格规定。这恰恰是摒弃了传统教育中注重形式、"一刀切"的方式，从制度上为学生全面发展和个性发展创造了良好的宽松环境，纠正了以往教育中只注重智育而忽略德育和体育的倾向，使素质教育中的体育教育地位得到保障与提升，以适应素质教育发展的要求。

5. 强调参与的荣誉感

中共中央、国务院在《关于加强青少年体育 增强青少年体质的意见》中指出：广泛开展"全国亿万学生阳光体育运动"，要根据学生的年龄、性别和体质状况，积极探索适应青少年特点的体育教学与活动形式，指导学生开展有计划、有目的、有规律的体育锻炼，努力改善学生的身体形态和机能，提高运动能力，达到体质健康标准。对达到合格等级的学生颁发"阳光体育证章"，优秀等级的学生颁发"阳光体育奖章"，以增强学生参加体育锻炼的荣誉感和自觉性。

6. 强调学生的主动性

"阳光体育运动"强调体育教学，教育、引导学生积极参加"阳光体育运动"，强调丰富课外活动的内容和形式，最终的目标就是调动学生参与运动的主动性和积极性，从而达到培养良好的锻炼意识，为终身体育锻炼打好基础。换言之，"阳光体育运动"只有调动学生的参与主动性，才能实现其最终目标。然而每一个学生都有自己喜爱的运动项目以及感兴趣的活动方式，因此每一项体育活动并非对所有学生都具有吸引力，所以要让所有的学生都参与到体育锻炼中来，以学生的兴趣爱好为出发点，培养学生参与运动的主动性。学生的主动参与不但有利于体育活动的有效开展，也有利于及时反馈体育活动开展的情况，进而完善现有的体育活动，开发新颖的活动项目。

7. 以"健康第一"为指导思想

随着物质生活水平的提高，人们对健康的关注越来越多，健康理念已经由传统观念中"没有疾病"的狭义理念发展成为现在多维广义的健康理念。世界卫生组织在1978年国际初级卫生保健大会上所发表的《阿拉木图宣言》中重申：健康不仅是没有疾病或不虚弱，而且是身体的、精神的健康和社会适应良好的总称。1984年，世界卫生组织再次给健康下了定义：健康须是：能满足生存的期望，能适应环境的变化，能发挥自己的价值，能处理各方面的应激，能避免各种疾病的危险和过早死亡。1989年，世界卫生组织又一次深化了健康的概念，认为：健康包括躯体健康、心理健康、社会适应良好和道德健康。可以看出，健康的含义越来越丰富，健康的人体首先要求身体各个器官系统发育良好、功能正常、体质健壮、精力充沛，同时还要有良好的心理、社会效能和道德。

1999年，中共中央、国务院《关于教育改革全面推进素质教育的决定》指出：学校教育要树立"健康第一"的指导思想，使学生积极主动地投入体育课和体育活动中去，增加对体育的理解和兴趣，将所学的知识技能应用到健身休闲中去，使身体、心理、社会适应等方面都得到充分的发展，为终身体育打下良好的基础。然而，由于受传统应试教育和重文轻武观念的影响，"健康第一"的指导思想没能得到正确、全面的落实，从而导致现在大学、中学、小学生体质健康水平日益下滑的状态。

2007年，中共中央、国务院《关于加强青少年体育 增强青少年体质的意见》中明确指出："当前和今后一个时期，加强青少年体育工作的总要求是：认真落实'健康第一'的指导思想，把增强学生体质作为学校教育的基本目标之一，建立健全学校体育工作机制，充分保证学校体育课和学生体育活动，广泛开展群众性青少年体育活动和竞赛，加强体育卫生设施和师资队伍建设，全面完善学校、社区、家庭相结合的青少年体育网络，培养青少年良好的体育锻炼习惯和健康的生活方式，形成青少年热爱体育、崇尚运动、健康向上的良好风气和全社会珍视健康、重视体育的浓厚氛围。通过五年左右的时间，使我国青少年普遍达到国家体质健康的基本要求，耐力、力量、速度等体能素质明显提高，营养不良、肥胖和近视的发生率明显下降。通过全社会的共同努力，坚持不懈地推动青少年体育运动的发展，不断提高青少年乃至全民族的健康素质。"因此，从"阳光体育运动"的提出开始，就应牢牢地坚持把"健康第一"的指导思想贯彻始终，旨在正确把握和引领"阳光体育运动"的目标方向。

8. 以终身体育观为价值指向

终身体育，是指一个人终身进行身体锻炼和接受体育教育。学校体育是终身体育的重要组成部分，在人的一生中，青少年时期是人体生长发育的关键时期，是奠定终身体育观的基础和关键，而大学时期的体育教育是学生体育教育的"终点站"，对学生终身体育意识的培育和形成起着至关重要的作用。

"阳光体育运动"针对青少年学生体育锻炼缺乏、体质下降的状况，以制度的形式要求学生每天至少参与一小时的体育锻炼，对在校学生每周锻炼时间和运动项目做出了详细的要求。这就使学生在校参与锻炼的时间得到了保障，从而打破了体育活动时间一直被学校其他活动随意占用的情况，青少年可以在充裕的时间内发现、发展自身的运动潜能,参加适合自身的体育运动。在这种宽松的环境下,不同层次、不同水平、不同兴趣学生的运动需求都可以得到满足,从而可以正确地引领青少年体育锻炼的习惯,使学生从"被动养成"转变成"主动参与",真正激发学生参与运动的兴趣,使其更加积极、自觉地进行体育锻炼,并以终身参与体育锻炼作为自己的人生价值目标。

第4节 普通高校开展"阳光体育运动"的具体内容及要求

开展"阳光体育运动",首先要明确"阳光体育运动"的具体内容及要求,否则工作很容易流于形式,难以深入。通过对《关于开展全国亿万学生"阳光体育运动"的决定》《国家学生体质健康标准》及中共中央《关于加强青少年体育 增强青少年体质的意见》等文件内容的分析,以及参考刘海元《关于"阳光体育运动"若干问题的探讨》中对"阳光体育运动"内容的解读,本研究对普通高校开展"阳光体育运动"的具体内容及要求进行了概括,见表2-3。

表2-3 普通高校开展"阳光体育运动"的内容及要求

工作范畴	具体内容	要 求
加强领导, 完善制度	(1) 各学校要成立由校长牵头的领导小组; (2) 建立完善的开展"阳光体育运动"的各项规章制度; (3) 建立有效的监督管理体系,建立政府部门、各领导小组对"阳光体育运动"的监督与合作关系,使"阳光体育运动"在开展过程中得到良好的监督管理	按照全国统一部署,制订具体的计划、措施和实施方案,组织本校"阳光体育运动"的实施

续表

工作范畴	具体内容	要 求
课内外锻炼相结合，为大学生的"阳光体育运动"锻炼搭建平台	(1) 坚持依法治教，规范办学行为，深化教学改革，不断提高教学质量； (2) 将学生课外体育活动纳入教学计划，形成制度体系； (3) 保证学生每天锻炼一小时； (4) 每年召开春、秋两季运动会； (5) 进一步办好学校和高等院校体育传统项目高水平运动队，充分发挥其对群众性体育的示范带动作用； (6) 完善高等院校新生军训制度	(1) 严格执行国家有关体育课时的规定，上足上好体育课，不得以任何理由占用体育课时。通过体育教学，教育、引导学生积极地参加"阳光体育运动"； (2) 加强体育课程管理，把课外体育活动纳入学校日常教学计划，使每个学生每周至少参加三次课外体育锻炼。要提出每天锻炼一小时的具体要求并抓好落实； (3) 加强学生体育社团和体育俱乐部建设； (4) 有针对性地指导和支持青少年的体育锻炼。要切实加强体育教师队伍建设，按照开设体育课和开展课外体育活动的需要，配齐配强体育教师； (5) 因地制宜地经常开展以班级为单位的学生体育活动和竞赛，做到人人有体育项目、班班有体育活动、校校有体育特色，不断丰富学生课外体育活动的形式和内容； (6) 要把学校体育工作的重点放在群众性体育活动上，形成人人参与、个个争先的学校体育运动氛围，营造蓬勃向上的校园文化环境
全面实施《国家学生健康体质标准》	(1) 建立和完善《国家学生健康体质标准》测试结果记录体系； (2) 建立《国家学生健康体质标准》通报制度； (3) 认真组织全体学生积极开展"达标争优"活动	(1) 教育部直属高校每学年开学初，要对本科新生实行标准测试，并公开测试结果。针对《国家学生健康体质标准》测试成绩连年下降的省(市、区)，教育部将调整直属高校在该地区的招生计划； (2) 注重发展学生的体育运动兴趣和特长，使每个学生都能掌握两项以上体育运动技能； (3) 认真组织全体学生积极开展"达标争优"活动，对达到《国家学生体质健康标准》优秀等级的学生，颁发"阳光体育奖章"

续表

工作范畴	具体内容	要　　求
加强开展"阳光体育运动"人、财、物的硬件保障	(1) 加强学校体育设施建设； (2) 加强体育安全管理，指导青少年科学锻炼； (3) 加强体育科学研究，积极开发适应青少年特点的锻炼项目和健身方法，加强体育指导员队伍建设，为大学生体育锻炼提供科学指导； (4) 加强体育教师队伍培养，保证体育教师的合理配备； (5) 增加学校体育工作的经费投入	(1) 公共体育设施建设要与学校体育设施建设统筹考虑、综合利用； (2) 公共体育场馆和运动设施应免费或优惠向周边学校和学生开放，学校体育场馆在课余和节假日应向学生开放； (3) 学校要对体育教师进行安全知识和技能培训，对学生加强安全意识教育； (4) 加强体育场馆、设施的维护管理，确保安全运行； (5) 完善学校体育和青少年校外体育活动的安全管理制度，明确安全责任，完善安全措施； (6) 要建立校园意外伤害事件的应急管理机制。建立和完善青少年意外伤害保险制度，推行由政府购买意外伤害校方责任险的办法； (7) 要保障高校体育教师的合法权益，参照教育和劳动部门制定的相关标准，落实体育教师室外工作的劳保待遇； (8) 要加大对学校体育经费的投入力度，学校公用经费要按一定的比例专项用于学校体育工作； (9) 要认真执行《普通高等学校体育场馆设施、器材配备目录》配齐体育设施与器材； (10) 因地制宜开发和利用各种体育资源，努力满足学生开展体育活动的需要。积极创造条件，在保证正常教学秩序的情况下，使学校体育场馆在课余和节假日向广大学生和社区居民开放
营造良好的校园文化氛围	(1) 大力宣传"阳光体育运动"； (2) 广泛传播科学的锻炼知识和健康的生活理念； (3) 建立评比表彰制度	(1) 使"健康第一""达标争优""强健体魄""每天锻炼一小时，健康工作五十年，幸福生活一辈子"等口号深入人心； (2) 对在阳光体育中取得优异成绩的单位或者个人给予表彰，以唤起全体师生对体质健康水平以及"阳光体育运动"的广泛关注，吸引家庭和社会力量共同支持高校"阳光体育运动"的开展

第3章 湖北省高校开展"阳光体育运动"的现状

自2007年5月7日由中共中央、国务院颁发《关于加强青少年体育 增强青少年体质的意见》明确提出"广泛开展全国亿万学生'阳光体育运动'"的号召以来，各高校纷纷响应，创造各种条件以保证学生"每天锻炼一小时"。各高校结合本校实际情况，因地制宜，开展了丰富多彩的体育活动，激励学生积极参加体育锻炼，自觉地走进操场、走到阳光下、走进大自然中，有效地促进了大学生体质健康水平的提高。

为了积极有效地推动"阳光体育运动"的开展，贯彻党的教育方针，落实中共中央、国务院颁发的《关于加强青少年体育 增强青少年体质的意见》文件和全国学校体育工作会议精神，深入推进素质教育，加强湖北省高校学生的体育素质，促进学生的全面发展和健康成长，湖北省印发了《中共湖北省委湖北省人民政府关于加强青少年体育 增强青少年体质的实施意见》。该《意见》为湖北省高校"阳光体育运动"的有效开展指明了方向。随后湖北省教育厅、湖北省体育局、共青团湖北省委颁发了《关于全面启动学生"阳光体育运动"的通知》和《湖北省中小学校每天一小时阳光体育实施方案》等文件。湖北省各高校把这三个文件的贯彻落实作为湖北省高校体育工作的重中之重，利用校园广播、电视、校园报刊、校内网站等媒体，依托各种途径大力宣传"阳光体育运动"及其"健康第一""以人为本"等理念，切实提高各部门工作人员对高校"阳光体育运动"的认识，并明确当前和今后一个时期湖北省普通高校体育工作的主要任务。同时，整合各部门资源优势，采用各部门强强联手、上下互动的方式鼓励和组织学生积极有效地参加体育锻炼，建立绩效表彰制度，确保学生"每天锻炼一小时"，确保"阳光体育运动"的顺利开展。

第1节　湖北省高校"阳光体育运动"现状的调查设计

一、问卷调查设计

湖北省高校"阳光体育运动"现状调查问卷的内容是在中央发布的有关普通高校"阳光体育运动"的政策与要求基础上结合其他文献资料和专家访谈进行归纳整理而形成,并对问卷进行了信度、效度检验。

二、调查对象

本研究以湖北省各高校为研究对象,对"阳光体育活动"的实施状况进行调查研究。本调查表主要发放给湖北省各高校体育院（部、系）负责人,通过电邮、电话采访、现场会议等方式收集数据。

为了有针对性地开展调查,本调查采用随机抽样调查的方法,从湖北省141所高校中随机抽取55所院校进行研究,共发放问卷55份,回收47份,回收率为85.5%,其中有效问卷为46份,合格率为83.6%。

第2节　湖北省高校开展"阳光体育运动"的调查

随着"阳光体育运动"在湖北省内的深入开展,越来越多的高校开始重视"阳光体育运动"。经调查分析,湖北省高校"阳光体育运动"开展的状况呈现出如下特点。

一、高校重视程度不等且不足,缺乏有效的组织领导

在对湖北省高校"阳光体育运动"开展状况的调查中发现,仅有21.6%的高校举行了"阳光体育运动"的启动仪式,78.4%的高校没有把这项工作列入工作计划;仅有21.6%的高校将"阳光体育活动"列入年终考核内容,而67.3%的高校没有将"阳光体育运动"列入年终考核内容。这说明,湖北

高校领导并没有充分重视"阳光体育运动"的开展,尽管做了一些工作,但只不过是学校原有体育工作的重现,如做早操、各季运动会等。

许多高校领导对学校"阳光体育运动"的重视程度不够,担心过多的体育活动会影响学生的学习成绩,可见应试教育体制产生的"重智轻体"的观念仍然是制约"阳光体育运动"开展的深层次原因。

二、缺乏详细的实施计划

调查显示,湖北省仅有16.4%的高校制订了"阳光体育运动"的实施计划(含校级下发的活动方案、工作思路,校级"健身活动月"和体育文化节等),有的还建立了完善的设备、经费管理制度和绩效考核评价制度等。而83.6%的学校没有制订"阳光体育运动"的详细实施计划,大部分学校只是将文件发放到相关部门,但并没有建立起一个健全的监督体制来督导体育部门予以实施,学生的"阳光体育活动"也没有安排体育教师给予指导。

三、学生对"阳光体育运动"的认识不足,思想定位有偏差

对湖北省高校学生的调查发现:了解"阳光体育运动"的学生占32.6%,了解"阳光体育运动"发起时间的占15.2%,了解"阳光体育运动"口号的占26.2%。在调查学生对"阳光体育运动"的了解途径中发现,通过电视和网络了解的有41.3%,通过体育教师了解的有26.4%,通过校报、宣传栏了解的有19.6%,通过其他途径了解的有12.7%。

通过以上数据分析可以看出,湖北省高校学生对"阳光体育运动"的认识不足,且思想定位有偏差。究其原因,不仅是各级部门对"阳光体育运动"宣传不到位,学生还受到现今社会就业压力的影响,致使学生对"阳光体育运动"的认识不足,也减少了个人参加体育锻炼的时间。

学生学习压力大,没有充足的时间参加体育活动,归根结底还是由素质教育与应试教育的矛盾引发出来的。素质教育要求学校将学生培养成德、智、体全面发展的人才,但是从目前的实际情况看,无论是学校还是家长,对素质教育的理解还都存在片面性。一些学校为了提升自己的知名度和影响力,将主要精力放在追求升学率上,无形中给学生带来了巨大的学习压力;而为了孩子的

未来，迫于就业压力，家长也别无选择地将孩子逼上高考升学这座"独木桥"。长期以来，高考不考体育也在一定程度上导致了中小学体育教育的缺失。所以，尽管国家一直在提倡素质教育，一些学校也确实在朝着这个方向努力，但是应试教育依然存在，使得中学生们几乎没有自由活动的空间和时间。这种教育环境成为"阳光体育运动"开展的障碍。

四、学生"每天锻炼一小时"的时间无法保障，教师指导不足

在调查中发现，仅有少数学校安排了一小时运动时间，大多数高校对学生一小时运动时间还是无法保证，更多的还是学生自己安排体育锻炼时间。调查显示，湖北省高校师生比为1:857，体育教师严重缺乏。体育教师在完成基本的教学工作外，还要组织校训练队的训练工作以及学校的其他体育活动，根本没有精力对学生的课外活动给予指导。很多学生也反映体育教师的指导无法满足他们开展"阳光体育运动"的需求。

体育教师是学校体育和"阳光体育运动"的主要执行者。体育教师师资不足，体育教师工作量大、待遇差、不能与其他学科教师同工同酬，这些问题都严重影响了高校"阳光体育运动"的开展。另外，体育教师的在职培训缺位也成为制约"阳光体育运动"开展的"瓶颈"。许多体育教师长期不进行业务学习，对新的体育教学理念和现代体育课程的价值取向缺乏认识，对教学内容的开发能力不足，教学方法和教学设计缺少创新，也让学生感觉比较枯燥。

随着网络的发展，孩子们业余活动的兴趣更多地转移到电脑上，户外活动和体育锻炼的机会变得越来越少，这种社会环境影响了学生参与体育活动的兴趣，制约了"阳光体育运动"的开展。

五、经费投入不足，运动场地及设施的现状不容乐观

相关调查显示：影响"阳光体育运动"开展的因素主要有：学校体育场馆、器材设施的限制；学生体育知识和技能熟练程度以及学生身体素质的影响；学生的兴趣爱好和习惯以及其他因素等。各影响因素占比如下：运动场地及设施限制占24.1%，学生体育知识技能的熟练程度和学生身体素质占44.1%，学生的兴趣爱好和习惯占13%。

教育部颁发的《关于进一步加强普通高等学校体育工作的意见》中明确规定了学校体育经费投入和场馆设施的条件,指出:"针对高校扩招后,体育资源严重不足的实际情况,要进一步加大对体育工作的投入,确保体育经费与学生人数同步增长;要认真执行《普通高等学校体育场馆设施、器材配备目录》,加速体育场馆设施的建设,科学配置体育资源。同时,要充分提高现有体育资源的使用效益,最大限度地满足学生运动需求。"

体育场馆设施是"阳光体育运动"顺利开展的物质保障。2004年8月,教育部颁布了《普通高等学校体育场馆设施、器材配备目录》(以下简称《目录》),作为国家教育行政部门颁发的权威文件,它具有规定性和行政指令性,是国家对高校办学条件做出的基本要求,是高校基建的有机组成部分,也是检查、督导、评估和规范学校办学条件的重要依据。

调查中发现,湖北省普通高校生均场地面积离《目录》的要求还有不小的差距。如表3-1的数据显示:湖北省生均室内场地面积为0.27平方米,室外场地面积为4.17平方米,和教育部规定的基本配置差距比较明显。湖北省高校体育场地与教育部的规定存在很大的差距,6所部属院校(其中5所是"211"工程建设学校,其中2所是全国"985"重点建设学校)中有5所院校的生均场地指标未达到教育部的规定标准;省属本科院校中有10所院校不达标;有多所高职高专院校的生均场地达不到教育部的规定标准。虽然目前湖北省普通高校体育场地与过去相比有所提高,但与《目录》标准的要求还存在一定的差距。

表3-1 湖北省生均室内、室外场地面积与《目录》标准配置对照表

单位:m^2

场地类型	湖北省现状	《目录》标准
生均室内场地	0.27	0.3
生均室外场地	4.17	4.7

如图3-1所示,湖北省高校体育场地设施的建设资金大部分属于单位自筹,占70%,并没有执行国家规定的"学校公用经费的20%用于配备体育、艺术教育设施"的规定。这部分资金应主要来源于高校每年的学费收入和上级拨款等,有23%属于财政拨款,2%为社会捐赠。湖北省各高校在学校体育

建设年投资经费上的差距非常大,少者仅有2000元,多者可达20万元。这种差距与学校规模有很大关系。体育投资经费与学校规模基本呈正比。学校规模越大,师生人数越多,对保证正常体育教学工作的需求也就越大,且国家在投资上对规模大的院校也有所侧重,投资经费自然也越多;反之亦然。

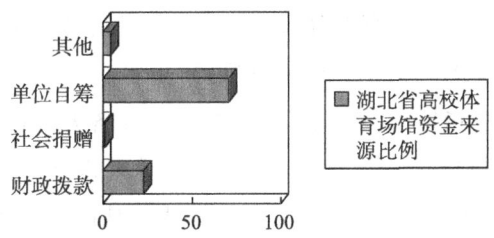

图3-1 湖北省高校体育场馆建设资金来源及比例

六、《国家学生体质健康标准》实施工作问题颇多

据调查可知,湖北省大多数普通高校能够按照相关文件的要求进行《国家学生体质健康标准》(以下简称《标准》)测试工作,但不同的学校在具体实施过程中,还存在很多不足之处。

1. 对《标准》的认识和理解不足

《标准》的实施工作没有得到高校的充分重视,高校对《标准》的实施意义和重要性的宣传不到位,具体执行时态度不认真,缺乏责任感,在很大程度上影响了测试结果的信度和效度。形式化的学生体质测试工作,缺乏合理而有效的激励与评价机制作为督导,在教学中缺乏提高学生体质健康水平相应的指导和措施,学生以追求达标率为目标,缺乏正确的目的性。这些因素已经严重地影响湖北省高校"阳光体育运动"的开展。

2. 测试仪器与测试场地的限制

由教体艺厅下发的"关于印发《普通高等学校体育场馆设施、器材配备目录》的通知"规定:"一套测试仪器应包括以下组合:身高、体重仪1台,肺活量仪2台,台阶试验仪6台,握力计1台,50米测试仪2台,仰卧起坐、立定跳远、坐位体前屈仪各1台;学生人数与仪器套数之比应为10000∶2。"调查显示,作为《标准》实施物质载体的测试仪器与测试场地,由于学校重视不足或学校的经济条件限制,无法保证测试仪器的质量和数量。湖北省仅有极少数高校的仪器配备情况达到《目录》要求，多数高校的仪器配备情况与《目录》要求仍有差距，很多学校部分仪器已出现损坏，灵敏度降低；测试场地不固定，为体育部门或临时组建的非专业场地，有的场地甚至空间狭小，满足不了测试的需求，影响了测试工作的顺利进行，致使无法得出准确、真实、有效的测试结果。另外，还有部分高校至今没有专用的体质测试场地。

3. 不完善的测试项目与成绩评定标准

有关测试项目的指标体系与评价体系的研究在各大文献中比较多见。如邵洪范在《学生体质健康标准（试行方案）剖析》（以下简称《标准（试行方案）》）中论述：利用台阶试验测试耐力的方法是从国外引进的，如日本于20世纪60年代中期建立体力测定制度时就开始采用，但在1999年开始实施新的测定指标时又取消了这个项目。日本专家认为，台阶指数反映耐力的有效性低，另外，日本学生的腿长逐年增加，使用同一高度的台阶进行测定，与过去的数据可比性差。目前，世界各国比较通行的耐力测试指标多为1000米（男）跑、800米（女）跑，其反映耐力水平的相对合理性与大规模测试时的易操作性得到了大家的普遍认同。因此，在高校进行《标准（试行方案）》测试时，选择1000米（男）跑、800米（女）跑进行耐力素质的测定，无论从哪方面看，都将优于台阶试验。杨冬钧在《〈学生体质健康标准〉评分标准存在的问题》中指出：《标准（试行方案）》中对奖励的情况做出了明文规定，凡课外体育锻炼达到一定的比例、获等级运动员称号、参加各种体育比赛获得名次等情况，以及认真负责的学生体育干部均可加分，而且"不同项可累计加分"。这一规定使《标准（试行方案）》具有了一定的可操作性，但也产生了不公平性，使其原本严谨的规章制度变得不够严谨。

教育部、国家体育总局在认真总结试行工作的基础上于2007年修订了《标准（试行方案）》，命名为《国家学生体质健康标准》，并正式替代《标准（试行方案）》在全国实施，但依然有很多地方需要经过不断的测试来完善。

4. 不合理的测试分工、测试时间以及缺乏经过培训的测试人员

在对湖北省高校的调查中发现，测试工作一般由体育学院（系、教学部、组）完成，一小部分高校实行集中时间测试，大部分高校则是实行体育课或课外活动时间测试。若安排在体育课上进行测试，有限的体育教学时间将被占用，也违背了教育部下发的"开齐并上好体育课，不得以任何理由削减、挤

占体育课时间"的精神。另外，由于体育必修课不在高年级学生的课程内，因此还要考虑如何在课外进行测试工作的问题，运动不足直接导致了部分学生身体素质指标的持续下降。然而，安排在体育课上进行测试工作也有一定原因，如在先后几个标准中，都将测试的成绩列入评奖、毕业等条件，这一测评条件要依托体育课才有可执行性；体育教师基本教学工作以外的劳动得不到同等报酬，也都导致了这种现象的发生。

调查中还发现，体育教师是组成测试工作人员的主要部分。很多高校的测试人员对测试工作的流程和要求并不是很熟悉，在测试工作之前也缺乏应有的培训。由于学校事务繁忙，测试学生数目庞大，导致部分教师在执行测试工作时缺乏责任心，应付了事，严重影响了测试结果的准确性，使测试结果难以真实地反映学生的体质健康状况。为了使这个问题得到有效的解决，需要各高校做好测试工作人员的培训工作。

5. 季节影响

在《标准》测试过程中，学生数量多，测试时间较长。特别是秋冬季节进行测试时，学生穿着厚重，运动不便，不能发挥最佳测试水平，这对测试结果也有一定的影响。

第3节 湖北省高校"阳光体育运动"现状分析

综上可知，湖北省高校"阳光体育运动"开展至今，各种问题层出不穷，有的高校成为开展"阳光体育运动"的典范，但更多的高校还存在体制、组织等方面的问题，而产生这些问题的原因主要有以下六个方面。

一、"阳光体育运动"的运行机制尚需完善

湖北省高校"阳光体育运动"开展状况不容乐观，其主要原因是由于高校没有建立完善的"阳光体育运动"运行机制。即使是启动了"阳光体育运动"仪式的高校，也缺乏持续有效的活动组织。即使制订了"阳光体育运动"的实施方案，也只是阶段性的活动方案，缺乏长期有效的规划。

二、宣传工作不到位，学生认识程度不高

课外体育锻炼作为"阳光体育运动"的重要内容与组成部分，有效地补充了体育课堂教学的不足，关系到大学生身心的健康发展。但是，"阳光体育运动"的宣传工作不到位致使部分大学生对课外体育锻炼的重要性认识不足，参加课外体育锻炼的动机不够端正，致使课外体育锻炼成为学生的被动行为。随着网络文化的日益盛行，大多数学生更愿意坐在电脑前，不大情愿参加体育锻炼。

三、缺乏课外体育经费的保证制度

近年来，虽然各高校加大了体育设施的经费投入，但是湖北省作为高校大省，大多数高校在校生人数过万，开展"阳光体育运动"所需的场馆资源、后勤服务等有所欠缺，并不能满足学生的需要。随着招生规模的扩大，这一矛盾更为突出，湖北省高校普遍存在体育场地与运动器材供需失衡的现象。尤其是需要定期保养、资金投入较大的室内场馆设施缺乏，致使许多深受大学生喜爱的小球项目、体育舞蹈、健美操等都无法满足学生的需求。即使一些高校设有室内体育场馆，也因为场馆开放时间不足和设施不全等原因直接影响着大学生参加课外体育锻炼的积极性。这一方面是各部门领导对体育工作的认识不到位导致，另一方面，体育工作经费使用不合理和制度不完善也是原因之一。体育场馆器材设施作为高校体育开展的重要物质基础，同时也是保证"阳光体育运动"顺利开展的先决条件。只有提高各级领导对体育工作的认识和加强对体育工作的支持，加大经费投入力度，提供完备的体育设施，才能提高学生参与体育锻炼的积极性，促进"阳光体育运动"的顺利开展。

四、体育课内容一成不变，体育活动形式过于单一

很多专家认为，学校体育课内容一成不变、体育活动形式过于单一也是影响学生"每天锻炼一小时"的重要原因。现行的体育教材虽几经改革，但依然无法彻底脱离以竞技项目为主的弊端。教材内容重复教授，难免会造成"教者没激情，学者没兴趣"，学生没有学会运动技术，体质状况也无法得到改善，自然也无法提高健康水平。此外，体育课程设置和课程形式受到狭隘的体育课程观念的影响，依靠每周有限的几节体育课难以实现增强体质的基本目

标。而保障高校开展课余体育活动所需要的时间与经费长期悬而未决,这对体育课增强学生体质的基本目标来说更是雪上加霜。高校体育课程建设应当在课时、实践理论学时比例、教学周期、教学内容、教师知识结构、教学目标、教学制度等多方面予以配合,以便为开展"阳光体育运动"创造良好的环境。

此外,各种体育项目协会、俱乐部、院系班级等团体组织的活动,也面临与高校如出一辙的问题,也会因为投入的经费、场地、时间等不足而影响其组织功能的有效发挥。而且这些组织由于缺乏合理有效和统一的管理,很多活动内容和形式存在较大的随意性和不确定性,其形式与内容并不符合大部分学生身体素质的实际需要,真正经常参加体育锻炼的学生数量并没有增加多少。这严重阻碍了"阳光体育运动"的广泛开展,使学生的锻炼效果很难尽如人意。

五、尚未建立"阳光体育运动"的教师指导机制

随着近几年高校招生规模的不断扩大,在校学生人数也与日俱增,作为高校大省的湖北省更为突出。但是在高校扩招的背景下,高校体育教师的比例并未按国家规定的比例增加,这使高校体育教师的工作日益繁重。体育教师除了要完成基本的教学工作外,还要兼顾课余体育训练、训练高水平的运动队、校内外竞赛、定量的科研等工作,不仅工作量大,而且分工不合理,致使高校体育教师无暇顾及学生课外体育锻炼的辅导。此外,由于体育工作长期以来都得不到足够的重视,体育教师在正常的教学工作之外所付出的劳动与取得的报酬不成正比,严重地影响了体育教师的工作积极性。

六、缺乏科学合理的评价监督机制

通过调查可知,即便是在开展"阳光体育运动"的高校,也很少有能够建立起有效的"阳光体育运动"监督运行机制的高校。湖北省大部分高校只是下发了有关"阳光体育运动"的文件,或者举行了"阳光体育运动"的启动仪式,但缺乏有效的约束激励机制,并没有从根本上重视开展"阳光体育运动"。为此,应当把"阳光体育运动"纳入湖北省高校教育质量评价体系中,以发挥学生自身的主体性、提高体育锻炼的趣味性、加强体育锻炼内容的针对性、提高体育文化对学生心灵的冲击性、效果评估的综合性等方面作为评

价内容，制定高校"阳光体育运动"与校长、有关职能部门、院系组织负责人、学生团体相互制约等方面组成的评价监督体系，保障"阳光体育运动"的顺利开展。"阳光体育运动"评价监督体系还可以从制度体系、组织实施体系、硬件保障体系、体质健康测试和"阳光体育运动"宣传等多个层面进行有针对性的评价与监督。另外，大学生的体质健康状况作为"阳光体育运动"实施的目标，毫无疑问也应当作为评价学校"阳光体育运动"的重要指标，强化对学校体育工作的硬性要求，引导学校把"阳光体育运动"落到实处。

第4章 构建湖北省高校"阳光体育运动"的长效机制

"阳光体育运动"是现阶段湖北省高校体育工作的重要内容。"阳光体育运动"的各项工作都是借助学校体育这个平台展开的,因此,重视学校体育、重视学生健康,从思想上提高对"阳光体育运动"的认识是我们的首要工作。新中国成立至今,重视学校体育、重视学生健康始终反映在各个时期的教育方针和各项法规政策之中,但是,随着社会经济的发展和生活水平的提高,为什么学生体质下滑的速度反而加快了?为什么学生进行体育锻炼的时间反而减少了?一个重要的原因就在于缺乏强有力的学校体育管理运行机制。所以,当我们再次提出要实施"阳光体育运动"的时候,如果想避免形式主义现象的再次发生,就一定要有一套科学、合理的运作机制作为保障。

目前,不完善的组织结构、不配套的政策制度、不到位的人财物资源、尚未建立起来的评价监督体系等一系列问题,都让我们不得不反思:湖北省高校"阳光体育运动"应该按照怎样的方式发展才能达到预期目标?怎样才能让高校学生走出教室,走出宿舍,远离现代高科技产品的诱惑,积极快乐地参与到体育锻炼中去,走进大自然,走到阳光下,使高校学生体质健康得到改善?

第1节 构建湖北省高校"阳光体育运动"长效机制的管理学分析

学校是开展"阳光体育运动"的平台,针对湖北省高校开展"阳光体育运动"所面临的种种挑战,周三多先生所讲的"管理无时不在、无处不在"的思想,是引导我们借助管理学知识、运用管理学方法开展高校"阳光体育运动"的理论武器。本研究将根据管理学的有关原理,从湖北省高校开展"阳光体育运动"的全过程出发,构建符合湖北省高校实际的合理运行机制,为湖北省"阳光体育运动"的长远发展提供动力,为促进湖北省高校学生体质健康水平的提高提供理论支撑。

一、系统原理

所谓系统,就是相互作用着的诸多因素按照一定的目的功能而组成的有机整体。湖北省高校开展"阳光体育运动"是一个复杂的系统,学校的管理制度、体育课内外教学、场地器材设施管理、校园文化氛围、体育社团活动等都是这个系统的组织部分,它们之间相互联系、相互制约。因此,系统论中的整体性、结构性和目的性等基本原则,同样适用于普通高校"阳光体育运动"长效机制的建立。

1. 整体性原则

系统论的基本思想是整体性和综合性,"整体大于部分之和"的整体效应也早已被现代系统论的研究所证实。因此我们应始终坚持从"阳光体育运动"这个整体出发,去认识、研究和处理一切"阳光体育运动"系统中产生的局部问题,应该把重点放在系统整体效应上。湖北省高校应当加强对阳光体育各个相关部门工作的监督检查、指导和调整,努力改进各个相关部门的合作方式,遵循"阳光体育运动"的总体目标,协调各相关部门的工作,避免或者减少内耗,以保证整个"阳光体育运动"组织系统的良性运行。如我们可以将湖北省高校"阳光体育运动"的系统目标分为总目标、中间目标和具体目标三个层面,并形成上下贯通、左右联系、完整有机的目标体系,在实施诸多目标时,既要有分工,又要能相互合作、相互促进和相互加强,这样才能有效地提高体育系统的整体功能。

2. 目的性原则

同一系统内的各因素往往具有共同的目的性,被称为系统目的的同一性。每个系统都应有各自明确的目的,否则将导致管理的混乱,具有相同的目的也成为该系统与其他系统的区别所在,因此,系统目的的同一性是系统原理的出发点和落脚点。学生体质健康水平的提高就是"阳光体育运动"系统众多子目标的汇合点。根据此原则,我们要加强全校师生对"阳光体育运动"的认识和关注，不断加强对"阳光体育运动"的宣传工作，发挥各部门的资源优势以形成合力，采取各方联手、上下互动的方式动员和组织学生积极参加体育锻炼。

3. 结构性原则

"阳光体育运动"的长效机制与其系统自身结构有着很大的关系。要实现"阳光体育运动"系统运作的协调有序，就必然涉及组成"阳光体育运动"系统内各要素之间的相互联系和相互作用。系统要协调运行，就要按照"阳光体育运动"的目标和标准，及时调整系统内部各种不合理的结构，消除结构性的障碍，这就是结构性原则对"阳光体育运动"系统协调运行的作用。

要实现"阳光体育运动"的正常开展，就不能只着眼于某一个系统要素（如体育教师）的功能、机制的改善，而必须协调好"阳光体育运动"的整体结构。运用系统原理对"阳光体育运动"系统进行管理，就需要分清该系统各层次的职责与权限，不同的组成部分履行不同的职能并分配资源，对出现的各种问题要及时给予疏通和指导。

二、人本原理

"以人为本"是现代管理工作的核心理念之一。管理中要把人的因素摆到第一位去考虑，通过合理把握人与人、人与其他资源的关系，利用教育、激励等手段，尽可能地发挥人的主动性、创造性，从而创造最大价值。在湖北省高校"阳光体育运动"这个系统中，人又可以分为校领导、体育教师、《标准》测试人员、高校学生等许多子要素，人是主动的要素，其他是被动要素。

在建立湖北省高校"阳光体育运动"的长效机制中，人本原理的应用可以考虑两方面的情况：第一，以提高学生的体质健康为基础。学校教育的终极目标是为社会培养德、智、体、美全面发展的人，学生的体质健康不仅是他们完成学业的基础，而且也是未来服务社会、贡献社会的重要保障。因此，建立普通高校"阳光体育运动"长效运作机制，是满足学生健康的具体体现。第二，以丰富学生精神文化生活、提升学生精神境界为目标。体育的功能不仅表现在促进人的体质健康，也表现在满足人的精神需求方面。因此，建立湖北省高校"阳光体育运动"长效运作机制，将极大地丰富学生的精神文化生活。所以，在建立普通高校"阳光体育运动"长效运作机制中，必须要考虑到学生的身心健康。

三、动态原理

管理是一个动态的过程,对任何一个管理系统而言,各个要素内部及各要素间的关系始终处于动态的变化之中,这就要求管理者在活动管理中,根据现状不断地调整方式、方法或策略,从而更加合理、有效地实现管理目标。开展"阳光体育运动",从计划实施到评估总结,管理者必须掌控整个过程,注意执行期间信息的变化,及时调节,注意适时反馈,从而有效地实施动态管理。

在"阳光体育运动"这个系统中,存在人、财、物、资金、时间、信息等的流动,各个部分时刻变化,其中一部分受到影响,就会波及整个"阳光体育运动"系统。

动态原理的特征之一就是计划性原则。计划是未来行动的方向指南,通过计划,可以保证组织工作的有序进行和组织目标的实现。因此,建立完善的"阳光体育运动"运行机制,对"阳光体育运动"各级主管部门的任务、目标、方法和具体实施方案等做出具体要求,可以实现"阳光体育运动"有序、协调和高效的开展;同时,完善的计划也是对"阳光体育运动"实施的工作进度和质量的考核标准,对各级部门都有较强的约束和督促作用。

四、效益原理

管理的任务就是实现资源的优化配置,把系统功能最大化,实现总体功能大于部分之和。实现资源的优化配置,提高效益是关键。这种效益指的是"阳光体育运动"的整体效益,而不是局部效益,主要是实现组成"阳光体育运动"各种要素的合理流动与优化组合,以实现"阳光体育运动"促进湖北省高校学生体质健康的效益目标。

由于效益基础不同,对不同职能部门的要求也不尽相同,因此"阳光体育运动"的管理过程需体现合理性原则,即"阳光体育运动"管理者要根据效益目标来合理统筹各职能部门,使各职能部门明确各自职责、任务、权利与分工,实现人、财、物之间的合理配置,形成最优组合,以保证"阳光体育运动"目标的实现。

第2节 湖北省高校开展"阳光体育运动"的过程控制

"阳光体育运动"开展的过程需要有明确的目标性和目标的效益性。"阳光体育运动"目标是否得以实现,要看其是否能达到湖北省高校学生体质健康这个总的效益,应将总目标划分到各级部门。主要是考察在校学生是否能够做到每天锻炼一小时,是否掌握了两项及两项以上运动技术技能,能否达到《国家学生体质健康标准》及格等级及以上标准,以此来检验湖北省高校学生体质健康这个总的效益是否实现。而要实现以上目标需要有针对性地开展以下工作:制订本校开展"阳光体育运动"的计划,制定适合本校以上目标"阳光体育运动"的政策制度;成立"阳光体育运动"管理的相关组织,加强对"阳光体育运动"的宣传,合理配置"阳光体育运动"资金投入;注意体育场馆设施建设和保养,丰富体育课程内容,加强课外体育锻炼指导;加强体育社团管理,进行校内"阳光体育运动"评比,认真执行《国家学生体质健康标准》检测,注重师资培养等。从"阳光体育运动"实施的流程来看,这些工作内容又可以分成四个阶段:计划、执行、检查、总结,如图4-1所示。

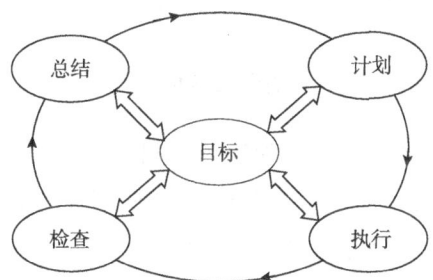

图4-1 湖北省高校"阳光体育运动"开展的四个阶段

一、"阳光体育运动"计划的拟订

计划是施行学校工作的方向和指南,合理的计划可以保证学校工作的有序进行和目标实现。在制订湖北省高校"阳光体育运动"的计划阶段,应当对各级部门的任务、目标、方法以及具体实施措施等做出具有预见性、针对性、可行性、约束性的确认,各级管理者应该按照以下三个原则做好各方面的工作。

1. 针对性原则——立足实际，拟定本校目标

拟订"阳光体育运动"计划时，首先要把握开展"阳光体育运动"的目标，认真学习、领会"阳光体育运动"的相关政策精神，以保证开展"阳光体育运动"方向的正确性。其次要坚持实事求是，针对本校实际情况，掌握本校人、财、物等可用信息，拟订与实际相符合的计划。最后，加强校际交流，汲取外校成功开展活动的经验，取长补短，并结合本校实际，确定工作目标。

2. 可行性原则——集思广益，拟订可行的方案

制订湖北省高校"阳光体育运动"计划应该在有针对性的基础上，在现实工作中具有可行性。在拟定本校"阳光体育运动"实施目标时，应听取多方面意见，集思广益，分析和研究目标实现的内外部条件、积极和消极因素，权衡利弊，选择利多弊少的可行方案，完善计划，供进一步评估和决策。

3. 约束性原则——从整体出发，做出合理决策

计划的制订过程其实就是一个决策的过程，湖北省"阳光体育运动"计划应以提高湖北省学生体质健康为目标进行合理分析、果断决策，使深思熟虑后的计划具有整体性。此计划一旦通过，在"阳光体育运动"所指向的全局范围内就具有了约束作用，在这一范围内的任何相关职能部门都必须遵守。

二、"阳光体育运动"计划的目标实施

"阳光体育运动"计划的制订和执行是相辅相成的。"阳光体育运动"计划执行中的具体活动及组织的资源共同决定着"阳光体育运动"计划执行的效果，因此，必须有与制订的"阳光体育运动"计划相匹配的执行能力才能实现"阳光体育运动"的最终目标。而执行既是管理过程的重要阶段，也是实现目标最有效的手段。但是，由于实现"阳光体育运动"的计划没有被转化成各级职能部门和学生所能理解的措施和策略，所以湖北省需要对"阳光体育运动"计划执行的过程进行准确的衡量，把计划落实到各职能部门乃至个人，层层管理，层层推进，以推动计划的有效执行。在执行中要注意以下四个方面的问题。

1. 组织

"阳光体育运动"的开展不仅是体育部门的工作，而且涉及学校的各个部

门,湖北省"阳光体育运动"计划执行的组织结构设计应当本着求同存异的原则,既要鼓励不同职能部门和不同团体去完成不同的任务;同时,还要将这些职能部门和团体整合起来为实现"阳光体育运动"计划的整体目标而开展合作。

2. 领导

学校领导在"阳光体育运动"中要随时把握各部门工作的方向,应与基层员工在大方向上达成共识,要始终把握方向,及时关注和解决突发事件,注意改进工作方法,帮助各职能部门和员工克服困难,鼓舞信心,树立典型,使各部门都能按照计划去完成任务。

3. 协调

在计划的实施过程中,往往会遇到各种各样的问题,既有外部环境的影响,又会受到学校内部各种因素的影响,因此,协调工作在"阳光体育运动"计划执行工作中显得非常重要,具有全局性和综合性。

在"阳光体育运动"计划执行的协调工作中,可以依照以下三个方面展开。

(1)目标的协调:"阳光体育运动"计划的总目标是自上而下地分解到各个职能部门,自下而上地为总目标做出应有的贡献,而这些分解的目标都应服从于总目标,若这些分解的目标与总体目标一致,应不予干预;反之应予以协调,使上下一致,为总目标的实现提供保证。

(2)步调的协调:主要是指开展"阳光体育运动"计划执行的各职能部门在工作的执行环节之间关系的协调。

(3)人与人之间关系的协调:"阳光体育运动"计划执行中各职能人员的关系在很大程度上会影响他们的积极性,每个人在认识上、思想上都会产生种种问题,这些问题可能导致他们脱离计划执行的方向,因此需要进行协调。

4. 激励与惩罚

"社会发展动力是个人利己动力的制度集合,有效的制度既要依靠激励机制来提供发展动力与合理预期,同时也要通过惩罚机制将个人行为限定在合理界域之内。"开展"阳光体育运动"计划也需要依靠激励机制和惩罚机制去规范相关职能部门乃至个人的行为,以此来最大限度地发挥各职能部门和人员的主动性和创造性,保障"阳光体育运动"计划的顺利执行。

三、"阳光体育运动"施行的目标监督

建立合理有效的监督机制,是"阳光体育运动"计划得以顺利执行的重要保障。检查是执行的保障。通过检查能够对"阳光体育运动"开展中有可能偏离计划的行为给予制约,对"阳光体育运动"计划的执行情况有一个深入全面的了解,对计划执行的进度和质量进行评价,以更好地完善"阳光体育运动"计划。同时,检查也是对相关职能人员的监督,通过检查结果的反馈可以更好地提高他们的工作能力。我们可以从以下四个方面开展湖北省高校"阳光体育运动"计划执行的检查工作。

1. 日常检查

"阳光体育运动"计划是一个长期而复杂的系统,是一项日复一日、循环往复的过程,需要各职能部门实时监控其实施进展情况,随时了解执行过程和学生参与后的反应,及时向上一级职能部门进行汇报,及时沟通和总结,及时纠正所存在的问题,以利于"阳光体育运动"正常、有序地开展。

2. 抽样检查

对"阳光体育运动"开展情况可以按照参与学生的百分比或参与活动的直接受益者进行抽样检查,也可以对各职能部门开展运动的情况进行抽样检查,还可以对固定的班级进行固定比例的抽样调查,但始终都应以发挥调查的最大效益为原则合理地选择抽样方案,使抽样调查信度和效度达到最高。

3. 定期组织会议调查

缺乏沟通不仅体现在各职能部门之间、上下级之间,还体现在承担不同职责的工作人员之间,而召开定期的组织会议能够为"阳光体育运动"的开展提供一个开放的沟通平台,这样便于了解各职能部门、人员在一定周期内活动的执行情况,对现存问题进行分析,帮助各职能部门及时调控和解决问题,以确定下个周期的工作方向,使"阳光体育运动"得以顺利进行。

4. 阶段性的定期检查

根据高校工作的管理规律,可以在每学年的期中、期末各进行一次较为全面的"阳光体育运动"工作检查。

四、"阳光体育运动"施行的目标评估

总结是对"阳光体育运动"实施的反思,对推动"阳光体育运动"的顺利开展具有不容忽视的作用。总结可以帮助"阳光体育运动"的相关职能部门和人员迅速接收反馈信息,找出在具体实施过程中各个环节存在的优缺点,避免犯同样的错误,从而为调整计划建立可靠依据,使计划不断得以优化。

要对"阳光体育运动"开展情况进行及时总结,分阶段的自上而下地层层汇报。它既是对"阳光体育运动"执行经验的总结,也是对执行中出现问题的记录,还可以为各职能部门开展"阳光体育运动"做好准备。

在开展"阳光体育运动"工作的过程中,"阳光体育运动"计划的提出、目标的执行、工作的检查及最后的总结都是环环相扣、相互联系、相互制约的,既具有独立性,又具有整体性,既是层层递进的,又是循环往复的,只有各个环节协调一致、有机结合,才能实现工作的周期性循环上升,见图4-2。

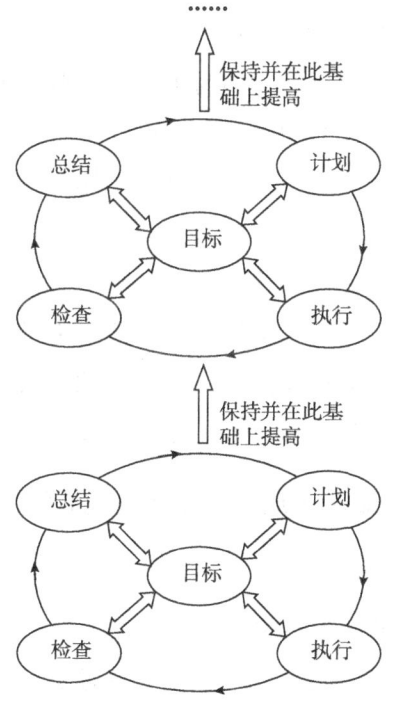

图4-2 "阳光体育运动"运行环节的周期上升

第3节 建立"阳光体育运动"组织保障机制

一、成立"阳光体育运动"领导小组,健全领导决策层

管理学理论与实践告诉我们,虽然"阳光体育运动"的实施工作千头万绪,但最基础、最关键的是建立"阳光体育运动"工作的领导小组,健全领导层决策,才能为"阳光体育运动"的良好发展打下坚实的基础,才能更好地协同相关的职能部门和人员向着提高湖北省高校学生体质健康水平的目标前进。

"阳光体育运动"领导小组要做到结构合理和比例协调,重大核心问题交由领导小组做出最终决策,并以政府文件形式下发执行,促进政令通畅,保障执行效力。

学校是开展"阳光体育运动"的平台,但它又不能等同于学校体育。学校体育活动的开展是以学校体育部门为主,而"阳光体育运动"的开展不仅涉及学校体育部门,还涉及校团委、各个院系的学工部、学生体育协会(社团)等部门。这些部门不再是一个个独立的个体,具有明确的分工,而且它们还组成一个整体,同属于"阳光体育运动"这个系统。这就要求各个职能部门之间加强协作,以校领导为决策层对"阳光体育运动"的开展作出最终决策,对管理层反馈的信息进行分析,提出问题解决方案,并将指示传达到相关职能部门执行。"阳光体育运动"各职能部门之间是相互联系、相互制约和相互反馈的,贯穿于"阳光体育运动"实施的始终,见图4-3。

二、成立"阳光体育运动"的组织管理层,组织协调相关职能部门及人员的工作

"阳光体育运动"的开展对象是全体在校学生,活动的开展涉及各个部门,这就需要成立"阳光体育运动"的组织管理层。我们可以以各相关职能部门、各学院领导、校级学生体育协会(团体)等为管理层,组织协调相关职能部门及人员的工作,并将"阳光体育运动"的开展情况向决策层反馈,

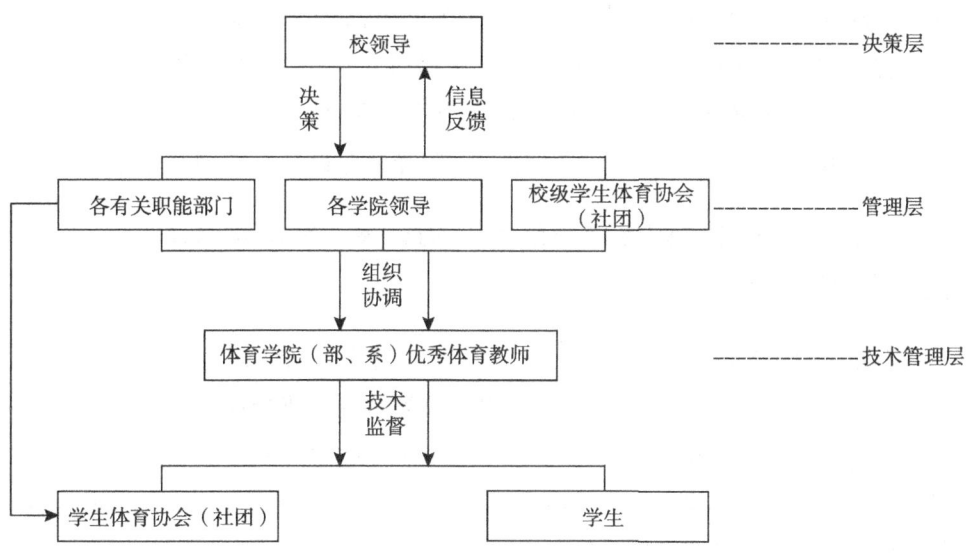

图4-3 "阳光体育运动"组织机制构想

充分发挥各个学院领导和学生会的作用,为湖北省"阳光体育运动"的大力开展做出贡献。

三、成立"阳光体育运动"技术指导委员会,实施技术监督

成立"阳光体育运动"技术指导委员会,对学生体育协会(社团)以及在校学生给予直接的技术监督。成员可以由体育学院(部、系)选拔出来的优秀体育教师组成,具体负责指导学生"阳光体育运动"的开展,包括:指导制订"阳光体育运动"开展计划,协调场地、器材等,推广与普及新兴体育项目,监督"阳光体育运动"的开展状况以及定期向"阳光体育运动"领导小组办公室反馈信息等。

第4节 建立"阳光体育运动"制度保障体系

制度是指要求成员共同遵守的、按一定程序办事的规程。"制"是有节制、限制的意思,"度"是有尺度、标准的意思。这两个字结合起来,表明制度是节制人们行为的尺度。"阳光体育运动"的开展需要有相应的制度来保障

这一活动开展的有序性和规范性。为保障湖北省高校学生体质健康水平的提高，保障"阳光体育运动"推行的"每天锻炼一小时"，保障各相关职能部门、人员对"阳光体育运动"的认识和重视，保障"阳光体育运动"的执行力度，我们需要从以下六个方面建立"阳光体育运动"的制度保障体系。

一、高度重视"阳光体育运动"的开展，制定符合本校的"阳光体育运动"目标

制定符合本校的"阳光体育运动"目标，首先要从认识上提高对"阳光体育运动"的重视，开展学习和宣传相关政策精神，使全校各职能部门、工作人员和学生形成共识，以保证开展"阳光体育运动"方向的正确性；其次是开展调研，掌握本校人、财、物等可用信息，针对本校实际情况，拟定与本校实际相结合的、具有本校特色的目标。

二、制订全校性"阳光体育运动"计划

如前所述，校级"阳光体育运动"计划应以提高本校学生体质健康为目标，是开展本校"阳光体育运动"的第一步，决定着本校"阳光体育运动"的发展方向，需要深思熟虑之后进行合理分析和果断决策。

校级"阳光体育运动"的开展应当贯穿于学校工作的全年计划中，应该制订各学院、各校级学生体育协会（社团）、各班级关于各年度、各季度、每周的具体执行计划，同时还应有相应的反馈机制来调控计划，有相应的评估制度作为监督保障。

三、制订"阳光体育运动"具体实施方案

实施方案的优劣在一定程度上决定了"阳光体育运动"实施的成败，因此在制订"阳光体育运动"具体实施方案的时候，应当注意以下五个方面的问题：第一，要把《国家学生体质健康标准》的实施纳入"阳光体育运动"的具体实施方案中，并作为衡量学生在校接受体育教育的要求，结合本校实际制订《国家学生体质健康标准》测试结果的评估标准。第二，"阳光体育运动"具体实施方案应贯穿于整个学校工作的始终，应包括校级、学院（系）级、学生体育社团等几个层面体育活动的具体内容和要求。应当突出学生体育

活动组织的递进性,体现宿舍与宿舍、班级与班级、系与系、院与院,然后再到校级层面的竞赛制度。第三,具体实施方案要突出组织活动内容的健身性、趣味性、竞技性、特色性等特点。第四,具体实施方案要融知识性、文化性于一体。第五,具体实施方案要做到重点活动与一般活动、阶段活动与全年活动相统一。只有科学地实施方案设计,才能保证工作目标的实现;只有具体的活动安排,才能明确具体的工作任务;只有上下联动、齐抓共管,才能使这项活动受益于每一个学生。

四、构建课内外相结合、一体化的体育教学运作机制

要注重学校体育的可持续发展和学生个体的体育需求,注重"阳光体育运动"与体育课程相结合,课内与课外相结合,使学生养成体育锻炼的习惯,促进学生健康发展,培养学生适应社会的能力。

一方面,学校体育课程是学生学习和掌握基本体育知识和运动技能的主要途径,要使本校"阳光体育运动"顺利开展,就应当根据高、低年级本科生和研究生的具体情况,合理设置课时、实践与理论学时比例、教学周期、教学内容、教师知识结构、教学目标、教学制度等内容,以适应不同类型学生的需要,提高广大学生的学习兴趣,以学生为主体,调动学生的积极性和主动性,以便为"阳光体育运动"的开展创造良好的课内学习环境。

另一方面,建立课外体育教学管理体系。有针对性地将本校特色体育竞赛与训练工作纳入学校体育教学计划,鼓励、保障各级学生举办各种形式的校园体育活动和跨年级、跨院系的特色比赛,以弥补本科高年级学生和研究生体育课程内容设置不足的问题,满足各院系、各年级学生多元化、个性化的发展需求。

因此,在立足体育学院(部、系)实际情况的基础上,为了有效地管理高校课外体育活动,可以采取以下措施来实现:①具体分析体育学院(部、系)在学校的行政管理职能,转变体育学院(部、系)的行政管理职能,转变体育经费及资源的支配方式,将以"体育学院(部、系)支配"转变为"大家共同支配"。②建立由专业体育教师组成的"体育运动技术指导部门",指导学生体育社团和各院系学习、提高专业体育技术。同时为了提高体育教师的积极性和责任心,应将体育教师的技术指导纳入其教学工作量。③根据本校

区域划分情况，提供多样化的健身场所和指导站，便于学生参加体育锻炼，如"瑜伽指导站""武术指导站"等。④为学生体育社团、协会等学生组织提供适当的经费、场地设施以及技术支持和指导，鼓励学生参与体育锻炼的积极性，发挥学生组织的功能，构建学校"体育俱乐部"的新模式。

这种课外体育教学组织与管理体系，组织方式多样、目的性强且运作机制高效便捷，可以有效地解决以往课外体育活动学生失控的问题，实现体育课堂向课外的延伸。

五、构建课内外相结合、一体化的体育教学运作机制

将"阳光体育运动"纳入人才培养体系。在人才的全面发展中，体育占第三位，说明体育在国家的教育方针中是非常重要的，缺了体育，我们的教育体系将是不完整的。很多高校在构建人才培养体系的时候，体育往往是说起来重要，做起来次要，构建起来不要。有些高校甚至没有把体育课纳入学位课甚至考试课程，而只是作为考查课。这种人才培养体系降低了体育课的地位，挫伤了学生和体育教师的积极性。应当将体育课纳入学位课程，使学生彻底从思想上重视体育，激发学生和教师积极投入"阳光体育运动"。只有大学体育课程真正进入人才培养体系这一重要位置，才能实现人才培养的全面性。

六、建立"阳光体育运动"安全保障机制

体育学科的性质决定了学校体育不可避免地存在安全风险。为了避免发生伤害事故，大多数学校都不敢开展激烈对抗的运动项目，很多学校还习惯于把学生"圈养"在教室里，不允许在操场上奔跑、打闹，更少有创新的体育课程和体育活动，而单调枯燥的体育课和体育活动很难吸引学生参与。因此，体育课和体育活动的安全问题成为影响"阳光体育运动"开展的又一瓶颈。

根据开展"阳光体育运动"系统的复杂性和开展平台环境的特殊性，其引发安全问题的因素也是复杂而特殊的，涉及人、财、物的方方面面，这些安全问题不仅会影响"阳光体育运动"的顺利开展，还会影响到体育教师和学生教与学的积极性。"阳光体育运动"开展的安全影响因素可分为学校管理因素、人员因素、物资因素和环境因素四类。

（一）"阳光体育运动"开展的安全影响因素

1. 管理因素

（1）开展"阳光体育运动"的安全管理法律、法规不健全，难以找到相关的法律、法规作为评判依据。

（2）对体育教师的管理不严格。学校对体育教师的职责缺乏应有的监督，没有认真审核体育教师应具备的专业技术资格，对体育教师缺乏应有的专业培训。

（3）学校对体育场地设施的管理不完善，对场地设施的安装、保养、检查不到位；教师对体育器材的使用、放置等监督不力。

（4）缺乏医疗服务。高校校医院有限的医疗条件和经费，学生隐瞒自身一些特殊的疾病等，都会给"阳光体育运动"的开展埋下隐患。

2. 人员因素

（1）教师因素：教师缺乏对安全开展"阳光体育运动"的责任心，组织及指导不严谨，安全意识较差。

（2）学生因素：学生安全意识不强；心理控制能力差；身体素质较差。

3. 物质因素

体育场地设施设置不规范；体育场地设施紧缺；资金缺乏。

4. 环境因素

（1）内部环境因素：这里主要是指学校对学生进行"阳光体育运动"的安全宣传、教育力度不够，没有让学生充分意识到安全的重要性等。

（2）外部环境因素：天气、温度、环境等对"阳光体育运动"参与者生理、心理的影响，易于引发安全问题。

（二）建立健全"阳光体育运动"安全保障机制的措施

为了保障"阳光体育运动"的顺利开展，减少体育运动中安全事故的发生，应采取相应的措施建立健全湖北省"阳光体育运动"的安全保障机制。

1. 组织管理保障机制

建立健全"阳光体育运动"安全管理的法律、法规；加强对体育教师的监管，完善体育教师聘用制度，做好体育教师的技能和资格审查，做好"阳光体育运动"的师资培训工作。

完善"阳光体育运动"的场地和设施管理，严格按照国家规定设计体育场馆、设施，做好学生对体育场地、设施使用注意事项的安全培训工作。改善高校校医院医疗条件，加大经费投入。体育教师课前要留意特殊学生病史，加强"阳光体育运动"的医疗保障。

2. 人员安全保障机制

通过"阳光体育运动"的安全教育和培训，提高师生的安全意识和素养，明确问题出现后应采取的措施和承担的责任，对不同身体素质的学生安排不同的锻炼内容，进行不同程度的指导。

3. 物资保障机制

保障安全开展"阳光体育运动"所需资金的筹集、调拨、使用、结算和合理分配，对场馆设施做到定期保养和检查，落实场地设施的故障－安全对策。

4. 环境安全保障机制

切实以保障学生的身心安全为前提，对场馆进行设计、建设以及场馆场地内部设施的整体布局和摆放，学校做好对学生进行"阳光体育运动"的安全宣传和教育工作，提高学生的安全意识。

第5节 发挥湖北省高校体育文化环境对学生运动参与的促进作用

校园体育文化是校园文化和体育文化二者相互影响、渗透和融合而发展起来的，是在一定社会政治、经济、文化、教育、体育等背景下，在教育与实践过程中共同创造的体育物质财富和精神财富的总和。体育文化作为高校文化传播和创新的一种，同样具有凝聚功能、辐射功能和品牌功能，无论是在教育方针的执行，还是在社会主义现代化合格人才的培养中，都发挥着十分重要的作用。

同样，不管是物质、精神，还是制度，校园体育文化都对"阳光体育运动"的开展有着不容忽视的作用。它对"阳光体育运动"开展需要实施的环境、设施、器材、教材、教师等物质文化因素，对"阳光体育运动"开展过程中体现出来的行为动机、情感、意识、价值观等精神文化因素，对开展

"阳光体育运动"所需的制度保障等制度文化因素,在促进"阳光体育运动"目标实现的过程中具有其他显性因素都难以取代的优势。

加强校园体育文化建设,提高校园体育文化对实现"阳光体育运动"开展效益的最大化,我们可以利用各种宣传途径如校园广播、校报、专题讲座、网络、宣传栏、海报等来宣扬阳光校园、阳光集体、阳光学生、阳光教师。通过对人物、事迹的宣传,激励学生的锻炼意识,激发学生的自觉性和主动性,实现"阳光体育运动"的可持续发展。但在具体的实施中,还应注意以下三个方面的工作。

一、加强"阳光体育运动"宣传工作

加强"阳光体育运动"宣传工作,加大"阳光体育运动"精神及其相关知识的宣传力度,形成校园良好的体育锻炼氛围。通过对学生进行长期、系统的"阳光体育运动"文化宣传和熏陶,使学生充分认识"阳光体育运动"的价值和意义,让每个学生都自愿地走到阳光下参与体育锻炼,提高体质健康水平。

1. 宣传内容

宣传"阳光体育运动",旨在影响"阳光体育运动"参与者锻炼的观念、态度、兴趣、习惯和行为等,而这个影响的过程也是"阳光体育运动"参与者健康生活方式形成的过程。

"阳光体育运动"的宣传内容包括思想观念的宣传、方式方法的宣传、功能作用的宣传三个方面的内容。

(1) 思想观念的宣传:包括对"阳光体育运动"的口号、目标和政策法规等方面的宣传。

(2) 方式方法的宣传:包括开展"阳光体育运动"各种项目的技能、体能、安全知识、损伤护理以及场地、器材的使用等方式、方法的宣传。

(3) 功能作用的宣传:包括开展"阳光体育运动"对参与者体质健康水平的提高、预防现代高科技产品带来的"屏奴"病、养成良好的生活习惯、形成正确价值观等。

2. 宣传方式

(1) 校园广播、网络、录像、电视加强宣传。这些宣传方式往往会给受众感官以比较强烈的印象,可以更为形象地宣传"阳光体育运动"。

(2) 学校的公告栏、校刊、校报加大宣传,这类宣传方式具有直观和快捷的特点,如果在其中加入一些摄影、照片等元素,就可以有效地烘托开展"阳光体育运动"的校园氛围,更能引起高校大学生的关注。

(3) 专题讲座宣传。定期开展"阳光体育运动"的专题讲座,让学生了解"阳光体育运动"的作用,满足他们的兴趣爱好,培养学生的"阳光体育运动"意识。

(4) "阳光体育运动"赛事、活动宣传。体育赛事具有很强的互动性和观赏性,能够增强学生的参与意识,在高校"阳光体育运动"宣传工作中发挥着重要的作用。

3. 宣传的原则

"阳光体育运动"宣传是高校学生了解"阳光体育运动"的基本途径,因此必须遵循一定的原则,开展好这项工作。

(1) 全面性原则。正确认识和全面宣传"阳光体育运动"的方针政策,全面宣传以"阳光体育运动"提高湖北省高校学生体质健康水平的目标,各项工作都要宣传到位。

(2) 针对性原则。宣传还要根据宣传对象的个体差异,包括对象的性别、年龄、年级、专业、学科、身体素质、活动需求等进行有针对性的宣传。在宣传内容和形式上要有针对性地确定不同的宣传方案,必须根据宣传对象的不同特点,区别对待,这样才能达到良好的宣传效果。

(3) 实事求是原则。"阳光体育运动"的宣传必须本着实事求是的原则,采取具有真实性、科学性、合理性的宣传策略,发挥体育文化的凝聚、辐射和品牌等效应,为开展"阳光体育运动"建立坚实的舆论基础。

(4) 适时性原则。宣传时机的选择是影响宣传效果的一个重要问题。在适当的时间和地点进行宣传才能达到预期的效果。同时"阳光体育运动"的宣传活动还应该与整个学校活动的计划安排相呼应。过分的宣传或者宣传力度不足都会影响"阳光体育运动"的开展。

(5) 多样化原则。"阳光体育运动"的宣传还要坚持多样化的原则,在宣传内容、形式和手段上都应坚持多样化,避免引起师生的视觉疲劳和反感,真正达到宣传的目的。

(6) 效益性原则。即以较小的投入获得较好的宣传效果，在行政上，实现"阳光体育运动"宣传的组织管理最优化；在经济上，可通过企业赞助、冠名等形式资助"阳光体育运动"的宣传工作。

(7) 反馈性原则。宣传"阳光体育运动"一定要注意从宣传活动中及时获得反馈信息，并进行分析，及时调整宣传策略，强化宣传效果。

二、重视打造体育文化节

据调查，湖北省大部分高校都有自己的体育文化节活动，各具特色，但它们都具有健身、传承文化、促进校园文化和谐发展等功能。体育文化节摒弃了传统的学校运动会重竞技、轻群体，重个别、轻多数，重选拔、轻普及等缺点，其轴心与传统的学校运动会是相反的，而与开展"阳光体育运动"的理念是相呼应的，它们都是以体育和健康为内容，集健身、娱乐、竞争和教育于一体，为提高学生的体质健康水平服务。因此，湖北省各高校应继续努力打造具有本校特点的体育文化节，以丰富多彩的内容和形式面向全体师生，提高学生参与的积极性，激发学生参与的兴趣，培养学生参与锻炼的习惯，促进"阳光体育运动"的蓬勃发展。

三、发挥学生体育社团的辐射作用

学生体育社团是具有相同兴趣爱好的学生在共同的观念、共同的追求目标基础上自愿结合起来的、以体育运动为主要内容开展多种形式活动的学生组织。社团成员来源广、交流多，且活动信息传播的范围广、速度快，具有很强的辐射性，对"阳光体育运动"的宣传和开展具有重要的作用。湖北省各高校应当重视学生体育社团的作用和功能，针对本校学生体育社团的现状，加强对学生体育社团的专业技术指导、理论支持和资金支持等，使学生形成正确的体育价值观，为各高校"阳光体育运动"的开展打下良好的基础。

四、发挥校园竞技体育的示范带动作用

校园竞技体育，不仅具有健身作用，而且还具有很强的观赏性，常常以其激烈、精彩、竞争、优美等视觉效果吸引了广大师生的目光，就连那些很少参加体育锻炼的学生也极为关注。竞技体育赛事在普及体育理念、营造锻炼氛

围、演绎精湛技艺上都不同程度地对"阳光体育运动"的开展起着推动作用。同时，校园体育竞赛还可以培养学生勇敢拼搏的优良品质，培养学生遵纪守法的意识，教会学生团结合作，有利于促进学生个性的健康发展。

因此，校园竞技体育作为一种教育方式和文化，应该在高校体育教育中得到继承和发展，吸取有益部分，使其更好地为实现湖北省"阳光体育运动"目标服务。

第6节 加大经费投入，强化硬件及师资建设

一、加大经费投入及场馆设施建设力度

高校场馆设施的好坏直接影响着学生参加体育锻炼的积极性和锻炼效果，也影响着教师教学的积极性和热情。虽然近年来各高校加大经费投入完善体育设施，但是湖北省高校多、学生多，开展"阳光体育运动"所需的场馆资源、后勤服务等并不能满足学生的需要，特别是随着招生规模的扩大，这种矛盾更为突出。

因此，应当加大资金投入以完善体育场馆和体育器材，为开展"阳光体育运动"提供物质保障。首先，应当加大资金投入的制度保障，将"阳光体育运动"的经费投入列入学校经费预算，并根据需要而有所增加；其次，应当立足本校实际，合理分配体育物资，结合校园整体规划，就地取材，充分利用各种资源满足学生需求；再次，合理控制场馆设施的开放时间和收费标准，尽可能地减少因时间、金钱而降低学生参与积极性的问题发生；最后，我们应当获得社会更多的支持，扩大"阳光体育运动"资金的来源渠道，以加大阳光体育的资金投入。

二、强化体育师资队伍建设

体育师资队伍建设是开展"阳光体育运动"的技术支持和智力保障，体育师资队伍的数量和质量直接影响着"阳光体育运动"的开展，是其顺利开展的关键所在。

首先，要加强对体育教学工作的重视。从不同层面对体育教师给予支持和

重视，如薪酬、政治地位的提高都可以提高体育教师的积极性；其次，建立健全的师资聘用、考核、培训制度，对体育教师的比例、学历、职称、能力、专业素养等做出明确要求，对体育教师进行定期考核和培训，以提高教学质量；最后，要努力拓展体育课教育的视野，改革和丰富体育课程的内容，使课程内容满足学生的需要和兴趣爱好，以促进"阳光体育运动"的开展。

第7节 建立完善的《国家学生体质健康标准》监测机制

实施《国家学生体质健康标准》（以下简称《标准》）是一项长期、复杂的工程，同时也是开展"阳光体育运动"的重要组成部分，其成败不仅取决于标准自身结构和内容的科学性与合理性，其组织管理水平的高低也在很大程度上决定了标准实施过程的成效。

要保证高校实施标准的效果，首先应该在思想认识上给予重视，端正对标准测试的态度，建立完善的标准实施的组织管理体系，统筹规划，制订切实可行的实施计划；建立完善的标准实施的制度保障体系，保障实施过程"有法可依"；建立完善的标准实施的物资保障体系，加大学校的资金投入，注意测试仪器的保养维护。

一、提高思想认识

（一）认真学习《标准》测试的目的

有些高校对实施《标准》的重视不足，这会在很大程度上影响《标准》测试结果的信誉度，直接影响开展"阳光体育运动"的效果。因此，各高校应当从思想上提高对《标准》测试的认识，把测试作为"激励学生积极参加体育锻炼、提高学生体质健康水平"的过程，而不是过分以追求测试结果为目的。在体育课教学中，还应把测试结果作为参考，这对体育教学内容和方法的改进以及教学质量的提高都有很大的帮助。

（二）高度认识《标准》测试的意义

要加大宣传力度，通过有效的手段提高学生的认识并加强他们对《标准》

实施意义的理解，培养他们参与《标准》测试的正确动机。要让学生充分了解《标准》实施的内容、方法和要求，让学生知道测试的目的在于帮助他们了解自身的体质健康状况，从而有针对性地开展身体锻炼，提高自身的体质健康水平。

1. 形成领导高度重视、辅导员积极参与的局面

各高校领导、辅导员因其不同的社会地位、学历、素养等原因使其对事物的认识水平有所不同，对实施《标准》的认识程度也有所不同，从而导致实施进度不同。因此，我们需要统一对《标准》实施的认识，将《标准》的政策精神贯彻实施到工作的始终，上下协同努力，使得《标准》的实施作为一个整体能够有序地进行。

我们要认识到《标准》实践性强的特点，立足本校实际，做到理论与实践相结合。组织各级领导、辅导员进行《标准》学习的培训工作，邀请《标准》测试的专家或优秀实施单位传授经验，讲解测试流程和要求，解答实施过程中的疑问。此外，还应将《标准》测试、实施的成效纳入辅导员的绩效考核中，以推动辅导员工作的积极性，形成领导高度重视、辅导员积极参与的局面。

2. 提高学生对《标准》的认识程度

《标准》测试的最大受益者和对象均是在校学生，他们对《标准》的认识程度直接影响着他们参加测试的积极性、主动性和效益性。在对湖北省大学生参加《标准》测试的调查中发现，大部分学生都是为了完成测试而测试，而对《标准》缺乏正确的认识。因此，要提高学生对《标准》的认识，做好学生的宣传推广工作，可以通过举办各种形式的培训班、知识竞答、辩论赛来提高学生对《标准》知识接受的积极性和主动性，做到《标准》知识能够在学生中真正得以普及。

二、建立《标准》测试实施的规章制度与组织机构

《标准》的实施是一项长期复杂的系统工程，完善的规章制度与组织机构是其顺利实施的重要保障。需要成立专门的机构负责《标准》实施的组织管理工作，需要完善的规章制度予以约束和制衡，最终保障测试工作的顺利进行。

（一）建立校级《标准》测试的规章制度

各高校应在遵循《标准》政策精神的基础上，立足本校实际，制定校级《标准》测试的规章制度。对《标准》测试实施的组织管理机构、测试时间、测试内容、测试方法、测试要求以及测试结果的评估制订出具体的计划安排和规章制度。还应践行"以人为本"的思想，根据学生体质状况，合理调整计划安排和测试要求，制定符合学生体质状况、个体化、科学化的健身运动"处方"。

（二）建立高效的组织机构，发挥管理沟通作用

《标准》的实施是一个烦琐复杂的系统，其工作范围涉及高校的各个部门和人员，需要所有工作人员通力合作，以保证《标准》测试工作的顺利进行。为此，我们需要建立高效的组织机构，发挥管理沟通作用，以协调测试工作的各个系统，解决实施中产生的矛盾，对测试工作中反馈的各种信息予以分析和调节，实施有效的激励机制，保障《标准》测试工作高效、有序地进行。

（三）测试方式的多样化

《标准》的测试过程是督导《标准》实施、检验学生体育锻炼效果、评定学生体质健康水平的过程，是《标准》实施工作中的重要环节。不同的测试方式直接影响《标准》测试的结果。因此，我们应根据本校的实际情况，实事求是，采取合理有效的测试方式进行《标准》测试。

1. "随到随测"的测试方式

鉴于测试对象不同的年级、课程时间安排等情况，可以采取"随到随测"的方式进行，便于学生合理选择时间直接到测试地点完成测试，测试人员经过培训和考核合格后，安排其负责日常的测试工作。

2. 体育课进行测试的方式

由于目前很多学校缺少足够的、专业的测试人员和设备，可将学生体质健康测试集中到体育课上由体育教师负责具体实施。体育教师应适当调整体育教学内容，将测试融入体育课程中，这种测试方式有利于节省测试成本。但这样做会加大体育教师的工作量，并占用正常的体育教学时间，不利于"阳光体育运动"中"每天锻炼一小时"的落实，同时也不易组织没有体育课的高年级学生参加测试。

3. 课内、课外相结合的测试方式

为了避免过多地占用体育课时间进行测试，很多学校采取课堂教学与课外体育活动相结合的方法进行测试，但是如何在课外体育活动时间安排和组织测试人员的工作，以及测试的人力、物力的管理等都是有待于商讨的问题。

在测试的组织形式上，可以采取灵活多样的办法，既要节省时间，也要便于管理。在保证测试结果准确的前提下，可以通过多种多样的活动进行测试，以调动学生的积极性。

(四) 采用高质量的测试仪器进行测试

随着科技的进步和发展，测试仪器的生产厂家数不胜数，但从《标准》测试先行学校的测试效果来看并不理想，测试仪器的质量、抗疲劳性、精确性等问题——浮出水面，严重影响了《标准》测试的信效度。

测试仪器作为检测手段，能够对测试的整个流程进行有效的监控，高质量的测试仪器有助于正确地确定各项测试指标，能够及时地对测试中存在的问题进行分析，提高测试的信效度。因此，各高校在进行《标准》测试的时候，要选择性价比高、经久耐用、科学合理、符合本校实际的测试仪器。测试人员在使用仪器时应严格遵守操作规程，以减少因操作不规范所导致的仪器故障和磨损。仪器检修人员应注重测试仪器的定期维护，保证测试仪器的精确性，保障测试的信效度。

三、掌控《标准》实施的各个环节

由于《标准》的最后得分是一个综合性的分数，每一项测试内容都直接影响着最后的测试成绩，因此测试的科学性和严谨性对保证学生成绩的准确性起着非常重要的作用。

(一) 建立标准操作规程，掌握各种仪器的科学测试方法

在《标准》测试的实施过程中，专业测试人员的测前培训是正确操作和使用仪器设备的前提。因此，应做好测前培训工作，使测试人员正确掌握各个测试项目的测试方法和技能；还应当建立所有仪器设备的标准操作规程，明确各设备仪器的操作步骤，避免因操作不当导致的失误。

(二) 建立《标准》测试的监督机制

1. 严格监管测试对象，杜绝替考现象

由于《标准》测试项目内容多、时间长，且有些项目对一部分学生来说具有一定的难度，这就导致学生替考现象的滋生，加之测试人员的监考不利和放纵态度，严重影响了测试结果的真实性。因此，应加大对测试对象的监管力度，提高测试人员的工作责任心，杜绝替考现象的发生。

2. 建立《标准》测试的监督机制

为了保证《标准》测试工作的严肃性和测试结果的有效性和可信性，有必要建立科学合理的监督机制。建立监督人员组织体系，做好《标准》测试的日常抽查督导工作，做好各部门成员的管理、沟通工作，对测试的反馈信息及时分析处理，保证测试工作有序、有效地进行。

3. 增强仪器管理者及使用者的管理意识

在实施《标准》测试的过程中，个别测试管理者及设备操作人员对测试设备管理意识不强，缺乏责任心，不注重对仪器设备的管理和维护，致使测试设备处于不良的工作状态，难以按时保质地完成测试任务。因此，应当增强仪器管理者与使用者的管理意识，重视测试设备的管理，保质保量地完成测试任务。

(三) 建立《标准》测试实施的奖惩机制

《标准》测试工作的有效实施，需要建立一定的奖励机制。要制定科学、合理的奖惩机制促进开展测试工作。

四、营造《标准》实施的良好氛围

1. 营造《标准》实施的良好健身环境

《标准》测试的内容和形式与基本的体育教学有所不同，它更强调学生对健身的需求，因此各高校应当根据这种需求的变化，加强学校的场馆设施和器材设备的建设，为广大学生群体营造有利于《标准》实施的健身氛围。

2. 加大宣传力度，使《标准》深入人心

可以通过校园广播、网络、录像、电视、校公告栏、校刊、校报、讲座等媒体进行宣传，大力宣传《标准》的指导思想、方式方法和功能作用等，加强师生对《标准》的精神和相关知识的理解，营造良好的体育锻炼氛围，使学生充分认识《标准》的价值和意义。

第8节　建立湖北省高校"阳光体育运动"监督机制

监督机制的完善和运行是湖北省高校"阳光体育运动"顺利开展的重要保障。对"阳光体育运动"实施监督的主要任务在于发现和纠正违反"阳光体育运动"的不良行为，防止和纠正"阳光体育运动"实施过程中的偏差和失误，确保湖北省"阳光体育运动"的顺利开展，提高湖北省高校在校学生的体质健康水平。因此，制定具有科学性、合理性、全面性、针对性、时效性和可操作性的"阳光体育运动"的监督机制刻不容缓。

"阳光体育运动"的监督体系涉及"阳光体育运动"的方方面面，可以按"阳光体育运动"所要达到的目标、过程确定监督层面和监督点，确保"阳光体育运动"在高校深入、持久地开展。建立由领导、专家、教师、学生、俱乐部、社区、家庭等共同参与的"阳光体育运动"监督机构，建立对体育课、课外体育活动、课余训练和校外体育活动的监督。

一、各级领导对"阳光体育运动"的监督

各级领导要实施对体育课、课外体育活动、课余锻炼、校外体育活动的监控。这些监控都要有评价指标和分指标，形成一个对"阳光体育运动"开展情况的评价体系，并做到定量评价普通高校"阳光体育运动"工作的开展情况。各级领导应充分依靠教师、学生、俱乐部、社区、家庭等对"阳光体育运动"实行日常监控。要加强组织各级领导，成立由校长牵头的领导小组，建立管理机构，统一部署措施，组织开展本校"阳光体育运动"。切实加强对"阳光体育运动"的立法和制度建设，健全和完善"阳光体育运动"的领导体制，要做到全面监控、局部监控、专项监控、分析监控等，实现监控形式的多样化。

二、教师对"阳光体育运动"的监督

体育教师通过体育教学对学生进行监督，是"阳光体育运动"监督的重要组成部分。体育教师要自我监督每堂课是否按照"阳光体育运动"的要求来组织教学，还要做好课前、课中和课后的自我监督。教师对大学生运动强度

进行监督，应该根据学生的差异来要求锻炼的运动强度。加强对学生的安全教育，监督学生安全，防止发生运动伤害事故，同时监督学生的思想品质、体育欣赏、创新精神、运动参与、社会适应等综合素质的全面提高。监督大学生的参与度与发展度，看多少学生在多大程度上参与到"阳光体育运动"中来，是全体参与还是部分参与，是积极参与还是被动参与，是表面形式的参与还是内在需要的参与以及学生在不同参与度下的参与活动对学生发展的作用、效果如何。

三、大学生对"阳光体育运动"的监督

大学生要监督学校是否按照教育部、国家体育总局、共青团中央的要求来组织开展"阳光体育运动"，"阳光体育运动"是否落到实处。还要监督教师的教学，是否开足上好体育课，不挤占体育课的时间。建立以学生为主体，以教师为主导，领导、专家听课，学生随机评估的实时教学监督制度，使每位教师及时了解监督信息，调控教学目标，及时纠错，通过不断学习新的理论知识和新的教学方法来提高教师的教学水平和综合素质。将监督评价的等级结果与体育教师的职称评定、岗位评聘、奖金发放直接联系起来，提高体育教师对开展"阳光体育"教学的积极性，这样才能有效地发挥监督的效果。要充分重视大学生对"阳光体育运动"的监督作用，他们既是参与者，也是监督者，这样的监督信息才是最及时有效的。

四、通过课堂内外实现对"阳光体育运动"的实时监督

开展"阳光体育运动"，要与体育课教学相结合。体育课的质量直接影响着大学生开展"阳光体育运动"，所以高校要严格执行国家有关体育课时的规定，上足上好体育课，保证"阳光体育运动"持续、有效、深入地在高校开展。在体育课中，还必须实时监控"阳光体育运动"的开展情况。

开展"阳光体育运动"，离不开课外体育活动，课外体育活动是体育课的补充和延伸，是学校开展"阳光体育运动"的重要举措。"阳光体育运动"的实现，在很大程度上取决于学生课后的锻炼情况，只有监督好课外"阳光体育运动"的情况，才能积极推动"阳光体育运动"的开展。

五、大学生社团组织、体育俱乐部对"阳光体育运动"的监督

把参与各俱乐部分会的同学活动情况作为开展"阳光体育运动"评定的一个内容,使课外体育活动和"阳光体育运动"紧密结合在一起。俱乐部可以用先进的指纹打卡仪器对学生参与"阳光体育运动"进行监督,确保学生每天能够锻炼一小时。课外体育俱乐部应该在课外活动时间安排专业体育教师和学生干部在俱乐部进行专门指导,还可以组织各种比赛,以激励学生的健身兴趣。同时监督学生的运动状况,由负责人统计大学生一个月内参与运动的次数及强度等,并将信息及时反馈给校级领导,校级领导应高度重视体育俱乐部对"阳光体育运动"的监控情况。

六、新媒体等对"阳光体育运动"的监督

政府和学校通过媒体、网络等广泛传播健康理念,大力宣传"阳光体育运动",使"每天锻炼一小时,健康工作五十年,幸福生活一辈子"的口号深入人心。同时媒体、网络等对"阳光体育运动"的监督应提供一个公开、公平、公正、有力的平台,通过报道社会和高校开展"阳光体育运动"的相关信息,产生强大的社会效应,起到连接政府、学校、俱乐部、家庭与社会的桥梁作用,而公开、公平、公正的传播渠道是媒体监督的根本点。

第二篇

大学生体质健康管理的应用

第二篇

第 5 章　问题的提出

第 1 节　研究对象

　　体质是在遗传性和获得性基础上所表现出来的人体的形态、机能、素质等方面相对稳定的特征。

　　体质自评是个体基于对自身生理、心理、社会等方面的认识，把主客观的体质信息相融合，对自身体质状况的主观评价和估计。体质自评是预测体质健康的一个敏感指标，它对于评估个体的身体活动能力、体育教育状况、医疗卫生需求和利用程度具有重要意义，是反映健康状况和生活质量水平的综合指标。同时，体质自评也会因个体对自身体质的主观评价和期望而影响其自身维持或促进健康的行为。体质自评不但可以反映个体的体质健康状况，同时也综合表现出个体对健康认知的主观感受状态（subjective feeling state）和客观知识水平（objective knowledge level）。清晰、正确地了解自身的体质与健康状况有利于改善个体对自身健康问题的态度和行为，促进其做出适应性调整。因此，体质自评为检验不同人群的体质健康特征提供了重要而有益的补充。

　　体质自评作为一种评价健康的重要方式，具有主观、简易、综合、稳定的特点，广泛应用于各类健康调查之中。体质自评作为健康社会学测量中的重要指标，是研究者通过问卷等研究方法，分析被试者对自身体质与健康水平的认知情况，探讨实际体质状况与自评结果的偏差，发现偏差产生的原因并找到解决方案的过程。但是，现阶段有关体质自评的研究较少，有关理论和实证的支撑性研究都鲜见。

　　大学阶段是学生独立生活、自主学习的重要阶段。对体质的正确认知和自主管理能力都直接影响着学生的学习状态和身心健康，也关系其一生健康生活方式的建立。大学生的体质自评状况，反映了该群体对自我健康水平的关注和认知程度，直接影响大学生健康行为的选择及其健康生活方式的形成。

健康管理是指对个体和群体的健康进行全面监测、分析、评估、提供健康咨询和指导以及对健康危险因素进行干预的全过程。其宗旨是调动个体、群体及整个社会的积极性，有效地利用有限的资源来达到最大的健康效果，提高个人和群体的生存质量。主动、定期地对自我健康状况进行分析、评价，进而采取有效维护健康的行为和生活方式，这是大学生对个人、家庭、国家负责的一种重要生活态度和生活习惯。

新中国成立以后，党和国家采取各种措施来提高全民族的健康素质，在全国开展了全民健身活动并建立了全民健身体系。全民健身体系是为了满足不同民族、不同阶层、不同职业的健康需求，并供给和改善体育健身环境和条件的，使全国人民的健康素质得到提高的服务和保障体系。全民健身活动是全国人民共同参与，以青年和儿童为重点的国家性体育活动，其目的之一是让学生主动接受终身体育教育并形成正确的健康观念。这奠定了高校大学生体质健康管理的基础。

大学生是社会的一个特殊群体，是在高等学校接受高等教育的学生（包括高职高专生、本科生和研究生等）。大学生作为接受社会新技术、新思想的前沿群体、国家培养的高级专门人才，是国家现代化建设的重点储备人才，国家一直把培养德、智、体、美、劳全面发展的综合性人才当作教育工作的重点来抓。但是，随着社会的快速发展，我国大学生数量剧增，大学生的竞争也日益激烈。相关研究表明，当前大学生的学习负担明显加重，自身的科学文化素质得到了提升，但他们在生理、心理、社会适应各方面的健康状况都有不同程度的降低。

2010年学生体质健康监测调研结果显示，相比2005年的监测数据，我国19~22岁大学生的爆发力、力量、耐力等身体素质指标进一步下降。主要原因在于大学生锻炼身体的意识不足，缺乏科学锻炼知识，缺乏对大学生体质健康的有效管理。

我国于2002年制定了《国家学生体质健康标准》，并于2007年、2014年修订了该标准，包含评价指标、评分表、实施办法等。从实施情况来看，目前存在如下问题。

（1）体质健康标准中仅有身体形态、机能和素质指标，而缺少对大学生心理能力与社会适应能力进行评价的指标。大学生体质健康状况应该是包含了形态结构、生理功能和心理因素的综合的、相对稳定的一种状态。而且，随着大学生学习和就业压力不断加大，心理健康和社会适应性在体质健康体系中的比重也在不断加大。《大学生》杂志社、中国大学生网曾经围绕涉及大学生心理困扰产生的原因、现状及对策等十个方面的问题，对大学生的心理健康状况进行了网络调查，近万名大学生在网上投票。调查结果表明：仅有2%的大学生表示自己没有心理困扰，27%的大学生认为自己经常有心理方面的困扰，66%的大学生认为自己偶尔有心理方面的困扰，另有5%的大学生选择没有考虑过这个问题。而影响大学生心理健康的原因依次为：人际交往带来的压力、就业压力、自我管理能力不强、情感问题、人生发展与职业选择上有困难、对周围环境的不适应、学习压力、经济困难、不适应大学生活等。大学生在社会适应方面也出现了一些问题。如西南大学秦启文教授对上海交通大学、西南大学、重庆大学、重庆师范大学、西南财经政法大学、武汉工业大学等七所高校的500名学生进行调查后发现：大学生社会适应均数为3.529，社会适应能力较弱，其中在学习适应、未来适应、环境适应、心理适应、人际适应五个维度中最高的未来适应维度也只有3.673。

（2）高校《国家学生体质健康标准》的实施工作仅仅包括学生体质健康测试与数据整理上报，有关学生体质健康方面的研究也只是停留在一些简单的学生体质健康现状分析与建议方面，没有将《国家学生体质健康标准》的实施和大学生体质健康测试后续服务管理结合在一起。同时，也缺乏对学生体质健康危险因素的干预和反馈。

自2002年起，我国已在全国高校开展了《学生体质健康标准》测试，2007年升级为《国家学生体质健康标准》，学生在客观上已经接受过系统测试，应当对自身体质健康状况有一定的了解。同时，大学生处于青春发育晚期（17～22岁），是人一生中最健康的年龄阶段。体育作为一种高效的健康管理行为，对维护大学生体质健康水平、形成积极乐观的生活态度具有重要的作用，因此在大学生健康自主管理方面，研究侧重于体育生活方式和习惯的调查和分析。当前,大学生体质自评水平与健康自我管理之间的定性和定量研究较少见。目前,健康危险行为对体质自评之间的定性和定量关系也尚未完全明确。

鉴于目前大学生体质健康管理的研究现状,本书欲对我国大学生个性化体质健康管理模型进行研究。通过加入心理与社会适应指标,构建起完整的大学生体质健康测评指标体系。通过对大学生体质健康进行个性化管理,可以系统地了解大学生体质健康问题,以便组织和开展有针对性的健康干预措施和干预反馈措施来提高大学生的体质健康水平。

第2节 研究内容

一、大学生个性化体质健康管理模型指标体系的构建

通过理论分析与专家访谈建立《大学生个性化体质健康心理指标甄选专家问卷(第一轮)》。根据专家意见,对第一轮问卷进行修改,建立《大学生个性化体质健康心理指标甄选专家问卷(第二轮)》,开展两轮专家问卷调查,形成了大学生个性化体质健康心理指标。在此基础上,建立《大学生个性化体质健康心理指标学生调查问卷》,对大学生进行两轮调查。通过第一轮问卷调查,对数据进行了描述性统计分析、区分度分析、信度检验和两次探索性因素分析后,得到我国大学生个性化体质健康心理健康指标,并确定我国大学生个性化体质健康心理指标中的三个维度。进行第二轮学生问卷调查,进行验证性因素分析,对大学生个性化体质健康心理指标进行验证,最后得到大学生个性化体质健康管理模型指标体系。

二、大学生个性化体质健康管理系统的开发

研究将在个性化体质健康管理模型指标体系的基础上,采用当下较为流行的系统开发工具与技术,以浏览器/服务器(Browser/Server,B/S)结构,开发大学生个性化体质健康管理系统。在系统设计开发过程中,应用Eclipse集成开发环境,运用了Java语言,采用了Access 2003数据库。本系统设计包括

五大模块，即用户信息模块、健康信息模块、健康干预模块、干预反馈模块、健康指南模块。

三、大学生身体运动能量监测仪的研发

研究将克服现有技术存在的不足，研发一种大学生身体运动能量监测仪，通过该监测仪可以实时监测人体运动状态、能量消耗、脉搏和体温。

第3节 研究方法

一、问卷调查法

1. 内容与方法

依据全国青少年健康相关行为调查组统一制定的《中国青少年健康相关行为调查问卷》的内容和评价标准，结合自测健康评定量表（SRHMS），设计出《大学生体质自评与健康管理调查问卷》。该调查内容包括：年龄、年级、专业、生源地、营养状况、家庭收入水平等一般状况；吸烟行为、饮酒行为、训练和锻炼行为、睡眠和休息情况、饮食和就餐行为、一般卫生行为、压力应对行为、安全预警行为、就医和保健行为九大类健康相关行为。该问卷由48个条目组成，所得分值越高，表明健康状况越好。

调查前随机抽取90名大学生进行问卷信度检验，问卷各部分内容的两次重测信度均大于0.72，表明问卷有较好信度。

2. 定义

平均每周饮酒一次或一次以上者为饮酒者；每周摄入酒精量大于275g者为重度饮酒者。连续或累计吸烟半年以上者为吸烟者；每天吸烟大于20支者为重度吸烟者。平均每天睡眠时间小于7h者为睡眠不足者。不参加日常训练且闲暇时间体力活动每日小于2个代谢当量（MET）/h者为体力活动不足者。将自评健康状况分成很好、好、一般、差四个等级，标准体质指数（BMI）定义为$18.5 \sim 23.9 kg/m^2$。

3. 质量控制

由经过培训的研究生到教室当场发放问卷，学生匿名独立填写，当场收回

答卷。排除填写不完整的答卷，用 EPIDATA 2.0 建立数据库，由专人将答卷信息录入计算机，用统计软件 SPSS 16.0 进行数据统计分析。

二、测量法

研究依据《国家学生体质健康标准》测试方法对研究对象的形态（身高、体质量）、机能（肺活量、台阶试验）、素质（立定跳远、坐位体前屈、女 800 米跑或男 1000 米跑）等指标进行测试。

三、数理统计法

采用 SPSS 16.0 软件，以学生体质自评（体型、睡眠、免疫力、亚健康、体质综合状况）为自变量，以人口学指标（年龄、性别、民族）、生活方式指标（锻炼身体、营养、作息）、体质等级变量（依据《国家学生体质健康标准》，将体质测试成绩划分为四个等级，即优秀为 85~100 分，良好为 75~84 分，及格为 60~74 分，不及格为 60 分以下）为自变量，对所得数据进行数据描述、多重比较、相关分析、Logistic 等统计运算，分析体质自评、健康管理、体质等级之间的相互关系。

第4节　研究意义

一、理论意义

体质健康管理包括的对象有很多，而大学生是其中一个很重要的研究对象。由于个体差异的存在，大学生的健康问题也不尽相同。要解决大学生的体质健康问题，首先，需要提供个性化的体质健康管理服务。个性化体质健康管理针对不同大学生管理其身体健康、心理健康和社会适应性等，进而了解大学生的健康是否受到影响及影响程度，并针对问题给出解决方案。通过对大学生体质健康进行个性化管理，可以系统地了解大学生的体质健康问题，以便组织开展具有针对性的健康干预措施和采取干预反馈措施来改善大学生的体质健康状况。其次，本研究纳入了心理和社会适应的指标，并结合大学生群体特点提出了个性化健康理论。具体而言，本研究在结合已有研究成果的基础上，通过对大学生体质健康的内涵进行剖析，提出并通过实证研究添加了心理健康与社会适应指标，在为大学生体质健康管理提供科学理论支持的同时，进一步丰富了体质健康指标体系，推动了体质健康管理理论的完善和发展。由于本研究注重大学生体质健康管理的个性化，提高了体质健康管理理论的科学性、针对性和可操作性，因此拓展了体质健康管理理论的应用领域。

二、实践价值

本研究的实践价值主要体现在为大学生体质健康管理提供指导和帮助，推进大学生体质健康管理的科学化水平以及为大学生体质健康促进提供了有效的监控策略。

1. 为大学生体质健康管理提供指导和帮助

本研究通过文献分析，结合专家评测结果选取出的大学生体质健康指标，并通过检验验证了指标体系的合理性和有效性。针对目前国内各高校在学生体质健康管理过程中存在的一些突出问题，本研究所开发的大学生体质健康指标体系，有利于探讨大学生体质健康测试有效后续服务管理模式，以期改变现有的只测评不干预、重结果而不强调后续服务的做法，为进一步推动我国高校《国家学生体质健康标准》的实施提供指导和帮助。

2. 实现了大学生体质健康管理的科学化水平

本研究通过结合实证研究构建了大学生体质健康指标体系，开发出大学生个性化体质健康管理系统，该系统集测评、管理、监控和个性化体质健康指导于一体，为大学生体质健康的监测、干预和个性化指导服务提供了良好的实施环境和管理平台，推动了大学生体质健康管理的专业化、科学化和动态化的发展。

3. 为提高大学生体质健康水平提供了有效的监控策略

本研究结合大学生群体的特点和他们的体质健康需求，研制了大学生能量检测仪，为提高高校大学生体质健康水平提供了可靠的监控手段。该仪器能对大学生提供连续、动态和有效的监测，可以为增强大学生体质制定有针对性的"处方"和个性化的体质健康指导策略。

第5节 大学生体质健康测试后续服务管理的理论构建

一、健康管理与大学生体质健康管理的概念

1986年，世界卫生组织（WHO）在《渥太华宪章》中重申："应将健康看作日常生活的资源，而不是生活的目标。健康是一个积极的概念，它不仅是个人身体素质的体现，也是社会和个人的资源。"基于对健康内涵的新认识，考虑到所有的资源都是有限的，资源需要管理，由此诞生了健康管理的概念。

关于健康管理概念的界定，我国学者陈君石等认为："健康管理是对个体或群体的健康进行全面监测、分析、评估、提供健康咨询和指导以及对健康危险因素进行干预的全过程。其宗旨是调动个体和群体及整个社会的积极性，有效地利用有限的资源实现最大的健康效果。健康管理的具体做法是为个体和群体提供有针对性的科学健康信息并创造条件采取行动来改善健康。"

而目前大学生体质健康管理的概念还没有相关文献提及，结合上述健康管理的定义和体质健康的自身特点，本书认为："大学生体质健康管理是对大学生个体或群体的体质健康进行全面监测、分析、评估、提供体质健康咨询和指导，以及对体质健康危险因素进行干预的全过程。"即对大学生体质健康的测试（发现体质健康问题）→ 评价（认识体质健康问题）→ 干预（解决体质健康问题）循环的过程，其中干预（解决体质健康问题）是核心也是目的。其宗旨是调动大学生个体或群体及整个学校的积极性，有效地利用有限的资源来达到最大限度地促进学生体质健康的效果。

二、大学生体质健康测试后续服务管理策略分析

结合大学生体质健康管理的概念以及现代健康促进的相关理论，我们认为：大学体质健康测试后续服务管理的基本策略应该是为大学生个体或群体提供有针对性的科学体质健康信息并创造条件采取行动来改善体质健康。具体可体现在以下五个方面。

1. 制定公共政策

任何体质健康管理目标的实现，均需要政策的支持。大学生体质健康管理公共政策是顺利开展大学生体质健康测试后续服务工作的保证，体现了高校决策者的思维观念、影响行动和资源。

制定该项公共政策的应严格按照有关文件精神，制定各高校大学生体质健康测试后续服务管理办法。具体应包括：领导机构与职责、组织与管理、经费保障、人员培训、督导与激励等内容。

2. 创造支持环境

高校大学生体质健康测试后续服务管理支持环境是激发和促进大学生参加体质健康促进活动，主动培养体质健康意识和提升体质健康水平的外部环境。该支持环境包括学校人际环境、学校事务环境和学校物质环境三个方面。

学校人际环境是指校内师生之间、员工与学生之间以及学生之间的相互关系。学校教职员工、学生均可通过自己对待体质健康方面的正确行为、态度等，为后进的群体提供榜样。学校人际环境的发展目标是通过学校师生员工的共同努力，营造一个健康、积极向上的，能吸引全员参与体育锻炼的体育人文环境。其内容包括：树立一个"尚体"的校风，以便对学生和教职员工的体质健康和体育锻炼发挥支持作用；创造一个相互关心、信任和友好的学校体育锻炼环境，并吸引学生参与和注意；学校向体质较弱的学生群体提供适当的支持与帮助；学校关注家长对学生体质健康有影响的教育需求。

学校事务环境则是指校内各种体质健康促进活动和措施。如安排公共体育课教学、策划体育赛事、组织"阳光体育运动"、学生体质健康测试管理、营业体育文化氛围、体育场馆的运营管理、体育社团的组建与管理等。学校事务环境的发展目标是营造一个学校师生员工易于和乐于参与体育锻炼的组织管理环境。

学校物质环境是指学校的公共体育教学环境和课余体育锻炼环境，主要表现为学校体育场馆面积、运动设施条件是否满足学校师生员工体育锻炼的易得性和安全性。学校物质环境的发展目标是通过加大体育场馆设施的建设投入，创造一个能满足学校师生员工体育锻炼的体育设施硬件环境。

3. 强化校外社区与校内各院（系）行动

学校应积极争取校外社区的个人或团体参与学校体质健康测试后续服务管

理事务，如聘请专家参与体育与健康专题知识讲座、体育锻炼与竞训指导，邀请各级体育协会组织联办大型体育赛事，联系企事业单位开展体育赞助或参与体育场馆运营共建等。

同时，由于高校学生管理工作是由学生所在院（系）承担的，因此，赋予各院（系）更大的权力，发挥其主观能动性参与学生体质健康的组织管理工作，体现各院（系）在大学生体质健康测试后续服务管理的主体地位。学校应加大对各院（系）的宏观管理和经费保障，指导各院（系）组建学生体质健康二级管理机构，发展体育社团，大力开展以院（系）为单位的各种体育活动（如院系年级间、班级间、宿舍间的体育比赛）。让更多的学生尤其是体质健康较差的学生参与体育锻炼，提高体质健康水平。

4. 发展个人技能

尽管影响学生体质健康的许多因素已超出了学生个人的控制范围，但学生的某些选择或生活方式往往会影响他们的体质健康，如选择缺乏运动的静态生活方式，长期营养过剩导致的超重或肥胖，节食、偏食或挑食而导致的营养不良，吸烟或过量饮酒等不良嗜好导致的运动能力下降等。

发展个人技能的实质是个人增权，它旨在通过向学生提供健康信息，开展健康教育和发展运动技能，帮助学生更有效地维护自身体质健康，并选择有利于体质健康的积极生活方式。它对于学生提高体质健康水平和获得终身体质健康都极其重要。

发展个人技能的重点是培养学生参加运动的良好习惯，而习惯培养的核心是发展学生的运动技能。应该创造使学生参与体育活动的良好环境，使他们从运动中获得愉悦的心理感受和实现自我效能，并逐渐将该项运动技能发展成为其运动爱好，最终实现培养其运动习惯的目标。

5. 调整公共体育服务方向

大学公共体育课承担着发展学生体质健康水平和培养学生运动习惯的双重任务。大学体育必须改变传统的体育技能教学单一模式，必须认识到运动技能学习只是学生参与体育锻炼的形式和载体，而不是大学公共体育课教学的全部内容。大学公共体育课教学的重心必须向培养学生运动的习惯倾斜，在传授学生运动技能的同时，要重视激发学生参与体育锻炼的内在动机，即通过理论和实践教学帮助学生理解运动的价值，通过运动技能的教学和组织运动竞赛帮助学生从运动中获取愉悦的心理感受和实现自我效能，实现帮助学生变被动学习为主动参与，变短期应付为终身热爱的教学改革目标。同时，大学公共体育教学改革应充分引导教师关注本校、本班学生体质健康状况，适时调整公共体育教学的手段和方法，并重点对学生普遍存在的体质健康问题采取有针对性的指导和训练。

第6节　大学生体质健康测试后续服务管理模式

按照上述大学生体质健康管理相关理论，结合大学生体质健康测试后续服务管理策略和我们长期从事学生体质健康管理的实践体会与思考，提出从以下三个方面加强大学生体质健康测试后续服务管理。

一、构建大学生体质健康管理网络服务平台

大学生体质健康管理需要经历体质健康测试、体质健康评估、体质健康咨询与指导、体质健康干预四个基本步骤。它是一个长期的、连续不断的、周而复始的过程。但目前大多数高校的在校生人数多在万人以上，面临大学生体质健康管理任务重与管理人员不足之间的矛盾。因此，要想实现大学生体质健康测试后续服务管理目标，建立大学生体质健康网络管理服务平台显得尤其重要。

通过建设该网络平台不仅可以将大学生体质健康管理中的体质健康测试、体质健康评估、体质咨询与指导、体质健康干预四个环节有机地统一起来，还可实现学生体质健康测试信息发布与预约管理、学生体质健康成绩查询、体质健康教育等服务功能，真正体现大学生体质健康管理的理念和实施高效管理。

二、实施大学生体质健康提升工程

高校应考虑将高校学生体育工作与大学生体质健康测试后续服务管理策略相结合，公共体育教学与大学生"阳光体育运动"相结合，充分整合学校资源，发挥学校教务处、学生处、团委、体育部和各院（系）的作用，从制定学校公共政策、创造支持性环境、强化社区与院（系）行动、发展个人技能，

以及调整公共体育服务方向五个方面，整体推动实施大学生体质健康提升工程，实现大学生体质健康测试后续服务的体系化管理，整体提升大学生体质健康水平。由此，我们提出"大学生体质健康提升工程结构模式"构想。

三、加强偏弱体质学生群体的重点干预

加强体质偏弱大学生群体的管理是大学生体质健康测试后续服务管理的重要内容，也是高校提高人才培养质量的重要举措。大学生体质偏弱群体干预的管理也可以借助体质健康管理网络服务平台，从以下四个方面进行。

1. 健康教育

通过网络平台开展与体质健康相关的营养学知识、运动健身常识、运动安全知识等健康教育。同时也可通过全校性运动健康知识讲座、运动健康选修课程以及新生入学教育等形式开展相关的健康教育活动。

2. 体质健康咨询指导

在高校要实现专家面对面的对学生开展咨询服务与指导是不现实的，但根据学生体质健康测试的评估数据开发出相关干预软件，通过软件为学生制定有针对性的运动"处方"进行干预是可行的。目前已有部分高校和软件开发公司开始了这方面的研究推广工作。

3. 组建志愿者服务团队

造成大学生体质健康偏弱的原因大多与他们不良的生活方式有关，因此培养学生健康的饮食行为和良好的运动习惯是有效解决学生体质偏弱的最佳途径。但行为改变绝非易事，只靠健康教育的单一手段是很难实现的。而探索创建体质偏弱大学生健康干预服务中心，组建高校体育学院（部）师生、体育社团及各院系志愿者为主体的健康干预团队，充分利用教育、激励、训练等手段，是改善偏弱体质学生的行为、提高体质健康水平的有效途径。同时，也可为体育教育专业学生搭建一个重要的实习、实训平台，增强其专业指导技能。

4. 强化公共体育课堂干预

通过调整公共体育服务方向，充分发挥体育教师对体质弱势群体健康干预的指导作用。通过采取有针对性的指导和训练，加强对体质健康偏弱学生的重点关注与帮扶。

第6章 文献综述

本章主要通过对文献进行整理、分析，在详细阐述体质、体质健康管理以及大学生个性化体质健康管理定义的基础上深入分析了个性化管理理论、体质健康管理理论、健康促进理论等问题的研究现状，详细分析了我国大学生体质健康管理中存在的问题；进一步探讨了国内外大学生个性化体质健康管理理论及其在实践中的应用现状，以期通过借鉴和吸收为本研究提供理论依据和指导。

第1节 核心概念的界定

一、体质健康

1982年8月，体质研究会研究认为，体质的范畴包括人体形态结构、生理功能和心理因素等方面，体质强弱就是由这些方面综合反映出来的。

体质的范畴主要表现在以下四个方面：①身体形态发育水平，包括人的体格、体型、营养状况及身体成分等方面的发育水平；②人体生理功能，即机体新陈代谢水平及各器官、系统的效能等；③身体素质和运动能力发展水平，即速度、力量、耐久力、灵敏性、协调性、柔韧性等素质及跑、跳、投、攀爬等运动能力；④心理发育水平，表现在个性、意志及感知能力等方面对疾病的抵抗能力和对环境的适应能力。要评价一个人的体质水平，应根据以上四个方面全面、综合地进行评价。

1988年7月，体质研究会进一步研究认为，所谓理想体质是指人体良好的质量。它是在遗传基础上，经过后天的努力塑造所达到的人体形态结构、生理功能、运动能力、心理素质和对内外环境适应能力的全面良好状态。体质是人的生命活动和劳动工作能力的物质基础。它在形成、发展和消亡过程中，具有明显的个体差异和阶段性，表现出从最佳功能状态到严重疾病和功能障碍等各种不同的体质水平，理想体质则是其中的较高层次和较高水平。

理想体质的主要标志是：①身体健康，主要脏器无疾病；②身体形态发育良好，体格健壮，体型匀称；③呼吸系统、心血管系统和运动系统具有良好的生理功能；④有较强的运动能力和劳动工作能力；⑤心理发育健全，情绪乐观，意志坚强，有较强抗干扰、抗刺激的能力；⑥对自然和社会环境有较强的适应能力。

我国学者姚鸿恩（2003）认为，体质是指人体的质量，是在先天遗传和后天获得的基础上表现出来的人体形态结构、生理机能、身体素质、运动能力、心理因素等方面综合的、相对稳定的特征。体质的强弱通常表现为人体在某一发展时期形态结构、生理功能和心理因素的一种综合的、相对稳定的状态。健康则是指躯体、心理、精神和社会适应的完满状态，是动态的过程，而不仅仅是没有疾病和虚弱（1999年世界卫生组织定义）。体质健康相对应于医学健康与营养健康，是健康的一个下位概念。

本研究所讨论的体质健康包括大学生生理健康、心理健康以及良好的社会适应能力三个方面。

（1）身体健康一般指人体生理的健康，即在一定的时间里各个有机体充满活力，身体完整，远离疾病和异常，处于一种满足的状态。

（2）心理健康指的是远离精神紊乱的水平，认知和情感在一个稳定的水平上，一般有三个方面的标志。首先，具备健康的心理的人，人格完整，自我感觉良好；情绪稳定，积极情绪多于消极情绪，自控能力较好，能保持心理上的平衡；有自尊、自爱、自信心和自知之明。其次，一个人在自己所处的环境中，有充分的安全感，且能保持正常的人际关系，能受到其他人的欢迎和信任。最后，健康的人对未来生活目标明确，能切合实际地、不断地进取，有理想和事业的追求。

（3）良好的社会适应能力指的是个体拥有依据社会环境和文化需求准确表达自己的一种能力，在此指大学生的心理活动和行为能适应目前复杂的学习和生活等环境变化,为他人所理解,为社会所接受。

另外,"生理健康+心理健康+良好的社会适应能力"也是已经得到国内外学者认可的体质健康状态。这三个方面相互依存、相互影响,如果一个方面平衡被打破,其他方面也会受到影响,从而使个体进入亚健康或是不健康的状态。

二、体质健康管理

在现代生活中,随着环境的恶化、生活节奏的加快以及各方面压力的加剧,很多人出现了不同程度的健康问题,因此健康管理的理念被提出。

早在我国古代就已经产生了有关健康管理的思想,《灵枢·顺逆》曰:"上工,刺其未生者也;其次,刺其未盛者也;其次,刺其已衰者也……上工治未病,不治已病。"这其中渗透着"预防为主、防治结合"的健康管理的思想。20世纪美国率先对健康管理进行了研究,伯纳德·沙利文(Bernard Sullivan,1997)认为,个人健康管理是利用和调动个人及集体自身的积极性,有效地利用有限的资源,对个人或人群的健康危险因素进行全面管理的过程。在欧洲,亨特和布朗基将健康管理定义为:"围绕政策制订和执行,以及服务性组织开展的旨在改善健康的活动。"他们认为,健康管理的中心任务是"组织中有关提高人群健康的服务提供方式和效果改变"。2004年,美国学者查普曼与佩尔提埃根据新的形势,将健康管理定义为:为了帮助特定人群中的每一个人减少发病、改善健康状况、改进卫生服务利用方式,以及提高自身生产力,从而运用新技术进行主动、有组织并注重成本效果的一种预防方法。荷兰学者兹温卢特在《健康管理的商业价值》一文中写道:健康管理指为了促进个人和组织的健康,对影响公众健康(包括职业健康)的因素进行系统管理的活动。

苏太洋是中国最早提出健康管理的人,他在《健康医学》一书中指出:"健康管理是利用有目的、有计划、有组织的管理方式,调动个体和群体的积极性,对他们的健康信息进行收集、分析,并提供指导性的意见。"孙文(2006)在《新职业健康管理师》一文中将健康管理定义为对处于健康状态或者亚健康状态、疾病状态的人群进行健康资料的收集、分析,对健康状态做出评估,提出健康指导建议和方案并监督执行,对健康状态进行维护和控制,并且通过多种方式对亚健康群体实施一系列的健康管理对策，实施以预防为主的干预手段，促使亚健康状态向健康状态转化的过程。陈君石、黄建始（2007）认为健康管理是对个体或群体的健康进行全面监测、分析、评估，提供健康咨询和指导以及对健康危险因素进行干预的全过程。张继平、孔庆涛、刘波（2011）认为，健康管理指的是对个人或人群的健康危险因素进行全面监管的动态过程，是基于个人健康档案基础上的个性化健康事务性管理服务，也就是建立在现代生物医学和信息数字化管理技术模式上，从生物学、心理学和社会学的角度实现对每个人进行全面的健康保障服务。健康管理作为一种服务，现阶段通行的模式一般包括三个部分：①个人健康信息管理；②个人健康与疾病危险性评估；③个人健康计划及改善的指导。健康管理的核心内容是采用非药物方法结合干预和改变不良生活方式等手段，针对慢性病风险人群和亚临床人群进行干预，其强调的是状态、风险、过程和目标管理。

体质健康作为健康的重要组成部分，有研究者指出，"体质健康管理"问题要采取突出跟踪性的干预措施，提出在学生体质健康管理的过程中要转重测试、评价为具有针对性地指导干预等措施，让每个学生通过健康管理的测试—评价—指导—接受干预的过程，有效地提高体质健康水平，同时学会如何进行自我体质健康管理，树立健康第一的意识。但目前还没有研究者将体质健康管理作为一个单独的理论进行探讨，很难通过参考文献来界定体质健康管理。

我们认为，体质健康管理是指对个体或群体的生理健康和心理健康进行全面监测、分析和评估，提供健康咨询和指导以及对健康危险因素进行干预的全过程，并提供有针对性的科学健康信息，创造条件采取行动，充分利用有限的资源来达到体质健康管理的目标。大学生体质健康管理的过程集中体现在以下三个方面。

（1）采集、分析和监控大学生的健康信息，为大学生健康评价提供基础数据来源。

（2）对目前大学生的健康状况和未来的健康趋势进行评估、预测、管理和监控。

（3）根据监控结果制订大学生体质健康管理服务措施，以达到最佳的健康管理效果。

在本研究中，大学生体质健康管理系统指的是基于大学生个性化体质健康模型和体质健康管理需要，由管理者、管理软件、大学生、体质健康监控设备组成的运行体系。因此，要求学生体质健康管理工作者了解这一体系中的各个组成部分及其功能，并能根据外部环境的变化和学生体质健康管理的需要进行有效的调整和更新。

三、大学生个性化体质健康

米扎罗（Mizzaro，2004）认为个性化是一个过程，它是通过采集用户的信息来分析用户的特点和兴趣，并在正确的时间将正确的信息发送给客户。目前，在教育领域，个性化教育已成为教育专家提倡的一种教育形式。

大学生作为一个特殊的社会群体，受多种因素的影响表现出了很多健康问题，而且很多问题是需要长期跟踪和监测的，如肥胖、抑郁、焦虑、孤独等。针对这些问题，本研究认为有必要对大学生实施个性化的体质健康管理。大学生个性化体质健康管理是在体质健康管理的概念之上突出个性化的特点，既是对每位大学生的身体健康、心理健康和社会适应三个体质健康关键因素进行跟踪、监测和评估，也是对体质健康隐患实行测评、咨询与监控，并提供具体的、有针对性的运动指导服务、人性化的心理调控和科学化的营养促进措施。大学生个性化体质健康管理体系突出表现在：大学生体质健康管理者的专业性和职业性、大学生体质健康管理软件的科学性和易控性、大学生健康需求的情境性和针对性、大学生体质健康（能量）监控的有效性和可靠性以及大学生体质健康管理研究和实施过程中的模块化和可操作性五个方面。

具体而言，大学生体质健康管理者的专业性和职业性就是要求学生体质健康管理者由专职的人员来担任，同时要求管理者兼有健康保健、网络管理、心理咨询与调控以及制定和指导运用体育运动"处方"等多学科的知识和技能；学生体质健康管理软件的科学性和易控性就是要求学生体质健康指标的来源要科学、可靠，在其基础上开发的学生体质健康管理软件要容易操作和控制；符合大学生健康需求的情境性和针对性是指大学生个性化体质健康管理要适合不同的大学生和不同环境下的体质健康问题；学生体质健康监控的有效性和可靠性就是大学生体质健康（能量）监控要体现大学生群体的特点（包括体质健康需求、体育锻炼行为和态度等），要采用科学的监控设备，并能有效反映大学生体质健康促进过程中存在的问题。大学生体质健康管理实施过程中的模块化和可操作性主要包括两方面：首先是针对大学生体质健康管理的研究要体现学术性和专业性，即从大学生体质健康指标的选取、大学生体质健康模型的建构和检验、大学生体质健康管理软件的开发到大学生体质健康（能量）监控设备的研制都是独立的研究；其次就是在实施过程中要兼顾不同的学生群体和不同的应用环境。

第2节 大学生体质健康管理研究现状及其发展趋势

一、国外大学生体质健康管理研究现状

（一）美国学生体质健康管理

1. 美国学校健康管理的发展

健康管理作为一个行业及学科，最早出现于20世纪50年代的美国。当时美国正面临着无法遏制的医疗费用增长和健康对后工业化时代生产力的压力的双重挑战，健康管理便应运而生。美国政府认为健康管理和促进是关系国家经济、政治与社会稳定的大事，于是制订了全国健康管理计划。健康管理在美国具有十分广阔的产业市场，并且发展异常迅速。据有关研究发现，如果在健康管理方面投入1元钱，则可减少3~6元的医疗费用，并且这种回报是持续的。

美国政府对学生健康也十分关注，其学校的健康管理模式经历了体育卫生模式、健康教育模式和健康促进模式三个阶段。

在20世纪50年代初期，美国使用"克罗斯-韦伯（Krass-weber）测试标准"，对全美青少年和儿童进行了体质状况测试，测试结果令当时的美国总统感到震惊，从而引起了美国政府对学校体育的深刻反思。经过相当长一段时间的探索和研究，1980年美国政府保健福利部推出了"增进健康，预防疾病的国家目标"的十年规划。1987年，美国参众两院通过了一项决议，鼓励各州为所有1~12年级的青少年和儿童提供高质量的体育课程。1988年，美国政府又推出了"最佳健康计划"，激发学生从事体育运动，并呼吁家长关注孩子的体育锻炼。1990年，美国再次提出一项新的十年规划——"2000年健康人"的全民健身计划，列出了298个优先发展的领域，其中涉及学校体育的就

有192项之多。该计划要求：6岁以上的学生每天参加不少于30分钟有规律的轻度到中等轻度的体育活动的人数比例至少增加到30%；6~17岁的儿童和青少年每周三次，参加以增强身体发育和心血管适应性为目标的大强度体育活动，每次至少20分钟的人数比例至少增加到75%；6岁以上的不从事娱乐性体育活动的人数下降到15%以下；6岁以上参加有规律的旨在提高维持肌肉力量、耐力和柔韧性的体育活动的人数比例至少增加到40%；12岁以上超重的青少年在配以合理膳食并积极参加有规律体育活动的人数比例至少增加到50%。在身体素质的划分方面，由单纯的身体素质测试演变为身体健康的测试。运动素质是对运动员来说的，而健康素质则是每个人都需要的。美国健康测试标准的最大特点就是以增进健康为主，选择的测试项目也是围绕着如何增进青少年的健康而安排的。美国学者把人的体质划分为两个方面：健康基本要素和运动神经表现要素，健康基本要素包括身体组织构成、心肺系统耐力、柔韧性、最大力量和肌肉耐力五个方面，这五个方面决定了一个人的健康状况，这部分体质水平高的人能够有效抵御疾病的侵害。

进入20世纪90年代，美国学校体育教育的一个趋势是：体育教育与健康教育紧密结合起来。许多大学的体育部门与学校医疗卫生部门联合开设"健康课程"，这是一种将身体活动、运动技能及健康理论全面结合的教学形式，理论课涉及的范围从体脂分析到运动营养，从性卫生教育到心理压力的控制，从控制体重到力量练习等。目的是使学生通过学习掌握多方面的有关健康、健身的知识与方法，使自己成为身心健全的健康人。

2. 美国大学生体质健康管理现状

从美国开始体质健康评价的研究至今已有半个多世纪，他们在体质指标的运用、影响因素及局限性等方面都有较为深入的研究。

美国国内定期对青少年体质健康测试始于20世纪50年代。由于当时美国青少年的体质测试结果与欧洲国家存在一定差距，因此，美国政府要求学校定期对学生进行体质测验。1966年，约翰逊总统提出了"总统体质健康计划"（Presidential Physical Fitness Program），在1986年发展为"总统挑战计划"（President's Challenge），其内容包括健康体适能（health-related fitness）、体能（physical fitness）和身体活动（physical activity），第一次把身体活动量纳入体质测验的范围之内。

1982年，美国库珀研究院（Cooper Institute）开发了体质测试项目（Fitness GRM），目的是帮助体育教师评价学生的体质健康状况，与我国目前制定的《国家学生体质健康标准》极为类似。测试内容包括心肺耐力、身体组成、肌肉力量、耐力、柔韧性等。目前，美国所有教材中有关体质测试的内容都紧紧围绕健康基本要素的内容进行。

美国进行有规律体质测试的目的是提高青少年的体质，增进健康。然而，许多年后，人们发现青少年的体质反而呈下降趋势。许多专家学者认为，有必要检查学校体育为什么没能成功达到这些目标。美国学者研究发现，学生的健康体能与花费在身体活动上的时间没有联系。当根据学生的体质表现评价教师课堂教学成功与否时，体育课变成了体质训练课，并且在体质测试中作弊可能已变成一个普遍的问题。因此，不建议公开及相互比较学生的体质测试分数，避免伤害学生的自尊与自信；不鼓励学生去达到体质评价的优异区，而是让学生个人决定自己的表现水平，教师指导学生参照体质指标需参加什么活动才能达到锻炼效果。

一些研究者认为，学生的体质测验结果不能作为体育课分数或评价教师教学的有效性以及评价学校体育工作的质量。教师仅负责完成体质健康测试，对测试结果不负有责任。因此，体质健康测试应保持长期化，不应阶段性完成。鉴于多种因素影响体质健康评价的有效性，美国在20世纪90年代，基本不在体育课上评价学生的体质，仅将其作为学生健身课的自评指标。

（二）日本学生体质健康管理

1. 日本学校健康管理的发展

亚洲健康管理的发展总体滞后于美国及欧洲，而在众多亚洲国家中日本是非常重视健康管理的国家且管理成效显著。在日本，行政机关和民间健康管理组织一起对全体国民进行健康管理。日本健康管理服务的基本内容和方法有：健康调查、健康体检、体检后评估和帮助、健康促进活动及健康教育。日本在健康管理方面获得成功主要是取决于其健全的法律、配套的健康管理制度和健康管理网络和较强的国民健康意识。

第二次世界大战后，日本在美国占领当局和教育视察团的指示下，由战前的军国主义教育转向民主主义教育，美国的自然主义体育思想、健康教育思想都极大地影响了日本，使日本人认识到身体教育主要是促进身体发育的系统教育，而健康教育是关于身体保养的系统教育，两者在以身体为对象上具有共同性，都是为了保持身体健康。因此，这两项内容应该同时作为体育科的内容。出于这种认识，日本战后的第一部《学生学习指导纲要》中明确指出，要重视健康教育，并将其作为体育科的内容。可见，健康教育与身体教育的结合在日本已作为战后日本新体育的一个原则被强调，以后历次出版的《学生学习指导纲要》中也都非常重视健康教育。自 20 世纪 70 年代以来，日本人的生活环境和生活方式发生了巨大的变化，物质生活达到了世界先进水平。但是，快节奏的生活使他们失去了往日的从容，家庭教育的功能弱化；社会结构以企业为中心，社区的教育功能也日趋萎缩；学历社会引发了过度的考试竞争，现行的教育制度已不适应社会的发展变化，教育改革势在必行。

从 20 世纪 40 年代开始，日本就把健康体育作为体育科必要的组成部分，从小学到大学一贯坚持体育与健康教育相结合。日本从 1990 年开始又实行新的《学生学习指导纲要》，增加了选修内容的比例。日本保健教育的基本方针是让学生理解有关健康和安全的基本知识，培养学生自主、健康的生活能力和生活态度，使他们能够适应成长发育的环境。

2. 日本大学生体质健康管理现状

在体质健康研究领域，日本位于世界的前列，已经建有比较完善的学校保健卫生制度，积累了有关儿童、青少年生长发育的丰富的研究资料。在日本，体质健康测试被称为体力测试。"体力"是指人们为了正常生活工作和应付意外而经常保持较强的行动能力和抵抗能力，体力测验是指对身体运动能力进行测验，英译文大多为"physical fitness"。

第二次世界大战以后，受美国的影响以及日本经济高速发展对劳动力数量和质量的需求，提高国民的体力已成为社会的迫切需要。为此，日本政府在内阁设置了"增强国民体力委员会"，各种以增强国民体力为宗旨的民间团体也应运而生。1963 年，日本文部省制定了《运动能力测量标准》；1964 年，日本又制定了《体育运动振兴法》，其宗旨是增进国民身心健康，丰富国民生活。日本政府的体育发展战略，由过去重视竞技体育转变为重视国民的体力健康的保健体育，鼓励国民增强体力，参加体力测量活动。为推动增强体力活动的开展和把握国民的体力现状，从 1967 年开始，日本文部省组织了全国性的体力测量活动，随后经过若干调整和补充，最后形成了从小学生到成年人，包括体力和运动能力的体力测量体系,每年在全国进行一次抽样调查。

1996年,日本文部省开展了调查研究,于1998年对青少年体力测试的内容进行了改革,取消了运动能力测试和体力诊断测试的划分,将两者合并,精简测量项目,推行统一的《新体力测试》。按照日本对体力测试年龄段的划分,日本大学生跨越了两个年龄段(12~19岁、20~64岁)。

根据历年体力测量的资料,对体力测量各项目的可靠性、有效性及实用性进行研究是日本体力测量改革的主要任务。新体力测量降低了对测量条件和器材的要求,强调简便易行,对测量的质量有一定影响。此外,新体力测量没有体现出现代科学技术飞速发展的成果,缺乏新的测量手段和方法。

(三)大学生健康管理需求的研究

格雷丝(Grace,2000)的研究表明,大学生健康和学校医疗的建设是值得关注的问题。虽然一些健康管理机构已介入了该人群,但更多关注的是大学生出现健康问题后的治疗,大学生的健康管理倾向于健康保健。戴维斯、麦克盖雷尔、法兰克(Davies,McCrae,Frank,2000)等在大学校园设立了七个重点小组开展调查,分别关注高校男生的健康问题、生活障碍及寻求帮助的方式,调查分析结果用来帮助高校男生采取健康的生活方式。研究结果显示,高校男生都有健康保健需要,但怎样解决这些问题,是他们比较困惑的。而且大量的调查结果还表明,男生面临着身体和心理健康问题,而酗酒和滥用药物被认为是最重要的问题。他们更需要一种个性化的健康管理服务来改善自身的健康。

(四)大学生健康检测的研究

斯托曼(Stouman)等首先从生命力和健康、环境、公共卫生三个方面发展了定量化健康测量的指标。目前,国外健康测评的工具主要有:SF-36健康调查量表、自测健康评定量表(SRHMS)、GOM隶属度模型。同时针对大学生体质的测试量表,心理健康的量表,社会适应关系的量表,生活习惯、健康行为量表等和大学生健康相关的检测量表资源也十分丰富。例如,16PF、症状自评量表(SCL-90)、社会焦虑量表(SAS)、SRS社会反应量表、SSR社会支持问卷、大学生人际关系综合诊断量表、MMCS归因量表、社会支持行为问卷(ISSB)、害怕负性评价量表(FNE)、交往焦虑量表(IAS)、交流恐怖自陈量表(PRCA-24)、社交回避与苦恼量表(SAD)、羞怯量表、演说者信心自评量表(PRCS)、社交恐怖与焦虑量表(SPAI)。

其中，SF-36 健康调查量表（the Mos 36-item Short Form Health Survey）是全球应用最广泛的生命质量评测工具，它包括生理功能、生理职能、躯体疼痛、精神健康、总体健康、情感职能、活力、社会功能、健康变化九个部分。卢莉（2002）等以美国波士顿新英格兰医学中心健康研究所的标准版 SF-36 健康调查量表为基础编制了 SF-36 的中文版。自测健康评定量表（SRHMS）由 48 个项目组成，包括九个维度：日常生活功能、身体器官功能、身体活动功能、社会资源与接触、负向情绪、认知功能、角色活动、正向情绪、社会支持。其中还包括生理健康、心理健康、社会适应三个子量表。

（五）大学生健康管理风险评估的研究

健康风险评估即针对个人健康状况及未来患病或死亡风险的量化评估，要想客观、科学地对大学生个人健康风险进行评估，需要首先对大学生在生理、心理以及社会适应三方面健康产生威胁的主要危险因素进行研究。目前针对这方面的研究有三项：对大学生本身健康危险因素的研究、对大学生本身健康产生影响的环境危险因素的研究以及两者对大学生健康共同影响的研究。其中，和大学生本身相关的健康变量主要包括性格特征、生活方式、体育运动、饮食和营养等，而和大学生健康相关的主要环境变量有家庭、学校和社会。

凯雷姆、埃亚勒、迈尔（Kerem, Eyal, Mayer, 2009）等对以色列的阿拉伯和犹太学生体育锻炼（PA）情况进行了研究。笔者调查了 198 位阿拉伯和犹太体育学校的大学生的种族、性别、宗教及环境因素（街道照明、家庭支持、运动设施等）因素对 PA 的影响。结果表明 33 个因素是 PA 标准建议的。个体变量比环境对 PA 的影响更大。最后利用回归模型分析得到，三个重要的指标（性别、种族、自我效能）对 PA 影响比较大，而获得开放的运动空间是唯一一个与环境有关的变量。

（六）大学生健康干预策略与理论上的研究

目前对大学生健康进行干预的主要方式有：运动干预、睡眠干预、健康教育干预、生活方式干预、饮食营养干预等。

伯恩盖尔、梅尔金、劳卡宁（Byrne, Merkin, Laukkanen, 2006）等调查和研究了引起肥胖的原因，并针对引起肥胖的危险因素提出一些策略，并把这些策略应用于解决肥胖学生的问题。经过 32 周的观察和实践，表明这种管理个人体重健康的方式和方法起到了较好的效果。实践证明，个人体重管理项目（Polar Weight Management Program，PWMP）是一个能够控制个体肥胖的危险因素，可以实现减肥的目标。罗尼、斯丹迪奇（Loney，Standage，2011）等以140名英国联合大学的学生为样本，让其身穿带有加速器和心率监控器的服装，来估计连续7天（168h）的耗能状况。第8天，参与者被随机分配进行国际体力活动问卷（IPAQ）或闲暇时间练习问卷（LTEQ）。其结果表明，符合规则的健康运动能够满足大学生生理和心理健康的需求，自我汇报式的个人健康管理形式可以提高大学生自身的锻炼意识，但它并不能确定锻炼的强度和类型。这项研究表明，锻炼和自我健康管理是大学生健康管理中的一个可行性策略。

（七）大学生健康管理模式的研究

现代健康管理的理念与实践起源于美国，美国学校的健康模式经历了体育卫生模式、健康教育模式、健康促进模式三个阶段。20世纪80年代，综合性学校健康计划在美国诞生，它标志着美国学校健康模式向健康促进模式的转变。其中，里赫特尼克（Rychetnik，2011）等构建了新方法来指导健康促进的实施。他的研究表明，健康促进包括两个体系：例证体系和道德体系。通过使用特定的大众媒体宣传活动，调查显示没有足够的证据证实对伦理的重视和对真实世界面临的危险进行干预。从事健康促进工作的研究人员和从业人员应该具有正确的道德和价值观念。欧洲健康管理起步略晚于美国，其中芬兰的健康管理模式效果突出，其特点是发挥社区卫生服务的作用。

我国的健康管理起步较晚，我国学校的健康模式目前正处于健康教育模式的转型期，面临着卫生人力及资源不足、健康模式认识缺乏、相应的规章制度不健全等多种问题。尽管如此，我国的学者仍充分吸收国外成功的经验以及健康教育模式和健康促进模式的理论，在建立具有中国特色的大学生健康管理模式中做出了有益的研究和探索。

二、国内大学生体质健康管理研究现状

1. 中国学校健康管理的发展

在中国，健康管理作为一门学科及行业是最近二三十年才兴起的。2001年国内第一家健康管理公司注册，2005年国家设立健康管理师职业，2006年以健康管理为主题的各类会议、论坛、培训逐步增多，有些业内人士称2006

年为"健康管理年"。

但必须看到的是,要建立具有中国特色的健康管理运营模式和服务体系,仍然任重而道远。困难主要表现在以下四个方面:①健康管理的理念虽然较为先进,但是健康管理的学术理论与科研技术却相对滞后;②健康管理的模式与方法单一;③至今尚没有学校建立健康管理人才的专业,国内从事健康管理的人员匮乏;④尚未建立具有中国特色的高校健康管理体系及模式。

新中国成立后,党和政府就非常重视青少年的健康问题,并在历次重要会议上强调了健康在增强人民体质、保障社会主义事业建设中的重要作用。1950年6月19日,毛泽东主席针对学生健康状况不良,提出了"健康第一";1978年3月,邓小平同志又明确指出,培养人才的教育事业是实现"四化"的基础,而人才的身心健康又是建设社会主义物质文明和精神文明的重要保证。由此可见,在学校中推行健康管理,以提升学生健康水平是符合我国国情、符合社会发展需要的。

1979年以来,我国先后进行过五次大规模的全国学生体质健康状况调研。原国家教委、原国家体育总局等有关部门从鼓励和推动学生积极参加体育锻炼、增强学生体质的目的出发,在不同时期先后出台了《劳卫制》《国家体育锻炼标准》《大学生体育合格标准》等一系列法律法规。这些法律法规的颁布和实施,对于增强学生体质,促进我国学校体育工作的开展具有积极的意义。

目前,我国学校的健康模式正处于健康教育模式的转型期,面临着健康模式认识缺乏、卫生人力及物资资源不足、相应的规章制度不健全等多种困难。因此,我们要充分吸收国外健康教育与健康促进研究与实践的经验,探索建立有中国特色的体质健康管理模式。

2. 中国大学生体质健康管理现状

2002年,教育部、国家体育总局联合下发《学生体质健康标准(试行方案)》和《〈国家学生体质健康标准(试行方案)〉实施办法》。2007年,教育部、国家体育总局在总结试行工作的基础上,根据新的形势对《国家学生体质健康标准》进行了修改和完善,正式实行《国家学生体质健康标准》和《〈国家学生体质健康标准〉实施办法》。

《国家学生体质健康标准》从身体形态、身体机能、身体素质和运动能力等方面综合评定学生的体质健康水平,是促进学生体质健康发展、激励学生积极进行身体锻炼的教育手段,是学生体质健康的个体评价标准。

目前,我国大学生体质健康管理工作中存在的主要问题是:重体质健康数据采集,轻后续管理与服务;缺乏对体质健康弱势群体必要的干预措施;体质测试工作者难以严格执行《〈国家学生体质健康标准(试行方案)〉实施办法》;测试的组织和管理工作有待于进一步加强。

我国关于大学生体质健康管理研究的文章很少,而且也缺乏完整、详细的研究,但是现有的研究成果仍然提出了很多可行性的建议和意见。我国大学生体质健康管理所存在的问题和研究建议为后续的研究提供了参考。

吴宗喜、蔡晓波(2008)在对目前我国大学生体质健康管理现状进行调查后指出,我国大部分学生对高校开展的一些提高学生体质健康的活动并不满意;专家也指出,主要的问题在于指导干预措施不到位。研究还指出,我国高等院校有着丰富的教育资源和资源,高校开展学生体质健康管理具有可行性,并且有着良好的应用前景。吴宗喜(2010)在已有研究基础上提出了高校体质健康管理的方法,对开展大学生体质健康管理的软硬件条件进行了阐述。虽然该研究对高校体质健康管理仅仅设置了一个构想框架,但是它标志着我国大学生体质健康管理的研究已经从理论向实践发展。谭洪论(2010)在揭示我国大学生体质健康状况日益恶化的现状下,将高校体质健康管理的实践研究向前推进了一步,他以《国家学生体质健康标准》为基础,提出了大学生体质健康管理体系管理流程,见图6-1。

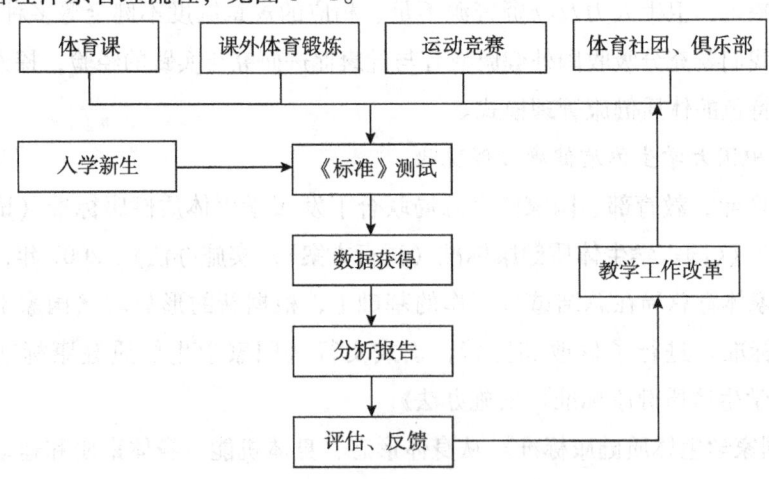

图6-1 学生体质健康管理体系管理流程

杜小安、朱斌（2010）提出了健康促进与大学生体质健康促进策略。健康管理的重要手段是健康促进。而健康促进是指个人和家庭、社区以及国家共同采取措施，鼓励健康的行为，改善促进人们实施健康行为的环境，增强人们改善和处理自身健康问题的能力。他们在研究中特别指出了如今大学生体质健康测试中存在的重测试而轻后续服务管理的状况，并专门提出了体质健康检测的后续管理与服务的理念。这一理念的提出是我国大学生体质健康管理发展的进步，也为后续的研究提供了思路，并指明了正确的发展方向。朱斌和杜小安（2011）在研究中提出，大学健康后续服务管理的基本策略应该是为大学生个体或群体提供具有针对性的信息，并创造条件采取行动来改善他们的体质健康状况。

三、大学生体质健康管理研究存在的问题

1. 研究多为理论探讨与分析

通过文献分析发现，在现有的文献研究中几乎都采用理论分析的方法阐述相关问题。虽然有些学者已开始关注体质健康管理的实践问题，但是由于健康管理的理念进入我国时间相对较短，因此到现在为止学者们还没有开展相关实践问题的研究。目前我国各高校大学生的健康管理情况不容乐观，学生对于学校的相关工作也不太满意。

2. 体质健康指标研究不完整

2007年9月，在全国实施的《国家学生体质健康标准》是现有体质健康指标最权威的文件，是关于体质指标最完整的标准，其中主要包括身体形态、身体机能、身体素质和运动能力等方面的指标，且每个年龄阶段的学生测试内容都有所区别。但是，随着时代的发展，我们不难发现，该体质健康指标中缺少对学生心理能力与社会适应能力进行评价的指标。首先，从体质、健康的概念与内涵看，体质是指在遗传性和获得性的基础上表现出来的人体形态结构、生理功能和心理因素的综合的、相对稳定的特征，主要包括五个方面的内容：身体形态发育水平，生理功能水平，身体素质和运动能力发展水平，心理发展水平，对社会、环境的适应能力及对疾病的抵抗力。健康不仅是没有疾病和不虚弱，而且是保持生理、心理和社会适应的完美状态。其主要影响因素包括：环境（包括自然环境和社会环境），生物学基础（机体的生物学和心理学因

素)、生活方式、卫生保健措施四个方面。可以看出,无论是体质还是健康,在其概念和内涵中心理因素都是十分重要的组成部分。因此,作为一个完善的体质健康标准,缺少对学生心理健康的评价,显然是片面的。

3. 大学生体质健康管理理念缺失

通过多年的大学生体质健康管理实践,我们不难发现我国高等院校对于大学生体质健康重在测试,大多数学校只是通过测试告诉学生根据《国家学生体质健康标准》该生的体质健康水平如何,得分多少,然后给予一定的建议,这种重测试而轻后续服务管理的状况势必对《国家学生体质健康标准》实施的效果造成不利影响。健康管理是对个体或群体的健康进行全面监测、分析、评估,提供健康咨询和指导以及对健康危险因素进行干预的全过程。其宗旨是调动个体和群体及整个社会的积极性,充分利用有限的资源来达到最大的健康效果。健康管理的具体做法是为个体和群体提供有针对性的科学健康信息,并创造条件采取行动来改善健康状况。结合大学生体质健康的特点,将健康管理的理论移植到大学生体质健康测试后续服务与管理中,是全面提升大学生体质健康水平的有效途径。大学生体质健康管理是对大学生体质健康的测试(发现体质健康问题)→评价(认识体质健康问题)→干预(解决体质健康问题)循环的过程,其中干预(解决体质健康问题)是核心。其宗旨是调动大学生个体或群体及整个学校的积极性,有效地利用有限的资源来达到促进大学生体质健康的最佳效果。

四、大学生体质健康管理系统的研究现状

大学生体质健康管理软件化是研究的必经之路,梁建秀、周艳明和刘艺峰(2005)就提出了将《学生体质健康标准(试行方案)》软件化的构想,并且开发了 SCHMCS 软件用于管理学生体质健康,该软件的开发标志着我国学生个性化健康管理电子化、软件化的开端。汪浩、王秉彝、李实(2005)依据《学生体质健康标准(试行方案)》,结合教师对学生进行指标测试及体质健康评价的要求,应用计算机及网络技术,基于 Internet,依托校园网,开发并运行了大学生体质健康标准测试管理系统。刘振华、何丕廉(2008)采用 C/S 与 B/S 相结合的体系结构,用 VB 开发客户端应用程序,SQL Server 2000 作为后台数据库设计了学生体质健康管理系统,如图 6-2 所示。

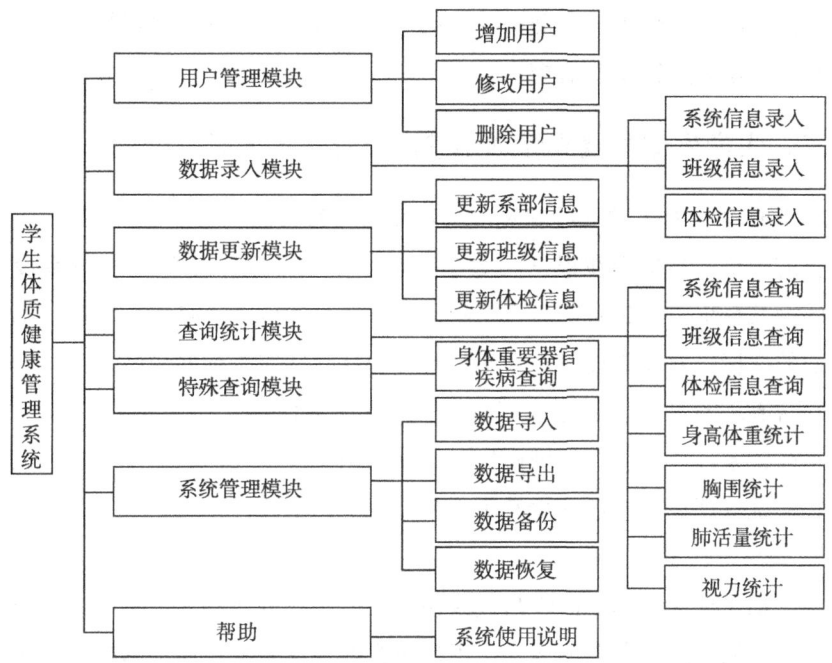

图 6-2　学生体质健康管理体系流程

李为敏、朱娅加、肖乐（2007）提出针对《学生体质健康标准》，结合实际工作的需要，运用软件工程自顶向下的开发方法对系统进行分析与设计，利用面向对象的开发工具 Visual Basic 6.0 和数据库开发工具 Visual FoxPro 7.0 实现大学生体质健康标准信息管理系统。

陈磊、皮崴、牛小洪（2010）对高校学生体质信息管理反馈系统进行研究，提出建立体育锻炼记录终端系统。体育锻炼记录终端系统是基于 FRID 技术和 3G 移动通信技术的一套记录与信息传输系统，其特点是使用方便、稳定性高、传输速度快。

工作过程为学生每人持有一张非接触式 IC 卡，IC 卡中记录着学生的信息（姓名、性别、学号等）。在学校内的每个体育锻炼场所安装 1~2 个刷卡终端，当学生进入场所锻炼时就刷一次自己的 IC 卡并选择运动时间和运动项目。刷卡终端记录学生体育锻炼的开始时间和运动项目，锻炼结束后，学生再次刷卡，刷卡终端记录结束时间，数据通过 3G 移动通信技术的无线网络传输至数据接收主机并储存，确认无误后传输至数据管理评价系统。该方案的提出，标志着在体质健康管理中应借助一些运动监控设备,对大学生锻炼的时间、运动项目和运动量等进行实时监控。

五、大学生体质健康管理系统研究存在的问题

1. 系统缺少对大学生心理和社会适应指标的测试

目前,研究多集中在根据《大学生体质健康标准》中的指标体系设计并开发的测试系统。测试系统只包括身体形态、身体机能、身体素质和运动能力等方面的指标,并没有加入对大学生心理和社会适应指标的测试。

2. 系统设计中缺少健康干预模块和健康反馈模块

目前,系统只有用户管理模块、数据录用模块、数据更新模块、查询统计模块、系统管理模块,还缺少健康干预模块和健康反馈模块。

3. 缺少运动监控设备

从运动生理学、运动医学角度来说,负荷不够的运动达不到增进健康、增强体质的效果;而超负荷的运动,不仅不会增强体质,反而会影响锻炼效果或导致疲劳,甚至有损健康。因此,大学生在进行体育锻炼时,既要掌握科学的锻炼方法,又要学会科学地测定最佳运动量,以便准确、客观地掌握身体机能的变化,合理地制订锻炼计划,以获得最佳的健身效果。因此,设计并开发运动能量监控设备将对体质健康管理实现对大学生运动量的实时监控有重要的意义。

六、大学生体质健康管理的研究趋势

目前,大学生体质健康管理主要向积极的健康测试、第三方管理和学生自我管理等方向发展。

(一) 积极的健康测试

现在的心理健康测试都是假定测试对象与心理健康疾病相关,而研究积极心理健康测试的比较少。说起积极的健康测试,首先要从积极心理学开始说起。积极心理学(positive psychology)是致力于研究普通人的活力与美德的科学,其矛头直指过去传统的"消极心理学",是 20 世纪末西方心理学界兴起的一股新思潮。这股思潮的创始人是美国当代著名的心理学家塞里格曼·谢尔顿(Knnon M. Sheldon)和劳拉·金(Lawra King)。积极心理学主张研究人类

积极的品质，充分挖掘人固有的、潜在的、具有建设性的力量，促进个人和社会的发展，使人类走向幸福。它是利用心理学目前已比较完善和有效的实验方法与测量手段，研究人类的力量和美德等积极方面的心理学思潮。积极的健康测试不再是对消极因素的测试，而是对积极因素的测试，如爱心、幸福感、满足感、快乐感、成就感等。它主要关注的是个体健康积极的一面（包括生理、心理、社会适应三个方面），而不再是消极的一面。若能将积极的健康测试应用在大学生身上，则对大学生个体的健康信息将会更加详细和全面，这样一方面可以通过干预和指导抑制那些消极因素，另一方面也可以增强积极因素。这将为大学生的健康管理模式提供一个灵活有效的思路。

（二）第三方管理研究

第三方管理主要是专门的健康管理机构（公司或者企业）提供的对个人或者群体的健康管理服务。其思路是由专门的健康管理机构进行管理，它负责利用学校、社会、家庭等各个方面的软硬件资源来进行科学有效的管理。这样不但能更加合理高效地利用资源，还会收到更好的效果。健康管理师在第三方管理中扮演着重要的角色，他是从事个体或群体健康的监测、分析、评估以及健康咨询、指导和健康危险因素干预等工作的专业人员。主要负责：采集和管理个人或群体的健康信息，评估个人或群体的健康和疾病危险性，进行个人或群体健康咨询与指导，制订个人或群体的健康促进计划，对个人或群体进行健康维护，对个人或群体进行健康教育和推广，进行健康管理技术的研究与开发，进行健康管理技术应用的成效评估。在美国，70%的居民能够在健康管理公司或企业接受完善的服务。而健康管理在中国是一个"朝阳产业"，在中国大陆地区仅有少数专业的健康管理机构，大部分为医院及体检中心的附属部门。我国公民享受科学、专业的健康管理服务的人数只占总人数的0.02%左右。对于大学生而言，能够享受健康管理服务的比例也相当低。针对大学生的健康管理主要还是采用以学校为主，以社会和家庭为辅的管理模式，并且其实施力度不够，管理方式和手段简单、单一，达不到好的效果。若将第三方管理成功应用到大学生健康管理，将会为国家培养出更健康的人才。

（三）自我管理研究

自我管理是一个比第三方管理更理想、更积极主动，但更难以应用于实际的健康管理模式。目前自我管理的现状为：缺少一个为大家所广泛接受的、完善的自我管理内容结构模式；自我管理影响因素的研究多以定性分析为主，缺乏实证研究；自我管理与后果变量的作用机制研究基本处于起步阶段；在研究对象选择方面缺乏针对性和具体性。自我管理包括了第三方管理的所有方面，它们的区别在于：自我管理模式中的管理者是自己，而第三方管理模式中的管理者是健康管理专家（健康管理师）。自我管理需要有一个完整的健康管理系统，能够提供除了检测、分析、评估、指导和干预外，学习和咨询全方位的服务。大学生自我健康管理系统功能关键的一点就是要有人性化和完整的咨询和学习功能，能够让大学生快速有效地掌握健康管理的有关知识，对自己的健康进行科学的管理。若借助于现代通信工具（手机、电脑等），还可以对自己的健康进行全天候实时管理。

（四）搭建大学生体质健康管理网络服务平台

大学生体质健康管理需要经历体质健康测试、体质健康评估、体质健康咨询与指导、体质健康干预四个基本步骤。它是一个长期的、连续不断的、周而复始的过程。但目前大多数高校学生在校人数多在万人以上，面临着大学生体质健康管理任务重与管理人员不足的矛盾。要想实现大学生体质健康测试后续服务管理目标，建立大学生体质健康网络管理服务平台就显得尤其重要。

通过该网络平台不仅可以将大学生体质健康管理中的体质健康测试、体质健康评估、体质健康咨询与指导、体质健康干预四个环节有机地统一起来，还可实现学生体质健康测试信息发布与预约管理、学生体质健康成绩查询、体质健康教育等服务功能，真正体现大学生体质健康管理的理念和目标。

（五）实施大学生体质健康提升工程

高校应考虑将学校体育工作与大学生体质健康测试后续服务管理策略，以及公共体育教学与大学生"阳光体育运动"有机结合起来，充分整合学校资源，发挥学校公共体育部、校体委、校团委、各院系体委的作用，从制定学校公共政策、创造支持性环境、强化社区与院系行动、发展个人技能以及调整公共体育服务方向五个方面，整体推动实施大学生体质健康提升工程，实现大学生体质健康测试后续服务的系统管理，促进大学生体质健康水平的整体提升。

(六) 加强弱体质学生群体的重点干预

体质健康干预是大学生体质健康测试后续服务管理的重要内容，并可借助学生体质健康管理网络服务平台，从以下四个方面进行。

1. 健康教育

通过网络平台开展与体质健康相关的营养学知识、运动健身常识、运动安全知识等健康教育。同时也可通过全校性运动健康知识讲座、运动健康选修课程以及新生入学教育等形式实施相关健康教育。

2. 体质健康咨询指导

在高校经常开展专家对学生的面对面咨询服务指导是不现实的，但根据学生体质健康测试数据开发相关干预软件，为学生制定有针对性的"运动处方"进行干预是可行的。目前已有部分高校和软件开发公司开始了这方面的研究推广工作。

3. 组建志愿者服务团队

探索创建弱体质大学生健康干预服务中心，组建高校体育专业师生、体育社团及各院系志愿者为主的健康干预团队，充分利用教育、激励、训练和营销等手段，是实现弱体质学生行为改进，提高其体质健康水平的有效途径。同时，也可为体育教育专业的学生搭建一个重要的实习实训平台，增强其专业指导技能。

4. 强化公共体育课堂干预

通过调整公共体育服务方向，充分发挥体育教师对弱体质学生群体健康干预的主导作用。通过在公共体育课堂采取有针对性的指导和训练，加强对弱体质学生的重点关注与帮扶。

七、大学生体质健康测试后续服务管理模式的运行策略

(一) 制定大学生体质健康促进的公共政策

大学生体质健康管理公共政策是顺利开展大学生体质健康测试后续服务工作的保证。因此，应严格以中发［2007］7号文件及教体艺［2007］8号文件的通知精神为指导，制定大学生体质健康管理公共政策。其内容应包括大学生体质健康促进工作、领导机构与职责、组织与管理、经费保障、人员培训、督导与激励等七个方面。其中，充足的经费支持在该公共政策制定中应得到充分体现。

（二）创造大学生体质健康促进的支持环境

高校大学生体质健康测试后续服务管理支持环境是激发和促进大学生参加体质健康促进活动，主动培养体质健康意识和提升体质健康水平的外部环境。主要包括学校人际环境、学校事务环境和学校物质环境三个方面。

学校人际环境是指校内师生之间、员工与学生之间及学生之间的相互关系。学校教职员工和学生均可通过自己正确对待体质健康的行为、态度和价值观，为后进群体树立榜样。学校人际环境的发展目标是通过师生员工的共同努力，营造一个健康的、积极向上的、能吸引全员参与体育锻炼的体育人文环境。

学校事务环境则是指校内各种体质健康促进活动和措施。如：公共体育课教学安排、体育赛事策划、"阳光体育运动"组织、体育文化营造、体育场馆运营管理、体育社团组建与管理等。其发展目标是营造一个学校师生员工易于和乐于参与体育锻炼的组织管理环境。

学校物质环境是指学校公共体育教学环境和课余体育锻炼环境，主要表现为学校体育场馆面积和运动设施条件是否能够满足学校师生员工体育锻炼的易得性和安全性。其发展目标是创造一个能满足学校师生员工体育锻炼的体育设施硬件环境。

（三）调整校外社区与校内各院（系）行动

学校应积极争取校外社区的个人或团体参与学校体质健康测试后续服务管理事务中，如聘请专家举办体育与健康专题知识讲座和参与体育锻炼与竞训指导，邀请各级体育协会组织联办大型体育赛事等。同时赋予各院系更大的权力，发挥其主观能动性，使其参与到学生体质健康组织管理工作，体现各院系在大学生体质健康测试后续服务管理中的基础地位。学校应加大对各院系的宏观管理和经费保障，指导各院系组建学生体质健康二级管理机构，发展体育社团，大力开展以院系为单位的各种体育活动。

（四）发展个人运动锻炼技能

尽管影响学生体质健康的许多因素已超出了个人的控制范围，但某些个人的选择或生活方式会影响体质健康，如：选择缺乏身体活动的静态生活方式、长期营养过剩导致的超重或肥胖、吸烟或过量饮酒等不良嗜好导致的运动能力下降等。

发展个人运动锻炼技能的实质是个人增权，其目的在于通过向学生提供健康信息，开展健康教育和发展运动技能，帮助学生更有效地维护自身体质健康，并选择有利于体质健康的积极生活方式。发展个人运动锻炼技能的重点是培养学生运动锻炼的习惯，而运动习惯培养的核心是发展学生的运动技能，创造其参与体育活动的支持环境，并使其从运动中获取愉悦的心理感受和实现自我效能，使学生逐渐将该项运动发展成为其运动爱好，培养其运动锻炼的习惯。

（五）调整公共体育课程服务方向

大学公共体育课承担着提高学生体质健康水平和培养学生运动锻炼习惯的双重任务。大学体育必须改变传统的体育技能教学的单一模式，必须认识到运动技能学习只是学生参与体育锻炼的形式和载体，而不是大学公共体育课教学的全部。大学公共体育课教学的重心必须向培养学生运动锻炼习惯倾斜，要重视在传授学生运动技能的同时，激发学生参与体育锻炼的内在动机。

大学公共体育教学改革还应充分引导教师关注本校、本班学生体质健康的实际情况，适时调整公共体育教学的手段和方法，并重点对学生普遍存在的体质健康问题采取有针对性的指导和训练。

第3节　大学生体质健康指标研究现状

大学生体质健康指标的选择是本研究的关键点，本研究所涉及的大学生健康管理指标的理论基础是构建于他人大量的研究成果之上的。

一、生理健康指标

（一）生理健康的定义和特点

"生理健康"是"新健康教育"的一个重要组成部分，它是以培养身心健康社会公民为目的，通过运用健康管理的方法，以校园环境、功能环境的改善为主，以人文环境的改善相配合，为教师和学生两个主体提供科学、健康和专业的指导。

（二）大学生生理健康研究现状与分析

心理健康、生命质量和健康行为是以生理健康状况为基础。生理健康诊断项目系统是健康诊断的主系统。

李强（2002）将大学生生理健康指标分为四个区（完全健康状态、基本健康生理状态、基本健康与病态前的临界状态和疾病状态），测试的生理指标包括神经系统、心血管系统、呼吸系统、血液系统、消化系统、泌尿生殖系统、内分泌系统、免疫系统、运动系统、五官（感官）系统、体表（皮肤）系统和其他。该研究还将四个区和这些评价指标相结合构建了生理健康诊断系统的矩阵结构。

何江川（2004）在对我国17个少数民族大学生健康状况的研究中，将体重、身高、胸围、肺活量、收缩压和舒张压等生理指标作为评价指标进行了分析。他认为影响我国17个少数民族大学生健康水平的主要因素有3个。其中有41.17%来自身体素质的影响，有10.07%来自发育水平（包括立位体前屈、体重、身高、胸围）的影响、有38.01%来自生理机能（包括肺活量、收缩压、舒张压）的影响。

倪湘宏（2005）在研究健美操的健康功能对大学生健康的影响时，将脉搏（晨搏）、心功能指标、肺活量、体重等生理指标作为评价健美操影响大学生健康的关键生理指标。

张一兵、谈军（2005）在对上饶师院大学生健康状况的研究中，将身高、体重和肺活量作为身体发育和机能发育的重要生理指标进行了分析。

张少生、庞德芳（2005）在比较广州与沈阳大学生健康状况时，将身体症状与器官功能、日常生活功能和身体活动功能作为生理健康比较的关键指标。

梁建桃（2007）在对高校大学生健康教育监测与评价的研究中指出，对大学生健康状况的检测内容主要包括三个方面：体质变化、身体变化和常见病的变化。其中，体质变化和身体变化中涉及的生理指标包括身高、体重、胸围坐高、头围肩宽等。

综合上述研究者的研究成果，常被用于大学生体质监测或者研究的生理指标如表6-1所示。

表6-1 已有研究中涉及的生理健康指标

研究者	年份	主要指标
李强	2002	神经系统、心血管系统、呼吸系统、血液系统、消化系统、泌尿生殖系统、内分泌系统、免疫系统、运动系统、五官（感官）系统、体表（皮肤）系统和其他
何江川	2004	立位体前屈、体重、身高、胸围、肺活量、收缩压、舒张压
倪湘宏	2005	脉搏（晨搏）、心功能指标、肺活量、体重
张一兵、谈军	2005	身高、体重和肺活量
张少生、庞德芳	2005	身体症状与器官功能、日常生活功能和身体活动功能
梁建桃	2007	身高、体重、胸围坐高、头围肩宽

通过以上研究，我们发现在大学生体质监测或者研究的生理指标中，重要的指标有身高、体重、肺活量、呼吸、脉搏、体温、血压、睡眠、皮肤、力量、柔韧、耐力等。

二、心理健康指标

（一）心理健康的定义和特点

1. 心理健康的定义

（1）世界卫生组织对心理健康的定义。1948年，世界卫生组织的宪章中规定：健康是指"身体上、心理上和社会性完全处于良好状态，而不仅仅指生病或是体弱。健康是不管种族、宗教、政治信仰和经济状况如何，是人人赋有的基本权利"。1964年，世界卫生组织把健康定义为以下10条：①精力充沛；②乐观处事；③睡眠良好；④适应能力强；⑤能抵抗一般性疾病；⑥保持标准体重；⑦眼睛明亮；⑧牙齿完整；⑨头发有光泽；⑩肌肉皮肤弹性好。不难看出，世界卫生组织给健康所下的定义是包含了心理健康的。

从世界卫生组织对健康的定义来看，所要求的生理健康和心理健康首先是没有疾病，其次是在社会适应上处于最佳的良好状态。根据世界卫生组织对健康的定义，日本学者高木四郎把心理健康定义为："心理健康是以人的心理方面为对象，预防各种心理疾病的出现，从而以增进心理的健康为目的的科学研究与实践。"我国一些学者也根据世界卫生组织对健康的定义，把心理健康定义为："心理健康学不仅仅是为了消极保持心理的正常状态，治疗和预防心理疾病的一门学科；而且是研究怎样积极增进心理良好状态的方法，怎样实现这些有效方法的一门学问。"

（2）心理学家的心理健康观。20世纪六七十年代，人们已不满足于消极地保持正常的心理状态，不只局限于治疗和预防心理疾病，而是从积极方面研究心理健康问题。特别是研究成熟的和正常的成年人的心理健康问题，而不是仅仅研究精神病患者的心理健康问题。

下面介绍几位有代表性的心理学家对心理健康的定义及其解释。

人格心理学家奥尔波特（G. W. Allport）认为：健康的人并不被潜意识所控制和支配，健康的个体是在理性的和有意识的水平上活动，指引这些活动的力量是完全能够意识到的，并且也是可以控制的。健康的心理是摆脱了过去的压抑，心理健康的人是被当前的以及指向未来的紧张和期望所指引的。心理健康的人总是在不断地追求新的目标，为实现目标又总与紧张水平相伴而行。心理健康者要善于调整动机，发展新动机，替换老动机，以便保持人格健康。心理健康的动机理论还有一个掌握和胜任原理。其原理认为，对于健康人来说，在平庸水平上或者只在适当的水平上执行或完成任务，是不能令人满意的。要在努力满足实现动机目标时，力求并渴望尽可能完成得更好。心理健康的人是向前看的，是充满希望的、乐观主义的。他们自觉地、审慎地规划未来；他们有长远的目标和理想；他们尽全力忘我地学习和工作；在困难面前会勇敢迎接挑战；他们会在紧张中创造经验或冒险突破重要难关去完成任务。

奥尔波特对心理健康提出了七条标准：①自我意识广延；②良好的人际关系；③情绪上的安全性；④知觉客观；⑤具有各种技能，并专注于工作；⑥现实的自我形象；⑦内在统一的人生观。

荣格（C. G. Jung）认为：理想的心理健康是有意识地指挥和引导潜意识的力量。意识和潜意识的领域必须一体化，两个侧面应当任其自由发展。荣格观察了大量精神病人之后，认为几乎所有人的痛苦和绝望、无意义感、无目标感和无意思感，都起源于与人格的潜意识基础失去了联系。他认为，这种失掉联系，是由于我们日益相信科学和理性对生活指引的原因造成的（荣格这一观点与几十年后罗杰斯的观点是对立的）。荣格认为，能使意识和潜意识一体化，就实现了个体化或自我现实化，就达到了自我中心，这一过程是一种自然的过程。那些真能达到自我中心顶点的人，就是心理成熟和健康的、纯粹的、完美人性的人。把荣格的心理健康观所需的各种理论和观点统一起来成为一个整体，实际上就是个体化的过程：①心理健康天然追求的目标就是个体化，可以把个体化转写为"达到自我中心"或"自我实现"，荣格认为个体化目标是极少能达到的目标；②扭转青年时期的物质性目标以及能够达到这些目标的那种人格特征；③心理健康的个体化的人是自我整合；④心理健康的个体化的人是自我表现；⑤心理健康的人有认可未知和神秘事物的特点。

在当代美国人本主义心理学家的主要代表人物罗杰斯（C. Rogers）的人格体系中，有一个假定的单纯的动机，即"一个基本的需要"，就是保持、实现和提高个体的各个方面，体现在生理和心理两方面的成长因素，最初几年更多地指向生理方面（食物、水和空气）。实现在推进和提高人的成熟和发展。罗杰斯认为，实现的倾向作为一种推动力量，比痛苦和斗争要强有力得多，而且也比随着痛苦而来的停止发展的驱动力要强烈得多。生理水平上的实现倾向，实际上是不可阻挡的。它把个体向前猛推，从成熟的一个阶段到下一个阶段，迫使他（她）进行适应和生长。

自我实现的第一个特点是：健康人格不是人的状态，而是过程，是"趋势，而不是终点"。自我实现的第二个特点是：自我实现是困难的，有时还是痛苦的过程。自我实现的第三个特点是：自我实现者永远以自己的本来面目显现在你的面前，他们并没有隐藏在假面具后面。

德国精神病学家、人格心理学家弗洛姆（E. Fromm）认为，人格是社会文化的产物，因此，心理保健应该是社会根据所有个体的基本需要来适应群体，而不是个体去适合社会。因此，心理健康问题不是社会成员的问题，而是社会满足人的需要达到何种程度的问题。

弗洛姆认为，人有一种天然的追求情绪健康和身体健康的倾向，只要有机会，这种天然倾向就会活跃起来，引导人们充分地发展这种潜能。当社会力量与天然的成长倾向发生冲突的时候，就会导致非理性的行为，即病态的社会制造出病态的人。

心理健康依赖社会性质，有什么样的社会就有什么样的心理健康的定义，而且，定义也因时间和空间的不同而不同。弗洛姆把健康人格称为创造性定向，这就是说，心理健康的人会最充分地运用人的潜能，最现实化。所谓定向是指已确定了的态度或观点，它包括对生活的一切方面，对世界上的人、物和事件，以及对自我的智力、情绪和感觉的反应的态度或观点。

以人本主义为方向的所谓第三势力的先驱之一美国当代心理学家马斯洛（A. Maslow）认为，极度健康的人（自我实现者）具有更高级的需要，实现他们的潜能和认识并理解他们周围的世界。他们不是力求补足缺失或努力减少紧张，他们的目的是扩大和丰富生活经验，在现有的生活基础上增进快乐。他们的理想是通过新的、具有挑战性的各种各样的经历增加紧张。之所以如此，是因为他们有成为具有完美人性，实现他们全部潜能的"超动机"。这个动机就是自我实现。

马斯洛认为心理健康的人要具备下列品质：①对现实具有有效率的知觉；②具有自发而不流俗的思想；③既能悦纳本身，也能悦纳他人；④在环境中能保持独立，欣赏宁静；⑤关注哲学与道德的理论；⑥对于平常事物，甚至每天的例行工作，能经常保持兴趣；⑦能与少数人建立深厚的感情，具有助人为乐的精神；⑧具有民主态度、创造性的观念和幽默感；⑨能经受欢乐与受伤的体验。

奥地利精神病学家弗兰克（V. Frank）认为，人在任何情况下，都有选择他们行动的能力。即使在最黑暗的时刻，人们也能够保存精神自由的某种残余、自主性的某种片断。他认为，人可以失掉他们重视的任何东西，但不能失去人的自由。

弗兰克关于心理健康的观点，强调意义意志的重要性。这包括人存在的意义、人对生活意义的需要和发现生活意义的特殊的治疗技术。弗兰克认为，缺乏生活意义的人就是精神病，他称之为"意向性精神病"。所谓心理健康，就是前进的超出自我中心，达到超越自我，使自我集中在意义和目的上。这时，自我就会自动地和自然而然地被实现和现实化。

德国人珀尔斯（Fritz Perls）并未直接提出心理健康的标准和特点，但从他对人格、格式塔疗法、人格的附加方面等研究来看，他的"此时此地"的人的本性的观点就是心理健康标准。

心理健康的人，对于自己是谁、自己是什么样的人都有充分的认识和认可。心理健康的人能够坦率而完全地、没有压抑或内疚地表达他们的冲动与渴望。心理健康的人可以让任何人了解他们在任何时候的情感、思想和欲望。

2. 心理健康的特点

心理健康的特点就是心理健康的特殊本质，对其他事物来说（如对心理面貌），就是它们之间的本质区别。而本质就是事物（心理健康）的根本性质，是组成心理健康基本要素的内在联系。

下面总结了以上七位心理学家或精神病学家对心理健康特点研究的异同之处。

（1）不同点。

从研究对象的差异来说，有从精神病学角度认识心理健康的，有多位是从人格心理学角度认识心理健康的。显然，人格心理学家是以健康人为研究对象，从而避免了消极因素的影响。还有的以极端健康的优秀人才为研究对象。于是心理健康观就有了荣格的个体化的人，奥尔波特的成熟的人，罗杰斯的充分起作用的人，弗洛姆的创造性的人，马斯洛的自我实现的人，弗兰克的超越自我的人和珀尔斯的"此时此地"的人等各自不同的认知。从这一意义上说，还缺乏一个统一的有关"心理健康"的定义。当然，医学上具有消极性质的"心理健康"的定义是不足取的和过时的。

（2）共同点。

① 动机和目标。奥尔波特认为，成年人的动机并不是童年动机的扩展与发挥，而是未来的计划和意向指引。弗洛姆认为，健康人以创造性、生产性的方式来满足心理需要。在马斯洛看来，任何人都有一种对于成为自我实现的人的动机要求。在弗兰克的体系中，有一个最基本的动机，即意义意志。荣格则认为，人格是受潜意识支配和控制的，人所以有痛苦、绝望、无意义感、无目标感和无意思感都是由于与潜意识失掉了联系。罗杰斯假定人的一个单纯的动机就是要实现和提高自己的各个方面。珀尔斯的动机论就是集中关注当前，除了此时此地之外，不存在任何别的东西。

② 意识层次。荣格主张意识与潜意识二者兼有的"心理健康"的理想是有意识地指挥和引导潜意识的力量。他认为，意识和潜意识的领域必须一体化，两个侧面应当任其自由发展。其他几位学者则认为心理健康是受有意识支配的。如奥尔波特认为，人格的中心部分就是经过仔细思考的意向——希望、志向和理想。尽管学者们强调的深度各不相同，却都是注重有意识的行为。

③ 方向指引。所谓方向就是一个心理健康者是强调过去、现在还是未来。

显然，荣格是承认过去，因为他受过去的影响很深，而奥尔波特、罗杰斯、马斯洛、弗兰克和珀尔斯都否认过去。至于现在，各家都承认，面对未来的观点又各不相同。

④ 调控强度。奥尔波特的人格的意向性是增加个体紧张度的，他认为大多数心理健康者总有一种新的需求而寻求活动，无论是在工作上不断地探索或增加业余爱好，人总是对新鲜事物和具有挑战性的追求具有持续不断的需要。弗洛姆是唯一把心理健康与幸福等同起来的理论家，他认为幸福是健康人格的组成要素，而不是它的一个附属副产品，这一点奥尔波特和罗杰斯也有所认同。

⑤ 认知性质。这一共同点包括两个方面：一是如何认识自己、他人和周围世界；是按照客观世界的本来面目认识，还是按照自己的想象来描画世界。前者属于客观型的，后者属于主观型的。这也包括对自我的认识。二是体验往往与自我定向的目标有关。弗兰克认为，人们越是有意追求愉快，体验到的愉快反而越少；如果把生活确定为追求快乐，那么就永远不会感到快乐；越是把快乐作为目标集中注视它，就会越得不到快乐。相反，只按正常操作规程去做，快乐却以副产品形式出现。马斯洛的"高峰"体验有两种类型：一种是极端强烈的，另一种是温和型的，这两种类型都是高度健康的。

⑥ 对他人的责任。奥尔波特将人际关系划分为两种类型：一种是亲密型，另一种是同情型。前者是对父母、子女、配偶和朋友，后者是指对人的基本状况的同情，如痛苦、恐惧、失败和热情等。弗罗姆的创造性的爱包括关心、责任、尊重和知识等特点。马斯洛认为，自我实现的人具有更强的人际关系的能力。弗兰克认为，对别人的关心应超越对自己的关心。珀尔斯却强调只关心自己，而不管他人。

（二）大学生心理健康研究现状与分析

用心理学的观点来研究当代大学生，他们属于青年中期，其心理特征为：独立性强，行为情绪化，人生观、价值观多样化，心理素质较差等。这些心理特征使得很多大学生存在心理问题。据国家教育部不完全统计，每年高校都有数十人自杀。据《中国教育报》报道，在我国20世纪80年代中期，23.25%的大学生有心理障碍，90年代上升到25%，近年来已达到30%，有心理障碍的人数正以10%的速度递增。因此，帮助和引导大学生解决好心理健康问题，已成为一项迫在眉睫的工作，已成为一个关系我国教育发展质量及其培养千百万合格的社会主义建设者和接班人的大问题。概括起来，大学生中主要存在以下七个方面的心理障碍：①适应障碍；②人际交往障碍；③恋爱心理障碍；④身心疾病；⑤人格缺陷与人格障碍；⑥神经症；⑦精神病。

根据大学生的心理特征、大学生特定社会角色的要求以及心理健康学的基本理论，大学生心理健康的基本要求大致可概括为以下六个方面：①智力正常，乐于学习。心理健康的大学生能保持较浓厚的学习兴趣和求知欲望。学习是学生大学生活的主要内容，心理健康的大学生珍惜学习机会，学习态度端正，求知欲望强烈。②健康的情绪。即能调节与控制情绪，保持良好的心态。正常的人都有正常的情绪体验，心理健康的大学生能积极应对、主动调节。如果不能自控，任意发泄情绪，就会伤害自己和周围的人。③和谐的人际关系。人际关系状况最能体现和反映人的心理健康状况。心理健康的大学生，总是乐于与他人交往，希望获得真正的友谊和朋友。他们对师长、同学总是抱着信任、理解、关心和友爱的态度，乐于助人，待人宽容豁达，善于容忍他人的不足与过错，在小事上不会斤斤计较、吹毛求疵；办事讲信用、重名誉，不会口是心非；善于以诚相待，恰到好处地表现自己，让别人了解自己，而不是伪装、掩饰自己。他们能够和各种人融洽相处，并能和一些人建立深厚的友谊。④完整统一的人格品质。人格是指人的整体精神面貌，人格完整是指人格构成要素的气质、能力、性格和理想、信念、人生观等各方面能够平衡发展。心理健康的大学生的所思、所做、所言能够协调一致，他们具有积极进取的人生观，并以此为中心把自己的需要、愿望、目标和行为统一起来。⑤良好的自我意识。自我意识指人对自己以及自己与周围各种关系的认识和体验。心理学上也称之为"我观"。大学生必须有正确的"我观"，即有自知之明，能够了解自己、接受自己和客观地评价自己。⑥与社会协调一致，具有良好的环境适应能力。大学生应该与社会保持良好的接触，其思想和行动都应跟上时代的发展步伐。当发现自己的愿望与社会需要发生矛盾时，能够及时修正自己的需要和愿望，使自己的思想、行为与社会协调一致。

根据对大学生健康心理的基本要求，学者们分别从大学生心理情况调查、大学生健康心理的培养、体育运动对心理的影响等方面选择不同的心理特征进行了大量的研究。

(三) 学生心理情况调查研究

大量的调查研究旨在调查一定范围内大学生的心理健康状况，或者大学生某一方面的心理健康状况，说明所调查大学生是否心理健康，应该如何应对大学生的心理健康问题等。

目前有专门的量表作为工具调查大学生的心理问题，清华大学的心理学教授樊富珉从日本引进了 UPI（University Personality Inventory）。UPI 是为了对有心理问题的学生早期发现、早期治疗而编制的大学生精神卫生、心理健康调查表。樊富珉教授引进该量表后还对 UPI 的有关条目、筛选标准和实施过程等进行了较为系统的修订。在该量表中所调查的大学生心理问题包括：人缘好，受欢迎；牢骚和不满多；不想见人；气量过小；爱操心；焦虑不安；容易动怒；想轻生；莫名其妙地不安；一个人独处时感到不安；缺乏自信心；做事畏首畏尾；容易被人误解；过于拘泥；对任何事情不反复确认就不放心；对脏很在乎；摆脱不了毫无意义的想法；觉得自己有怪气味；觉得自己不是自己；缺乏热情和积极性；悲观；思想不集中；情绪起伏过大；对任何事都没兴趣；记忆力减退；缺乏耐力；缺乏决断能力；过于依赖别人；不相信别人；过于猜疑；厌恶交往；感到自卑；杞人忧天；怀疑别人在自己背后说坏话；总注意周围的人；在乎别人的视线；觉得别人轻视自己；情绪易被破坏。

萧旭、葛莉莉（2007）对南通大学和南通交通大学两所高校大学生的调查发现，人生发展与职业选择上有困难、思想上有困惑、课程学习有困难、自我管理能力不强、经济困难、人际关系与沟通上有困难、家庭变故或困扰、不适应大学生活、与异性交往方面有困难，是造成大学生心理问题的十个主要因素。他们通过 UPI 量表调查发现，大学二年级学生有明显心理问题的人数比例为所有年级中最低，大学三年级学生有心理问题的人数比例可能高达 72%，大学一年级学生有明显心理问题和心理健康人数相等。从具体数据统计上看，7% 的大学生有轻生的念头，38% 的大学生认为自己的心理有问题，大学三年级学生的心理状况不如低年级大学生，女生心理健康状况不如男生。

陈栩、郭斯萍（2007）运用《健康坚韧性量表》对南昌市的 514 名大学生进行了健康坚韧性的调查和分析。研究表明，坚韧性对于女性的影响要小于男性；大四学生健康坚韧性得分要低于其他年级学生，坚韧性随着年龄增长而降低。

丛明滋（2010）对当代大学生健康意识行为的调查研究中发现，96.4%的大学生有压力感，最大的压力主要来自社会（由于社会竞争日趋激烈，社会对人才的需求层次越来越高，大学生择业问题日趋严峻）。大学生对目前生活不满意的为31.4%，一般的为57.6%，满意的仅占11%。许多大学生感到现实生活与自己的愿望不相符合，并由此产生了各种心理和行为问题，严重影响了大学生的学习、生活、交往和发展等各个方面，并对其身心健康造成了相当程度的影响。

2011年4月，中国网络电视台发布的新闻显示，我国仅有2%的大学生表示自己没有心理困扰，66%的大学生认为自己偶尔有心理方面的困扰，27%的大学生认为自己常有心理方面的困扰，另外有5%的大学生选择还没有考虑过这个问题。当问及心理健康的典型特征时，调查结果表明，处事乐观、热情诚恳排第一位，有良好的人际关系排其次，心平气和、与世无争排第三位，吃得下、睡得香排最后。

(四) 大学生健康心理的培养研究

由于大学生心理健康问题目前已经成为一个日益受到关注的社会热点问题，因此学者们纷纷从不同的角度来探讨大学生的心理健康问题。

蒋志勇（2002）认为，大学生由于其自身心理特点和在社会转型期中容易诱发一些心理问题，如自卑心理、逆反心理、失意心理、猜忌心理、孤独心理和焦虑心理等。

董玫玫（2003）在《培养大学生健康的心理素质》一文中重点关注了大学生自我意识、意志品质、情绪调节和控制、人际交往能力、学习生活情趣等方面的问题。

庞明珍（2004）在《论大学生健康心理的培养与塑造的研究》一文中指出，大学生心理问题主要有如下表现：①大学生学习方面的心理问题。目前大学生学习动力不足是一个普遍问题，再加上大学的管理方式、老师的讲课方法、学习进度、考试方式等都不同于中学，因此大学生对学习的适应性常出现问题，具体表现为学习不得法，考试焦虑，不会安排学习时间与计划，甚至厌学等。②新生入学适应性问题。进入大学后，有些新生可能因为担心而导致失眠、烦躁、注意力不集中等症状。③大学生人际交往方面的问题。大学生在交往过程中由于缺乏经验与技巧，因此沟通不足、社交恐惧、关系失调、人际关系紧张等时有发生。④大学生恋爱与性心理问题。由于大学生性机能的成熟、性意识的觉醒和性心理发展,大学又创造了男女青年诸多交往的机会,他们渴望交友、向往爱情而常会进入恋爱的实践。但一部分大学生由于缺乏经验和指导,有的出现单相思,被动卷入恋爱、失恋的苦恼。⑤大学生求职择业的心理问题。在市场经济条件下,选择既能发挥自身潜能又能满足个人兴趣、适应个人发展的工作并不容易,由于对自己不了解,对职业不了解,对走上社会缺乏心理准备,择业渠道不畅通等,都可以引发他们的心理冲突而出现一些心理问题。

张海莹(2006)在对大学生健康心理养成的途径和方法的研究中,重点讨论了大学生培养良好的人格品质、加强自我心理调节、积极发展社会交往等方面的问题。

张志军(2007)认为,非智力因素在一个人的成才和创新活动方面有着非常重要的作用。对大学生进行非智力因素方面的训练,可以培养他们健康的情绪情感、主动的进取意识、坚定的自信心、坚韧不拔和持之以恒的毅力、和谐的人际关系、较强的自我调控能力和承受挫折的能力等。

刘衔华、姚树桥、全宏艳等(2009)研究了心理健康教育显性课程对大学生健康认知与行为的影响,研究结果表明,通过心理健康教育显性课程,大学生对影响健康的相关因素的重要性评价都有不同程度的提高,特别是体育对健康的重要性评价显著提高,大学生或者对相关因素的认识更为理性,对健康的认识更为合理,健康行为也有增加趋势,具体表现在体育锻炼、饮食营养、乐观人生态度、交友、提高对健康的认识等方面的行为明显增多。

杨眉、李佳慧(2010)在《大学生健康人格教育的研究》一文中将同一性(体现在对人生目标的确定,找到了人生的方向等)、完善性格(体现在对自我性格的剖析上)、自我调节(体现在合理应对不良情绪上)、接受自己和他人(体现在对自己的缺点更能接受,并能够理解和接受家长、老师、社会的不完美)、人际关系(体现在人际关系的改善)等方面作为检验健康人格教育的效果指标之一。

朱晓晖(2010)在研究审美教育与大学生健康人格的培养过程中认为,审美教育能构建个体科学的价值观,能塑造个体良好的个性特征,能发展个体的创造力,能促进大学生心理结构的和谐发展。

（五）体育运动对大学生心理的影响研究

体育运动对人们心理健康的影响已被大量的研究和实践所证实。体育运动是一种积极主动活动的过程，可以有效地塑造人的行为方式，因此能够促进个体的心理健康。体育运动作为一种心理干预因素有其独特的优势：它介入学生生活中，通过学生的参与来发挥效能，体育运动疗法因此受到大学生的欢迎。目前，许多发达国家已将体育活动作为治疗心理健康疾病的一种方法。

王纳新（2004）认为，体育教育对大学生认知发展、情感发展、意志品质发展和学生人格都有着重要的影响。研究结果表明，在大学体育教学中增加表象练习、情绪感染、意志力锻炼、培养自信心、快乐教学、激发好奇心、社会交往锻炼和心理诱导等内容，使大学生在研究自控力、社会适应能力、自信和精神振奋、合作、身心调节和自我评价六个方面与对照组相比均有较为显著的提高。

吕燕（2005）认为，高校体育对大学生心理健康教育的积极作用主要体现在为心理健康发展提供坚实的物质基础；提高认知能力（注意力、记忆力、想象力、思维力、应变力等）；改善情感状态（降低紧张和不安，使忧愁、焦虑、压抑、沮丧等不良情绪得以宣泄，使人轻松愉快、心情舒畅）；培养良好的心理素质；提高社会适应能力等方面。

曾芊（2006）认为，休闲体育不仅是增进健康、愉悦身心的载体，而且也是拓展人际交往、增进情感交流、提高社会适应能力、创造新生活的积极方式。休闲体育的健心功能逐渐被人们所认识和推崇，成为调节精神生活、陶冶性情、改善心态的有效手段，同时也是拓宽生活时空、扩大信息来源与人际交往的重要渠道。

刘宇航（2007）在研究体育运动的心理健康功能时指出，体育能促进个体适应能力的发展；体育运动可以提高人的耐受力；体育运动可提高人的自控能力；体育运动还可以促进个体的社会交往。

刘亚硕（2008）在分析运动心理健康评判因素时指出，心理健康标准特征是：形成良好的运动态度、善于处理人际关系、处理好生活与运动的关系、能协调与控制情绪、心境良好。

温兴满（2009）认为，个体项目和集体项目对于大学生心理健康发挥的作用不一，个体项目中的太极拳可对焦虑症等心理障碍有调节作用；健美操运动不仅能调节紧张的学习生活，还可以改善不良情绪，从而产生积极的心理效应；跆拳道运动可以提高个人自信心、安全感等。集体项目可以提高人的交往与沟通能力、改善人际关系、改变敌对情绪、减少偏执等。

综上所述，已有研究中所关注的大学生心理健康指标包括：生活积极、安全感、自信、合作与竞争、顽强性、意志力、自制力、情绪变化、自责自卑、焦虑、心境、注意力、坚韧性、自我意识、自尊、人际交往、适应社会、自我实现、创造性、抗挫折能力、团队意识、协作意识、应变能力等。

三、生理健康指标与心理健康指标的关系及其对大学生健康的影响

心理健康与生理健康关系密切，经常生病的人，心理变化异常，爱发脾气、爱责怪别人、自怨自艾；而身体健康的人，则能保持良好的情绪和健康的心态，与人相处融洽，有较好的社会适应能力。需要注意的是，心理健康和生理健康不是孤立存在的，而是相互联系、相互制约又相互影响着的，心理健康会给生理上带来健康愉悦，从而形成一个良性循环。

健康的心理状态和完整的社会适应能力是分不开的，心理和生理是互相影响的，心理不健康会给生理状态造成损害。因此，心理健康在某种意义上比生理健康更为重要。人的心理如果不正常，一方面可通过不正常心理影响生理，危害人们的身体健康，甚至造成人体疾病，特别是各种慢性病；另一方面，一旦人们的生理陷入反常状态，人的社会适应能力就会受到破坏，甚至无法过正常的家庭和社会生活，进而给个人和家庭带来极大的苦恼和不幸，甚至给社会造成危害。

现代医学和心理学的研究都表明，人们的生理健康与心理健康状况息息相关。20世纪70年代，医学研究人员有两项重大的发现：首先，人脑中的同一化学物质不仅调节身体的免疫系统，同时还影响人们的思维和情感，这意味着人们的心理状况和生理状况有着非常紧密的联系。其次，这种化学物质不仅存在于人的大脑中，而且在身体的各个系统中循环传递，其中也包括免疫系统。这意味着人们的生理健康状况和心理健康状况是可以互相影响的。心身疾病就是对这种关系的一种证明。心身疾病是指那些发病、发展与治疗都与心理因素密切相关的疾病。负面的心理活动如消极的情绪、长期的焦虑、巨大的精神压

力等会导致不良的生理反应,这种生理反应如果持续过久,就会导致躯体的损害,甚至造成器质性病变。常见的身心疾病有溃疡、炎症、高血压、心脏病、疼痛等。而另一方面,乐观、积极的心理健康状态又可以预防疾病,在患病的康复治疗中有时可以产生药物甚至手术都无法达到的作用。认识到生理和心理健康的统一性,也就给高校教育实践提出了一个更高的要求。

心理健康不仅是个人的问题,而且是整个社会都应该关心的问题。因为心理健康与否,与每个人的个体健康发展有关,也与整个家庭、整个民族的健康发展有关。随着现代社会的发展与改革的深入,我们每个人的观念都面临由传统向现代的过渡,旧的观念要抛弃,而新的价值观却尚未确定。尤其是当今市场经济条件下出现了个人欲望与社会现实之间的尖锐冲突,以及生活节奏的日益加快、竞争的激烈、人际关系中闭锁心态与渴望理解的矛盾等问题。如今威胁人们心理健康的因素越来越多,使得心理问题不断增多,几乎每个人都面临着各种压力,普遍存在心理重新适应的问题。面对瞬息万变和纷繁复杂的世界,就要求人们具有良好的心理素质,能够很好地适应时代与社会的要求。但是有相当一部人在这种沉重的心理负荷下,内心却失去了平衡,出现了不同程度的心理障碍,身体患上了疾病,严重影响了人们的健康。要消除那些不健康的心理,就必须讲究心理卫生。

一个健康的人应该同时拥有生理健康和心理健康,因此高校应在教育实践中努力探索将生理健康教育和心理健康教育结合起来的有效途径。对在校大学生而言,他们只有做到生理与心理协调发展、和谐统一,才可能真正拥有健康,才能掌握好科学文化知识和专业技术,成为一个符合现代社会需要的新型人才。为了达到这个目标,高校应该一手抓学生的生理健康知识教育,一方面开展心理健康知识的教育,并在此基础上遵循身心统一的客观规律,促使二者协调发展,以更好地提高大学生的综合素质。

四、大学生体质健康指标研究存在的问题及对本研究的启示

研究资料显示,在对大学生体质健康指标进行研究时,由于受到研究目的和研究对象的制约,已有研究所确定的大学生体质健康指标体系并不全面。突出的问题就在于仅有身体形态、机能和素质指标,而缺少对大学生个体心理健康指标与社会适应指标的探讨。众所周知,体质是在遗传性和获得性基础上表

现出来的人体形态结构、生理机能和心理因素的综合的、相对稳定的特征。而在体质健康的组成中，心理健康和社会适应性被公认为两个重要的成分。本研究是在已有研究的基础上提出了大学生体质健康包括大学生生理健康、心理健康和良好的社会适应能力三个方面的内容。此外，随着社会的快速发展和学习环境的不断变化，大学生心理健康和社会适应性在体质健康体系中的比重也不断加大，并逐渐成为影响当代大学生完成学业和健康成长、成才的关键因素。

大学生体质健康指标体系是大学生体质健康管理实施的基础和依据，在有效吸收和科学甄选适合于大学生群体的现有的体质健康指标的基础上，综合运用访谈、调查等方法，开发和检验新的符合大学生体质健康要求的体质健康指标，势必成为本研究实施的关键。由于《国家体质健康标准》是经过专家长期研究论证形成的适合于全体国民的体质健康标准，所以大学生身体健康指标可在《国家体质健康标准》中初步遴选指标，最后由相关专家结合大学生群体的特点来评价确定即可。而对于大学生体质健康指标中的心理健康指标和社会适应指标，则需要在分析已有相关研究的基础上进行综合、分析，通过编制问卷进行较大范围的调查来确定。

五、大学生体质健康测试后续服务管理模式的运行策略

1. 制定大学生体质健康促进的公共政策

大学生体质健康管理公共政策是顺利开展大学生体质健康测试后续服务工作的保证。它的制定应严格以中发［2007］7号文件及教体艺［2007］8号文件的精神为指导，其内容应包括大学生体质健康促进工作、领导机构与职责、组织与管理、经费保障、人员培训、督导与激励等七个方面。

2. 创造大学生体质健康促进的支持环境

高校大学生体质健康测试后续服务管理支持环境是激发和促进大学生参加体质健康促进活动，主动培养他们提高体质健康意识和提升体质健康水平的外部环境，主要包括学校人际环境、学校事务环境和学校物质环境三个方面。学校人际环境是指校内师生之间、员工与学生之间及学生之间的相互关系。学校教职员工、学生均可通过自己正确对待体质健康方面的行为、态度和价值观，为后进群体树立榜样。学校人际环境的发展目标是通过学校师生员工的共同努

力，营造一个健康的、积极向上的、能吸引全员参与体育锻炼的体育人文环境。

学校事务环境则是指校内各种体质健康促进活动的实施组织，如公共体育课教学安排、体育赛事策划、"阳光体育运动"组织、体育文化营造、体育场馆运营管理、体育社团组建与管理等。其发展目标是营造一个学校师生员工易于和乐于参与体育锻炼的环境。学校物质环境是指学校公共体育教学环境和课余体育锻炼环境，主要表现为学校体育场馆面积、运动设施条件是否满足学校师生员工体育锻炼的易得性和安全性。其发展目标是创造一个能满足学校师生员工体育锻炼的体育设施硬件环境。

3. 调整校外社区与校内各院（系）行动

学校应积极争取校外社区参与到学校体质健康测试后续服务管理事务中，如聘请专家参与体育和健康专题知识讲座、体育锻炼与竞训指导，邀请各级体育协会组织联办大型体育赛事等。同时赋予学校各院系更大的权力，发挥其主观能动性参与学生体质健康的组织管理工作，体现各院系在大学生体质健康测试后续服务管理中的基础地位。学校应加大对各院系的宏观管理和经费保障，指导各院系组建学生体质健康二级管理机构，发展体育社团，大力开展以院系为单位的各种体育活动。

4. 发展个人运动锻炼技能

尽管影响学生体质健康的许多因素已超出了个人所能控制的范围，但个人的某些选择或生活方式会影响体质健康，如选择缺乏身体活动的静态生活方式、长期营养过剩而导致的超重或肥胖、吸烟或过量饮酒等不良嗜好导致的运动能力下降等。

发展个人运动锻炼技能的实质是个人增权，其目的在于通过向学生提供健康信息，开展健康教育和发展运动技能，帮助学生更有效地维护自身体质健康，并选择有利于体质健康的积极生活方式。发展个人运动锻炼技能的重点是培养学生运动锻炼的习惯，而习惯培养的核心是发展学生的运动技能，创造其参与体育活动的支持环境，并使其从运动中获取愉悦的心理感受和实现自我效能，逐渐将该项运动技能发展成为其运动爱好，从而实现培养其运动锻炼习惯的目标。

5. 调整公共体育课程服务方向

大学公共体育课承担着发展学生体质健康水平和培养学生运动锻炼习惯的双重任务。大学体育必须改变传统体育技能教学单一的模式，必须认识到运动技能学习只是学生参与体育锻炼的形式和载体，并不是大学公共体育课教学的全部内容。大学公共体育课教学的重心必须向培养学生运动锻炼习惯的方向倾斜，要重视在传授学生运动技能的同时，激发学生参与体育锻炼的主动性。

同时，大学公共体育教学改革应充分引导教师关注学生体质健康的实际情况，适时调整公共体育教学的手段和方法，并重点对学生普遍存在的体质健康问题采取有针对性的指导和训练。

第7章 大学生个性化体质健康管理模型指标体系的构建

第1节 研究目的与内容

本研究旨在建立完整的大学生个性化体质健康管理模型指标体系。研究内容包括建立《大学生个性化体质健康生理指标甄选专家问卷（第一轮和第二轮）》和《大学生个性化体质健康心理指标甄选专家问卷（第一轮和第二轮）》，构建我国大学生个性化体质健康生理指标，建立《大学生个性化体质健康心理指标学生调查问卷》，构建和验证大学生个性化体质健康心理指标，构建大学生个性化体质健康管理模型指标体系。

第2节 研究方法

一、访谈法

编制《大学生个性化体质健康管理模型研究访谈提纲（生理类 A/B）》（专家用 A，访谈者用 B）和《大学生个性化体质健康管理模型研究访谈提纲（心理类 A/B）》（专家用 A，访谈者用 B），对我国 20 位生理学和心理学专家进行非结构式访谈。其中，湖北省 8 人，四川省 2 人，北京市 1 人，海南省 4 人，安徽省 3 人，湖南省 1 人，云南省 1 人。其中大学生生理学专家 10 人，心理学专家 10 人。具体分布如图 7-1 所示。

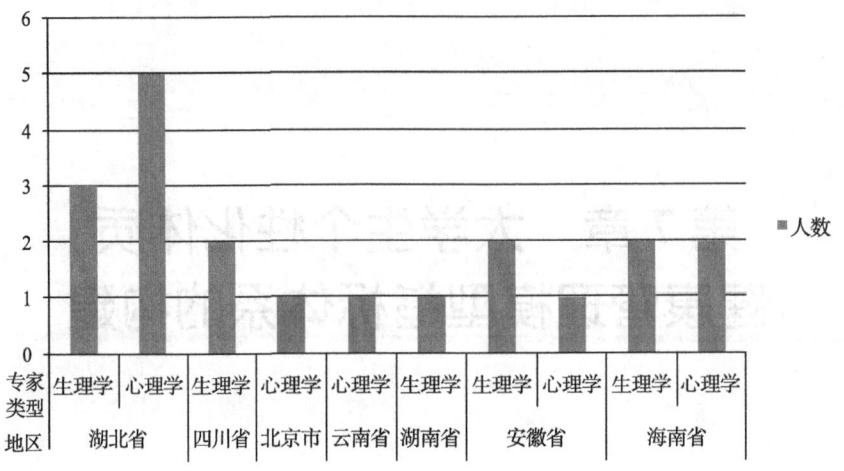

图 7-1 访谈专家分布情况

二、问卷调查法

（1）通过理论分析和访谈构建的《大学生个性化体质健康生理指标甄选专家问卷（第一轮）》和《大学生个性化健康心理指标甄选专家问卷（第一轮）》，对我国生理学和心理学专家进行问卷调查，调查专家共计28人。其中，湖北省14人，四川省2人，北京市1人，海南省4人，河南省2人，安徽省3人，湖南省1人，云南省1人。其中，大学生生理学专家14人，心理学专家14人，如图7-2所示。

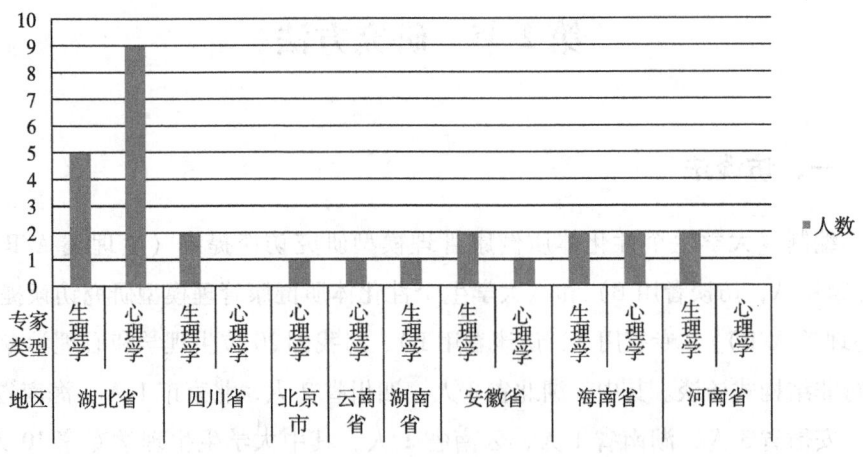

图 7-2 第一轮和第二轮问卷专家分布情况

（2）通过发放《大学生个性化体质健康生理指标甄选专家问卷（第二轮）》和《大学生个性化体质健康心理指标甄选专家问卷（第二轮）》，对我国生理学家和心理学家进行问卷调查，调查专家共计 28 人。其中，湖北省 14 人，四川省 2 人，北京市 1 人，海南省 4 人，河南省 2 人，安徽省 3 人，湖南省 1 人，云南省 1 人。其中，大学生生理学专家 14 人，心理学专家 14 人。

（3）通过理论分析和访谈构建《大学生个性化体质健康心理指标学生调查问卷（第一轮）》，对全国七个省、直辖市的大学生进行第一次问卷调查，测试对象共计 500 人，涉及学校包括华中师范大学、北京师范大学、海南师范大学、安徽理工大学、四川大学、郑州轻工业学院、湖南理工学院七所大学。本次测试共发放问卷 500 份，回收问卷 452 份，有效问卷 421 份，如图 7-3 所示。

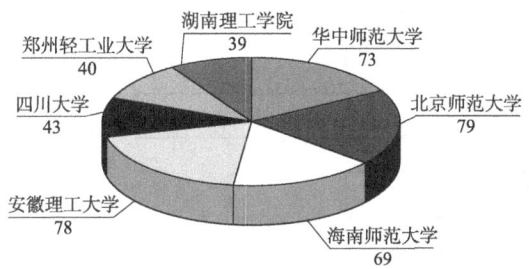

图 7-3　大学生第一次问卷调查学生人数分布

（4）通过发放《大学生个性化体质健康心理指标学生调查问卷（第二轮）》，对全国七个省、直辖市的大学生进行第二次问卷调查，测试对象共计 500 人，涉及学校包括华中师范大学、北京师范大学、海南师范大学、安徽理工大学、四川大学、郑州轻工业学院、湖南理工学院七所大学。本次测试共发放问卷 500 份，回收问卷 437 份，有效问卷 414 份，如图 7-4 所示。

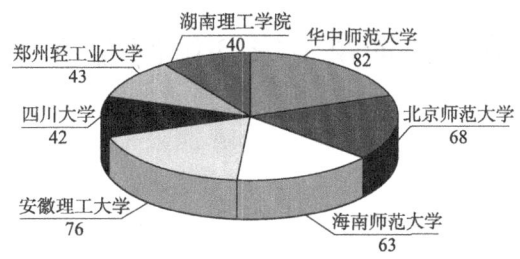

图 7-4　大学生第二次问卷调查学生人数分布

三、数理统计法

整理两轮专家调查问卷和两轮学生调查问卷，将调查数据输入计算机。通过 Excel 软件进行资料统计，并用 SPSS、LISRELS 等统计软件进行数据分析。

第3节 研究技术路线

研究技术路线如图 7-5 所示。

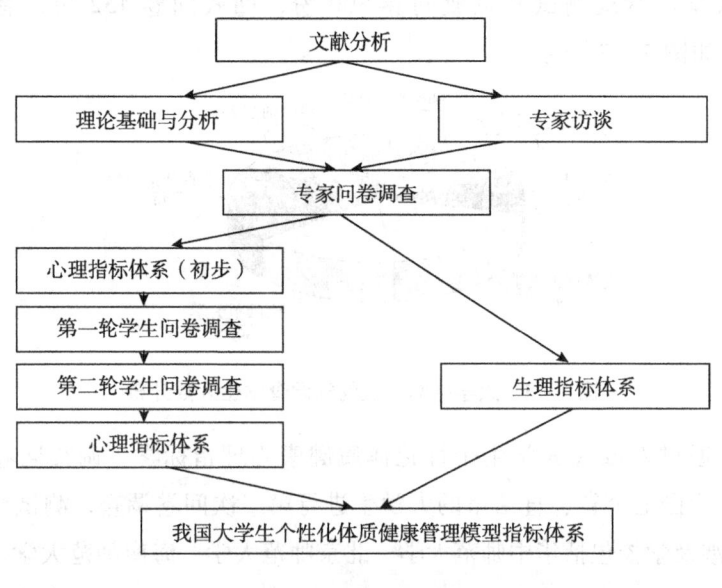

图 7-5 技术路线

第4节 访谈及专家初试问卷条目确定

一、访谈

1. 访谈基本信息

本研究采用了非结构式访谈，分别对湖北、四川、北京、海南、安徽、云南和湖南等地的心理学和生理学专家进行了访谈。其中，访谈生理学专家10名，心理学专家10名，全部访谈都是在被访者办公室中进行，访谈内容均使用录音笔进行录音。

本次访谈编制成两份提纲，分别为《大学生个性化体质健康管理模型研究访谈提纲（生理类A）》《大学生个性化体质健康管理模型研究访谈提纲（生理类B）》《大学生个性化体质健康管理模型研究访谈提纲（心理类A）》和《大学生个性化体质健康管理模型研究访谈提纲（心理类B）》。其中，A提纲为访谈者用提纲，B提纲为专家用提纲（具体访谈提纲见附录）。

2. 生理学专家访谈结果分析

专家们一致认为，大学生的学习负担明显加重，就业压力与日俱增，加上学校的卫生监督工作也存在一定问题，这些因素使得大学生的体质每况愈下，身体健康受到严重威胁。具体可以参见2010年国民体质监测数据。相比2005年监测数据，2010年我国19~22岁大学生的爆发力、力量、耐力等身体素质指标进一步呈下降趋势。

专家们一致认为，目前我国大学生身体健康标准主要依据的是《国家学生体质健康标准》，该标准从身体形态、生理机能、身体素质与运动能力发展水平来评估。具体指标包括：身高、标准、体重、肺活量体重指数、1000米跑（男）、800米跑（女）、台阶试验、坐位体前屈、掷实心球、仰卧起坐（女）、引体向上（男）、握力体重指数、50米跑、立定跳远、跳绳、篮球运球、足球运球和排球垫球。

部分专家提出在大学生身体健康标准中缺少一些生化指标，如血糖、血红蛋白、血脂、血乳酸、血尿素、红细胞、白细胞、血小板、心电图等。

专家们一致认为重要的指标还有：身高、体重、肺活量、脉搏、力量、柔韧、耐力。近年来，在常被用于监测或者研究大学生体质的生理指标中，这些指标被运用得最多，且从各个方面基本上反映身体的健康状况。

大多数专家明确表示，他们对个性化体质健康不太了解，目前个性化体质健康没有明确的定义。专家们一致认为，目前健康管理的研究较多，而且是一个非常热门的研究课题。

3. 心理学专家访谈结果分析

专家们一致认为，学业问题、情绪问题、人际关系问题、焦虑问题、情感问题、性健康、特殊群体心理和适应性问题是目前大学生中普遍存在的心理健康问题。

专家们一致认为，心理健康标准的量表很多，这些量表是国内外学者在广泛的人群调查和实践中得到的，但是量表中有很多指标不适合大学生，也有很多指标是大学生所特有的却没有被包含。

专家们一致认为重要的指标有：乐观向上、自信、注意力集中、坚持性、自立、自尊、协作、责任感、稳定性、有恒性、独立性、应变能力、人际沟通、团队精神、协作意识、抗挫折能力、自我学习。

二、专家初试条目确定

根据专家访谈录音转录的文字文档选择4人进行提取指标的工作，指标提取之后再结合理论分析，经过4位熟悉生理和心理的专家（各两位）进行评审和修订，共提取相关指标374个。4位专家对这374个关键指标进行概化和合并后，共得到96个指标，其中，生理指标20个，心理指标57个，社会适应指标19个。由于在体育学界，学者们一致认为社会适应是心理健康的一个维度，本研究将社会适应指标纳入心理指标进行后续研究（见表7-1、表7-2、表7-3）。

表7-1 专家概化、合并后的生理指标

编号	指标	编号	指标
A1	身高	A11	耐力
A2	体重	A12	血糖
A3	呼吸	A13	血红蛋白
A4	脉搏	A14	血脂
A5	体温	A15	血乳酸
A6	血压	A16	血尿素
A7	睡眠	A17	红细胞
A8	皮肤	A18	白细胞
A9	力量	A19	血小板
A10	柔韧	A20	心电图

表7-2 专家概化、合并后的心理指标

编 号	指 标	编 号	指 标
B1	积极自我评价	B30	贡献
B2	生活积极	B31	目标明确
B3	乐观向上	B32	目标现实
B4	安全感	B33	自我实现
B5	畏难	B34	学习成就感
B6	自信	B35	具有学习的能力
B7	不逃避	B36	创造性
B8	合作与竞争	B37	学习兴趣
B9	果断性	B38	决策
B10	顽强性	B39	乐于工作并从中得到满足感
B11	意志力	B40	活动性
B12	自制力	B41	社交性
B13	冲动性	B42	冒险性
B14	情绪变化	B43	冲动性
B15	情绪低落	B44	表露性
B16	自卑	B45	责任感
B17	容易焦虑	B46	乐群性
B18	良好的心境	B47	稳定性
B19	注意力集中	B48	敢为性
B20	坚持性	B49	有恒性
B21	自觉性	B50	独立性
B22	精力	B51	自律性
B23	自知之明	B52	观察力
B24	自我意识	B53	记忆力
B25	悦纳自己	B54	想象力
B26	自立	B55	思考力
B27	自尊	B56	操作能力
B28	合作与交往	B57	理智性
B29	面对、接受、适应现实		

表7-3 专家概化、合并后的社会适应指标

编 号	指 标	编 号	指 标
C1	社会角色	C11	拼搏精神
C2	社会约束	C12	冒险精神
C3	民主意识	C13	团队精神
C4	信息收集	C14	协作意识
C5	信息鉴别	C15	抗挫折能力
C6	应变能力	C16	竞争手段
C7	生存能力	C17	协作能力
C8	人际沟通	C18	自我学习
C9	互动状态	C19	生活方式
C10	竞争意识		

第5节 第一轮专家问卷调查

一、测试对象与分析方法

1. 测试对象

调查对象是我国大学生生理和心理健康专家，调查专家共计28人，其中，湖北省14人，四川省2人，北京市1人，海南省4人，河南省2人，安徽省3人，湖南省1人，云南省1人。其中，大学生生理学专家14人，大学生心理学专家14人。测试专家具体分布如表7-4所示。生理学专家对生理指标进行甄选，心理学专家对心理健康指标进行甄选。

表 7-4 测试专家具体分布情况

地　区	专家类型	人　数
湖北省	生理学	5
	心理学	9
四川省	生理学	2
北京市	心理学	1
云南省	心理学	1
湖南省	生理学	1
安徽省	生理学	2
	心理学	1
海南省	生理学	2
	心理学	2
河南省	生理学	2

2. 分析方法

本次专家问卷调查分析运用问卷调查与数理分析法进行研究。其中调查问卷运用本研究自行编制的《大学生个性化体质健康管理生理指标甄选专家问卷（第一轮）》和《大学生个性化体质健康管理心理指标甄选专家问卷（第一轮）》。数理分析指通过对初测量表得到的数据进行各测试条目的可靠性分析，删除不可靠题项，保留可靠题项。本研究项目主要通过信度分析和区分度分析进行数据分析。

第一，信度分析。本研究进行的信度分析主要通过测试量表的内部一致性来实现，采用的方法是分别计算各个维度的科隆巴赫 α 系数。如果维度的科隆巴赫 α 系数达到 0.70 以上则保留，否则将被删除。

第二，区分度分析。本研究运用计算标准差的方法进行区分度分析，该分析主要查看被试所填量表题项的分散程度，标准差越大则题项对于不同被试的区分度就越大。本研究的标准是保留标准差大于 1 或者无限接近于 1 的题项。

二、信度分析

从表 7-5 可以看出，各个维度的科隆巴赫 α 系数均大于 0.70，两个维度

的科隆巴赫 α 系数分别为 0.89 和 0.95，问卷整体信度科隆巴赫 α 系数为 0.96。这说明该初测问卷各个维度的信度和整体信度颇佳。

表 7-5 专家初测问卷各维度科隆巴赫 α 系数

维　度	被试人数	题项数目	α 系数
生理健康	14	20	0.89
心理健康	14	76	0.95
总　体	14/14	96	0.96

三、描述性统计与区分度分析

对收回的 28 份问卷（生理、心理各 14 份）的各题项进行描述性统计分析，结果见表 7-6。通过表 7-6 可以看出，社会角色、社会约束和竞争意识的标准差均小于 1，说明其区分度较差，故删除这三个题项。

表 7-6 第一次专家调查问卷描述性统计结果

项　目	N	极小值	极大值	均　值	标准差
身高	14	2	5	3.79	1.188
体重	14	1	5	3.57	1.555
呼吸	14	1	5	3.36	1.550
脉搏	14	1	5	3.50	1.454
体温	14	1	5	2.50	1.557
血压	14	1	5	3.29	1.590
睡眠	14	1	5	3.36	1.550
皮肤	14	1	5	2.64	1.499
力量	14	2	5	3.71	1.326
柔韧	14	2	5	3.71	1.204
耐力	14	1	5	3.71	1.383
血糖	14	1	5	3.07	1.592
血红蛋白	14	1	5	3.07	1.492
血脂	14	1	5	2.79	1.578
血乳酸	14	1	5	2.29	1.490
血尿素	14	1	5	2.50	1.506
红细胞	14	1	5	2.64	1.550

续表

项　目	N	极小值	极大值	均　值	标准差
白细胞	14	1	5	2.64	1.550
血小板	14	1	5	2.07	1.439
心电图	14	1	5	2.29	1.326
积极自我评价	14	1	5	3.50	1.286
生活积极	14	1	5	3.79	1.477
乐观向上	14	1	5	3.57	1.697
安全感	14	1	5	3.36	1.151
畏难	14	1	5	3.07	1.639
自信	14	1	5	3.86	1.351
不逃避	14	1	5	2.93	1.385
合作与竞争	14	1	5	3.50	1.454
果断性	14	1	5	3.07	1.207
顽强性	14	1	5	3.29	1.383
意志力	14	1	5	2.71	1.383
自制力	14	2	5	3.79	1.051
冲动性	14	1	5	3.00	1.414
情绪变化	14	1	5	2.93	1.207
情绪低落	14	1	5	2.79	1.578
自责自卑	14	1	5	2.79	1.122
容易焦虑	14	1	5	3.14	1.231
良好的心境	14	1	5	3.36	1.393
注意力集中	14	2	5	3.79	1.188
坚持性	14	1	5	3.21	1.424
自觉性	14	1	5	3.14	1.351
精力	14	1	5	3.29	1.267
自知之明	14	1	5	3.00	1.359
自我意识	14	1	5	3.07	1.141
悦纳自己	14	1	5	3.00	1.109
自立	14	1	5	3.43	1.399
自尊	14	1	5	3.07	1.385
合作与交往	14	1	5	3.36	1.499

续表

项　目	N	极小值	极大值	均　值	标准差
面对、接受、适应现实	14	1	5	2.93	1.269
贡献	14	1	4	2.36	1.082
目标明确	14	1	5	3.14	1.406
目标现实	14	1	5	3.14	1.099
自我实现	14	1	4	2.93	1.141
学习成就感	14	1	5	3.14	1.167
具有学习的能力	14	1	5	2.86	1.562
创造性	14	1	5	3.57	1.342
学习兴趣	14	2	5	3.57	1.016
决策	14	1	5	3.71	1.437
乐于工作并从中得到满足感	14	1	5	3.50	1.401
活动性	14	1	5	3.43	1.505
社交性	14	1	5	3.57	1.342
冒险性	14	1	5	2.43	1.342
冲动性	14	1	5	2.43	1.342
表露性	14	1	5	2.71	1.267
理智性	14	1	5	3.14	1.351
责任感	14	1	5	3.57	1.284
乐群性	14	1	5	3.71	1.204
稳定性	14	1	5	3.50	1.401
敢为性	14	1	5	3.14	1.460
有恒性	14	1	5	3.57	1.453
独立性	14	1	5	3.07	1.439
自律性	14	1	5	2.86	1.351
观察力	14	1	5	3.36	1.216
记忆力	14	1	5	3.29	1.204
想象力	14	1	5	3.36	1.216
思考力	14	1	5	3.71	1.139
操作能力	14	1	5	3.14	1.460
社会角色	14	2	5	3.14	0.663

续表

项　目	N	极小值	极大值	均　值	标准差
社会约束	14	1	4	2.86	0.949
民主意识	14	1	5	3.14	1.562
信息收集	14	1	5	2.64	1.598
信息鉴别	14	1	5	3.00	1.519
应变能力	14	1	5	3.50	1.286
生存能力	14	1	5	3.64	1.447
人际沟通	14	1	5	3.57	1.555
互动状态	14	1	5	3.07	1.141
竞争意识	14	2	5	3.43	0.938
拼搏精神	14	1	5	3.64	1.336
冒险精神	14	1	5	3.36	1.008
团队精神	14	1	5	3.36	1.646
协作意识	14	1	5	3.57	1.505
抗挫折能力	14	1	5	3.93	1.385
竞争手段	14	2	5	3.29	1.069
协作行为	14	1	5	3.29	1.204
自我学习	14	1	5	3.14	1.562
生活方式	14	1	5	3.07	1.730

根据专家意见问卷修改情况如下：

（1）A3 呼吸修改为肺活量；

（2）B5 畏难改为不畏难；

（3）B16 自卑改为自责；

（4）B30 贡献改为协作能力；

（5）B32 目标现实改为现实理性；

（6）B47 稳定性改为情绪稳定；

（7）社会适应指标中增加社会支持。

第6节 第二轮专家问卷调查

一、测试对象与分析方法

1. 测试对象

调查对象是我国相关大学生生理和心理健康专家,调查专家共计 28 人。其中,湖北省 14 人,四川省 2 人,北京市 1 人,海南省 4 人,河南省 2 人,安徽省 3 人,湖南省 1 人,云南省 1 人。其中,大学生生理学专家 14 人,心理学专家 14 人。测试专家具体分布如表 7-7 所示。

表 7-7 测试专家分布情况

地 区	专家类型	人 数
湖北省	生理学	5
	心理学	9
四川省	生理学	2
北京市	心理学	1
云南省	心理学	1
湖南省	生理学	1
安徽省	生理学	2
	心理学	1
海南省	生理学	2
	心理学	2
河南省	生理学	2

2. 分析方法

本次专家问卷调查分析运用问卷调查与数理分析法进行研究。其中,调查问卷运用本研究自行编制的《大学生个性化体质健康生理指标甄选专家问卷(第二轮)》和《大学生个性化体质健康心理指标甄选专家问卷(第二轮)》。数理分析指通过对初测量表得到的数据对各测试条目的可靠性进行分析,删除不可靠题项,保留可靠题项。本研究项目分析主要通过信度分析和保留条目进行数据分析。

第一,信度分析。本研究进行的信度分析主要通过测试量表的内部一致性来实现,采用的方法是分别计算各个维度的科隆巴赫 α 系数。如果维度的科隆巴赫 α 系数达到 0.70 以上则保留,否则将被删除。

第二,保留条目。生理指标,本研究选择专家平均打分大于 3.9 的条目为正式初测问卷的条目,心理指标选择专家平均打分大于 4.0 的条目为正式初测问卷的条目。

二、信度分析

从表 7-8 可以看出,各个维度的科隆巴赫 α 系数均大于 0.70,两个维度的科隆巴赫 α 系数分别为 0.89 和 0.97,问卷整体信度科隆巴赫 α 系数为 0.97。这说明该初测问卷各个维度的信度和整体信度颇佳。

表 7-8 专家第二次问卷各维度科隆巴赫 α 系数

维 度	被试人数	题项数目	α 系数
生理健康	14	20	0.89
心理健康	14	75	0.97
总 体	14/14	95	0.97

三、描述性统计

对收回的 28 份问卷(生理和心理各 14 份)各题项进行描述性统计分析,结果见表 7-9。表中生理指标平均值大于 3.9 和心理指标平均值大于 4.0 的条目,共 24 个,分别是:身高、体重、肺活量、脉搏、力量、柔韧、耐力、乐观向上、自信、注意力集中、坚持性、自立、自尊、协作能力、责任感、情绪稳定、有恒性、独立性、应变能力、人际沟通、团队精神、协作意识、抗挫折能力、自我学习(其中,生理健康指标 7 项,心理健康指标 17 项)。

表 7-9 第二次专家调查问卷描述性统计结果

项 目	N	极小值	极大值	均 值	标准差
身高	14	2	5	3.93	1.072
体重	14	2	5	4.14	1.027
肺活量	14	1	5	4.00	1.301
脉搏	14	2	5	4.29	0.914

续表

项 目	N	极小值	极大值	均 值	标准差
体温	14	1	5	2.79	1.672
血压	14	1	5	3.43	1.453
睡眠	14	1	5	3.00	1.569
皮肤	14	1	5	2.14	1.460
力量	14	2	5	4.14	0.949
柔韧	14	2	5	4.07	1.141
耐力	14	2	5	4.07	1.141
血糖	14	1	5	2.79	1.718
血红蛋白	14	1	5	2.64	1.598
血脂	14	1	5	2.71	1.729
血乳酸	14	1	5	2.57	1.651
血尿素	14	1	5	2.64	1.598
红细胞	14	1	5	2.64	1.499
白细胞	14	1	5	2.43	1.651
血小板	14	1	5	2.36	1.598
心电图	14	1	5	2.64	1.550
积极自我评价	14	2	5	3.79	1.122
生活积极	14	2	5	3.79	1.122
乐观向上	14	2	5	4.07	0.997
安全感	14	1	5	3.71	1.069
不畏难	14	1	5	3.57	1.222
自信	14	2	5	4.21	0.975
不逃避	14	2	5	3.50	1.019
合作与竞争	14	2	5	3.71	0.994
果断性	14	1	5	3.36	1.447
顽强性	14	1	5	3.21	1.369
意志力	14	1	5	3.14	1.562
自制力	14	1	5	3.71	1.267
冲动性	14	1	5	2.50	1.506
情绪变化	14	1	5	2.57	1.284
情绪低落	14	1	5	3.07	1.328
自责	14	1	5	2.71	1.326

续表

项　目	N	极小值	极大值	均　值	标准差
容易焦虑	14	1	5	3.00	1.414
良好的心境	14	1	5	3.64	1.447
注意力集中	14	3	5	4.43	0.756
坚持性	14	3	5	4.25	0.754
精力充沛	14	1	5	3.50	1.286
自知之明	14	1	5	3.36	1.393
自我意识	14	1	5	3.64	1.216
悦纳自己	14	1	5	3.57	1.505
自觉性	14	1	5	3.36	1.499
自立	14	3	5	4.07	0.829
自尊	14	2	5	4.42	0.900
合作与交往	14	1	5	3.50	1.345
现实理性	14	1	5	3.50	1.160
协作能力	14	2	5	4.00	1.000
目标明确	14	2	5	3.86	0.864
现实理性	14	1	4	3.29	0.825
自我实现	14	1	5	3.00	1.177
学习成就感	14	1	5	3.64	1.216
学习能力	14	2	5	3.79	0.975
创造性	14	1	5	3.29	1.383
学习兴趣	14	2	5	3.79	0.975
决策	14	1	5	3.21	1.369
乐于工作并从中得到满足感	14	1	5	3.36	1.151
活动性	14	1	5	3.14	1.167
社交性	14	1	5	3.14	1.167
冒险性	14	1	5	3.21	1.424
冲动性	14	1	5	2.50	1.506
表露性	14	1	5	2.79	1.369
理智性	14	1	5	3.57	1.399
责任感	14	2	5	4.07	0.997
乐群性	14	1	5	3.57	1.399
情绪稳定	14	3	5	4.25	0.754

续表

项　目	N	极小值	极大值	均　值	标准差
敢为性	14	1	5	3.43	1.399
有恒性	14	1	5	4.00	1.154
独立性	14	2	5	4.08	0.996
自律性	14	1	5	3.43	1.453
观察力	14	2	5	3.79	1.051
记忆力	14	2	5	3.79	1.251
想象力	14	1	5	3.36	1.216
思考力	14	1	5	3.43	1.284
操作能力	14	1	5	3.43	1.342
民主意识	14	1	5	3.21	1.188
信息收集	14	1	5	3.50	1.092
信息鉴别	14	2	5	3.93	0.917
应变能力	14	2	5	4.07	0.829
生存能力	14	1	5	3.57	1.342
人际沟通	14	3	5	4.29	0.825
互动状态	14	2	5	3.57	0.938
拼搏精神	14	2	5	3.50	0.941
冒险精神	14	1	5	3.29	1.204
团队精神	14	3	5	4.29	0.726
协作意识	14	1	5	4.00	1.038
抗挫折能力	14	3	5	4.21	0.893
竞争手段	14	1	5	3.29	1.204
协作行为	14	2	5	3.86	1.027
自我学习	14	2	5	4.08	1.115
生活方式	14	1	5	3.21	1.251
社会支持	14	2	5	3.86	0.770

四、小　结

根据专家的意见，将七项生理指标分为三个维度，分别是人体形态、生理机能和身体素质与运动能力发展水平，如表7-10所示。

表 7-10　生理指标维度

一级指标	二级指标
人体形态	身高
	体重
生理机能	肺活量
	脉搏
身体素质与运动能力发展水平	柔韧
	力量
	耐力

根据专家的意见，将17项心理健康指标分为三个维度，分别是自我维度、处事维度和人际维度，如表7-11所示。

表 7-11　心理指标维度

一级指标	二级指标
自我	自尊
	自信
	自立
	独立性
	乐观向上
	自我学习
人际	团队精神
	人际沟通
	协作意识
	协作能力
处事	注意力集中
	坚持性
	有恒性
	情绪稳定
	责任感
	抗挫折能力
	应变能力

第7节 心理健康指标部分项目分析

一、测试对象与分析方法

1. 测试对象

通过理论分析和访谈构建《我国大学生个性化体质健康心理指标学生调查问卷（第一轮）》，对全国七个省、直辖市的大学生进行第一次问卷调查，测试对象共计500人，涉及学校包括华中师范大学、北京师范大学、海南师范大学、安徽理工大学、四川大学、郑州轻工业学院、湖南理工学院七所大学。本次测试共发放问卷500份，回收问卷452份，有效问卷421份，问卷回收率90.40%，问卷有效率93.14%。删除无效问卷后，被调查学校学生情况如表7-12所示。

表7-12 第一轮被试学校学生情况一览表

学　　校	人　　数
华中师范大学	73
北京师范大学	79
海南师范大学	69
安徽理工大学	78
四川大学	43
郑州轻工业学院	40
湖南理工学院	39
合　　计	421

2. 分析方法

本次项目分析运用问卷调查与数理分析法进行研究。调查问卷运用本研究自行编制的《大学生个性化体质健康心理指标学生调查问卷（第一轮）》。项目数理分析指通过对初测量表得到的数据分析各测试条目的可靠性，删除不可靠题项，保留可靠题项。本研究项目主要通过信度分析、区分度分析、题总相关与题他相关分析和结构效度检验的方法进行数据分析。

第一，信度分析。信度（reliability）即可靠性，它是指采用同样的方法对同一对象重复测量时所得结果的一致性程度。本研究信度分析通过测试量表的内部一致性来实现，采用的方法是计算各个维度的科隆巴赫 α 系数。如果该维度的科隆巴赫 α 系数达到 0.70 以上则保留，否则将被删除。

第二，区分度分析。本研究运用计算标准差的方法进行区分度分析，该分析主要查看被试所填量表题项的分散程度，标准差越大则题项对于不同被试的区分度就越大。本研究的标准是保留标准差大于 1 或者无限接近于 1 的题项。

第三，题总相关与题他相关分析。题总相关是指在同一维度中某一个题项的得分与删除该题项后本维度的总得分之间的相关系数，如果该相关系数小于 0.30，则删除该题项；题他相关是指某一维度中的题项与其他维度的总分之间的相关，当题他相关大于题总相关时，则说明该题项未测试到需要测试的维度，这时就需要考虑根据实际情况转维或者删除该题项。

第四，结构效度检验。结构效度是指一个测验实际测到所要测量的理论结构和特质的程度，或者说它是指测验分数能够说明心理学理论的某种结构或特质的程度；是指实验与理论之间的一致性，即实验是否真正测量到假设（构造）的理论。通过探索性因素分析的方法进行结构效度的检验，主要用于考查每个题项对于解释和表现每一个维度的变异系数；同时通过探索性因素分析对每一个题项进行归类和分析。

二、描述性统计与信度分析

对 421 份有效问卷各题项进行描述性统计分析，结果见表 7-13。

表 7-13　初测量表各题项描述性统计

题项	N	极小值	极大值	均值	标准差
自尊	421	1	7	5.84	1.127
自信	421	1	7	5.44	1.115
自立	421	1	7	5.51	1.196
独立性	421	1	7	5.38	1.117
乐观向上	421	1	7	5.59	1.199
自我学习	421	1	7	5.11	1.312
团队精神	421	1	7	5.40	1.158

续表

题 项	N	极小值	极大值	均 值	标准差
人际沟通	421	2	7	5.51	1.090
协作意识	421	1	7	5.43	1.070
协作能力	421	1	7	5.27	1.092
情绪稳定	421	1	7	4.95	1.250
注意力集中	421	1	7	5.12	1.138
坚持性	421	2	7	5.22	1.189
有恒性	421	1	7	5.15	1.195
责任性	421	1	7	5.60	1.101
抗挫折能力	421	1	7	5.33	1.108
应变能力	420	1	7	5.33	1.128

从表 7-14 可以看出，各个维度的科隆巴赫 α 系数均大于 0.70，三个维度的科隆巴赫 α 系数分别为：0.79，0.79 和 0.83，问卷整体信度为 0.90。因此，该初测量表的各个维度及整体问卷的信度颇佳。

表 7-14　初测量表各维度科隆巴赫 α 系数

维 度	被试人数	题项数目	α 系数
自我	421	6	0.79
人际	421	4	0.79
处事	421	7	0.83
整体信度	421	17	0.90

三、区分度分析

通过表 7-13 可以看出，所有条目的标准差测试结果都大于 1，故通过区分度分析没有需要删除的条目。

四、题总相关与题他相关分析

通过对初测量表进行题总相关检验发现，所有题项与本维度的总得分之间的相关系数都大于 0.30；题他相关检验发现每一个题项与本维度的相关系数均大于与其他维度的相关系数。故通过题总题他检验后没有需要删除的条目。

五、探索性因素分析

本研究结构效度分析采用探索性因素分析（Exploratory Factor Analysis, EFA）的方法进行，该方法是一项用来找出多元观测变量的本质结构，并进行降维处理的技术，能够将具有错综复杂关系的变量综合为少数几个核心因子。对于主因子分析法来说，不存在异常值、等距值、线形值、多变量常态分配以及正交性等情况。研究通过该方法检验问卷的结构效度，并对心理健康指标进行进一步的综合和解释。

1. 第一次探索性因素分析

对初测量表数据运用主成分正交旋转对 17 个保留条目进行探索性因素分析。结果显示，KMO = 0.94（根据 1974 年学者 Kaiser 的观点 KMO 值大于 0.50 时适宜做因素分析）。巴特利特球体检验（Bartlett's Test of Sphericity）$p=0.00$，表明观测变量适合做因素分析（见表 7-15）。

表 7-15 第一次 KMO 和 Bartlett 检验

取样足够的 Kaiser – Meyer – Olkin 度量		0.935
巴特利特球体检验	近似卡方	2834.706
	df	136
	Sig.	0.000

通过正交旋转以后可以看出，特征值大于 1 的因素有三个，四个因素的特征值为 3.806、2.871、2.689，其解释变异量为 22.388%、16.888%、15.815%，累积贡献率为 55.091%（见表 7-16）。

表 7-16 第一次因素分析解释总方差

成分	初始特征值			提取平方和载入			旋转平方和载入		
	合计	方差 (%)	累积 (%)	合计	方差 (%)	累积 (%)	合计	方差 (%)	累积 (%)
1	7.021	41.303	41.303	7.021	41.303	41.303	3.806	22.388	22.388
2	1.317	7.745	49.048	1.317	7.745	49.048	2.871	16.888	39.276
3	1.027	6.043	55.091	1.027	6.043	55.091	2.689	15.815	55.091
4	0.852	5.010	60.100						
5	0.788	4.638	64.738						
6	0.674	3.964	68.702						

续表

成分	初始特征值			提取平方和载入			旋转平方和载入		
	合计	方差（%）	累积（%）	合计	方差（%）	累积（%）	合计	方差（%）	累积（%）
7	0.660	3.884	72.587						
8	0.633	3.726	76.313						
9	0.590	3.472	79.785						
10	0.554	3.256	83.041						
11	0.530	3.116	86.156						
12	0.466	2.744	88.900						
13	0.437	2.569	91.469						
14	0.417	2.455	93.924						
15	0.405	2.383	96.307						
16	0.356	2.095	98.403						
17	0.272	1.597	100.000						

注：提取方法为主成分分析。

从图7-6可以看出，从第三个因素后从陡坡变为平坦，平坦以后的因素去掉，取三个因素较为合适。

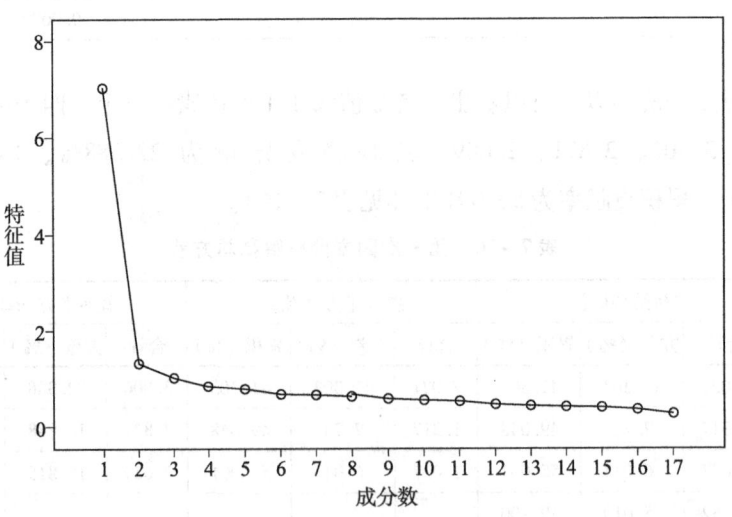

图7-6　碎石图-1

从表 7-17 可以看出,旋转后成分矩阵中出现两个双因子载荷(分别为乐观向上和责任性),即在两个条目上的载荷同时大于 0.4,因此应删除这些条目。

由于条目删除后因素结构也随之发生了变化,须再次进行探索性因素分析以检验量表的结构效度。

表 7-17 第一次因素分析旋转后成分矩阵

条 目	因素 1	因素 2	因素 3
自尊	-0.057	0.370	0.672
自信	0.324	0.362	0.581
自立	0.337	0.045	0.712
独立性	0.370	0.278	0.428
乐观向上	0.428	0.350	0.416
自我学习	0.645	0.116	0.218
团队精神	0.052	0.747	0.268
人际沟通	0.177	0.774	0.133
协作意识	0.341	0.667	0.200
协作能力	0.391	0.596	0.228
情绪稳定	0.624	0.346	-0.231
注意力集中	0.621	0.192	0.097
坚持性	0.728	0.041	0.322
有恒性	0.696	0.170	0.293
责任性	0.414	0.267	0.444
抗挫折能力	0.577	0.217	0.388
应变能力	0.499	0.354	0.363

注:提取方法为主成分分析法;旋转法为具有 Kaiser 标准化的正交旋转法;α 旋转在 12 次迭代后收敛。

2. 第二次探索性因素分析

对余下的 15 个条目继续采用主成分正交旋转进行探索性因素分析。结果显示 KMO = 0.922,巴特利特球体检验 $p = 0.00$,表明观测变量适合做因素分析,见表 7-18。

表 7-18 第二次 KMO 和 Bartlett 检验

取样足够的 Kaiser – Meyer – Olkin 度量		0.922
巴特利特球体检验	近似卡方	2399.333
	df	105
	Sig.	0.000

通过表 7-19 可以看出，正交旋转以后特征值大于 1 的因素有三个，四个因素的特征值为 3.597、2.699、2.228，其解释变异量为 23.978%、17.992%、14.852%，累积贡献率为 56.82%。

表 7-19 第二次因素分析解释总方差

成分	初始特征值			提取平方和载入			旋转平方和载入		
	合计	方差（%）	累积（%）	合计	方差（%）	累积（%）	合计	方差（%）	累积（%）
1	6.190	41.264	41.264	6.190	41.264	41.264	3.597	23.978	23.978
2	1.316	8.773	50.037	1.316	8.773	50.037	2.699	17.992	41.970
3	1.018	6.785	56.822	1.018	6.785	56.822	2.228	14.852	56.822
4	0.828	5.519	62.342						
5	0.745	4.964	67.305						
6	0.669	4.463	71.768						
7	0.624	4.159	75.927						
8	0.586	3.907	79.834						
9	0.547	3.646	83.479						
10	0.529	3.530	87.009						
11	0.478	3.184	90.193						
12	0.420	2.799	92.992						
13	0.410	2.731	95.723						
14	0.364	2.424	98.146						
15	0.278	1.854	100.000						

注：提取方法为主成分分析。

通过见图 7-7 可以看出，从第三个因素以后从陡坡变为平坦，平坦以后的因素去掉，取三个因素较为合适。

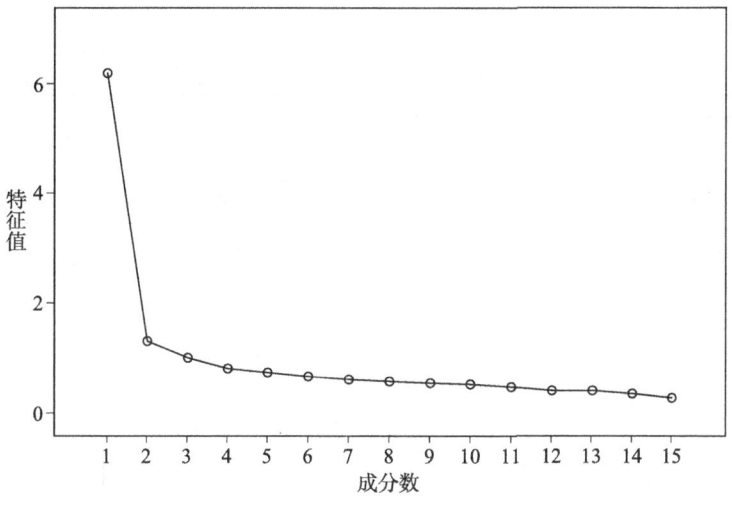

图 7-7 碎石图-2

通过表 7-20 可以看出旋转后成分矩阵中的全部条目都整齐地排列在不同的三个因素之下，因素 1 包含七个条目，因素 2 包含四个条目，因素 3 包含四个条目。因素 1 为处事，因素 2 为人际，因素 3 为自我。[1]

表 7-20　第二次因素分析旋转矩阵

条　目	因素 1	因素 2	因素 3
自尊	-0.027	0.360	0.694
自信	0.350	0.353	0.597
自立	0.374	0.042	0.710
独立性	0.388	0.270	0.434
团队精神	0.059	0.748	0.278
人际沟通	0.176	0.777	0.128
协作意识	0.343	0.679	0.160
协作能力	0.398	0.598	0.218
情绪稳定	0.604	0.342	-0.220
注意力集中	0.622	0.193	0.090
有恒性	0.712	0.184	0.253
坚持性	0.750	0.050	0.381

❶ 在问卷中原本属于"自我"维度的"自我学习"通过因素分析后被降维到"处事"维度。

续表

条 目	因素1	因素2	因素3
抗挫折能力	0.597	0.230	0.350
应变能力	0.513	0.359	0.334
自我学习	0.658	0.124	0.176

注：提取方法为主成分分析法；旋转法为具有 Kaiser 标准化的正交旋转法；α 旋转在 8 次迭代后收敛。

六、小 结

本部分通过《大学生个性化体质健康心理指标学生调查问卷（第一轮）》对专家确定的心理健康测试指标进行项目分析。

在理论分析和访谈的基础上，结合专家意见调查对理论分析和访谈中出现的关键事件进行归纳和概化后得到 96 个关键事件指标。其中，生理指标 20 个，心理指标 57 个，社会适应指标 19 个。

为了使心理健康初测量表的表面效度、逻辑效度和语言等方面更加合理，再次通过两轮专家问卷调查方式对问卷进行改进，最终得到 17 个题项的初测量表。

在实际施测过程中总共得到 421 份有效问卷，对数据进行了描述性统计分析、区分度分析、题他题总分析、信度检验和两次探索性因素分析后最终得到正式大学生个性化体质健康管理模型心理指标部分，并确定大学生个性化体质健康管理模型心理指标中包括三个维度，即自我、处事和人际。

第8节 大学生个性化体质健康心理指标检验及验证性因素分析

一、测试对象与分析方法

1. 测试对象

通过项目分析建立《大学生个性化体质健康心理指标学生调查问卷（第二轮）》，对全国七个省、直辖市的大学生进行第二次问卷调查，测试对象共计 500 人，涉及学校包括华中师范大学、北京师范大学、海南师范大学、安徽理工大学、四川大学、郑州轻工业学院、湖南理工学院七所大学。本次测试共发放问卷 500 份，回收问卷 437 份，有效问卷 414 份，问卷回收率 87.40%，问卷有效率 94.74%。删除无效问卷以后被调查者情况如表 7-21 所示。

表 7-21 初测量表被试情况一览表

学　校	人　数
华中师范大学	82
北京师范大学	68
海南师范大学	63
安徽理工大学	76
四川大学	42
郑州轻工业学院	43
湖南理工学院	40
合　计	414

2. 分析方法

研究中使用本研究编制的《大学生个性化体质健康心理指标学生调查问卷（第二轮）》，数理分析是通过探索性因素分析、验证性因素分析等方法对量表中的数据进行分析。主要包括：

（1）量表信度分析：本研究进行的信度分析主要通过测试量表的内部一致性和重测信度来实现，采用的方法是分别计算各个维度的科隆巴赫 α 系数。

（2）结构效度分析：通过探索性因素分析对实证研究中得到的心理健康指标数据进行分析，检验量表结构效度。

（3）验证性因素分析：使用结构方程模型验证心理健康指标数据模型，检验模型维度和结构与实际数据的拟合度。

3. 描述性统计

对回收的 414 份量表进行数据整理之后，为了进一步检查量表数据，对量表各题项进行了描述性统计分析（见表 7-22）。

表 7-22 实证研究大学生心理健康指标各题项得分描述性统计

指　标	N	极小值	极大值	均　值	标准差
团队精神	414	1	7	5.39	1.160
人际沟通	414	2	7	5.50	1.095
协作意识	414	1	7	5.43	1.071
协作能力	414	1	7	5.27	1.093
抗挫折能力	414	1	7	5.32	1.110
坚持性	414	2	7	5.21	1.193
有恒性	414	1	7	5.14	1.199
注意力集中	414	1	7	5.11	1.139
情绪稳定	414	1	7	4.97	1.239
应变能力	413	1	7	5.32	1.132
自我学习	414	1	7	5.12	1.315
自尊	414	1	7	5.84	1.134
自立	414	1	7	5.51	1.201
独立性	414	1	7	5.38	1.120
自信	414	1	7	5.59	1.105

二、量表信度和效度分析

1. 内部一致性信度

从表 7-23 可以看出，各维度的科隆巴赫 α 系数均大于 0.70，四个维度的科隆巴赫 α 系数分别为 0.70，0.79，0.83 和 0.89，说明该量表的各个维度和整体量表指标良好，绝对稳定和可靠。

表 7-23 心理指标各维度科隆巴赫 α 系数

维　度	被试人数	题项数目	α 系数
自我	414	4	0.70
人际	414	4	0.79
处事	414	7	0.83
整体信度	414	15	0.89

2. 重测信度

重测信度（Test-retest Reliability）指的是用同一量具对同一组被试施测两次或多次所得结果的一致程度，表示测验得分在不同时间的稳定程度。在本阶段研究中，湖北省共有两所高校的 50 名学生参加了重测信度的测试，时间间隔两周。共发放问卷 50 份，收回问卷 50 份，其中有效问卷 44 份。大学生个性化体质健康心理指标问卷重测信度检验结果详见表 7-24。从结果可见，全部维度和整体重测信度均高于 0.70，说明此量表具有较好的跨时间稳定性。

表 7-24　大学生个性化体质健康心理指标问卷重测信度

维度	被试人数	题项数目	重测信度
自我	44	4	0.72
人际	44	4	0.75
处事	44	7	0.70
整体信度	44	15	0.78

3. 结构效度分析

运用探索性因素分析对本量表的结构效度进行检验，采用抽取主成分正交旋转法对数据进行分析，结构显示：KMO = 0.922，巴特利特球体检验 $p = 0.000$。表明观测变量适合做因素分析，见表 7-25。

表 7-25　心理指标的 KMO 和 Bartlett 检验

取样足够的 Kaiser-Meyer-Olkin 度量		0.922
巴特利特球体检验	近似卡方	2 295.919
	df	105
	Sig.	0.000

通过表 7-26 可以看出，累积解释总方差达到了 56.218%，说明这三个因素可以解释绝大部分变异。

表7-26 心理指标的累积解释总方差

成分	初始特征值			提取平方和载入			旋转平方和载入		
	合计	方差（%）	累积（%）	合计	方差（%）	累积（%）	合计	方差（%）	累积（%）
1	6.126	40.840	40.840	6.126	40.840	40.840	3.820	25.468	25.468
2	1.306	8.709	49.550	1.306	8.709	49.550	2.880	19.198	44.666
3	1.000	6.668	56.218	1.000	6.668	56.218	1.733	11.552	56.218
4	0.829	5.524	61.742						
5	0.751	5.004	66.746						
6	0.665	4.432	71.178						
7	0.615	4.103	75.281						
8	0.599	3.991	79.272						
9	0.568	3.784	83.056						
10	0.533	3.552	86.607						
11	0.514	3.428	90.036						
12	0.435	2.898	92.933						
13	0.410	2.733	95.667						
14	0.367	2.450	98.117						
15	0.282	1.883	100.000						

注：提取方法为主成分分析。

通过图7-8也可看出从第三个因素以后曲线从陡坡变为平坦，平坦以后的因素去掉，取三个因素较为合适。

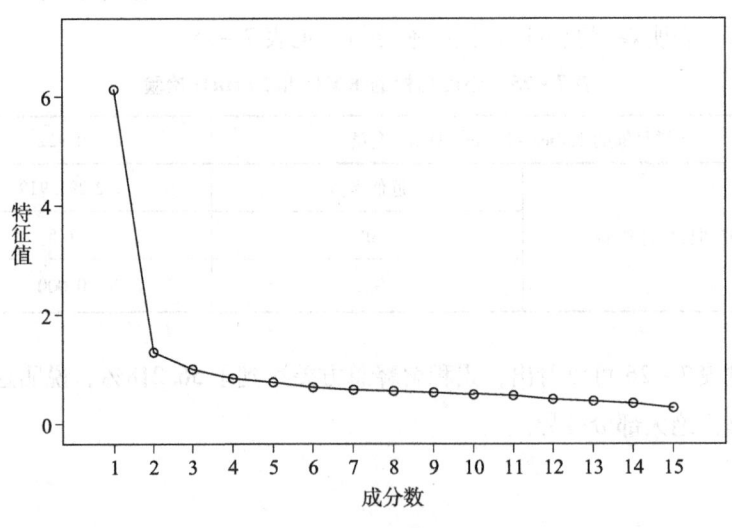

图7-8 碎石图-3

通过表 7-27 可以看出旋转后成分矩阵中的全部条目都整齐地排列在不同的三个因素之下,说明该量表具有良好的结构效度。

表 7-27 分析旋转矩阵

条 目	因素 1	因素 2	因素 3
团队精神	0.150	0.786	0.038
人际沟通	0.092	0.769	0.240
协作意识	0.314	0.669	0.236
协作能力	0.341	0.592	0.309
抗挫折能力	0.638	0.263	0.259
坚持性	0.776	0.076	0.325
有恒性	0.653	0.182	0.377
注意力集中	0.407	0.164	0.304
情绪稳定	0.756	0.211	0.138
应变能力	0.528	0.377	0.280
自我学习	0.554	0.103	0.393
自尊	-0.336	0.328	0.435
自立	-0.115	0.187	0.745
独立性	0.144	0.326	0.510
自信	0.069	0.349	0.602

注:提取方法为主成分分析法;旋转法为具有 Kaiser 标准化的正交旋转法;α 旋转在 7 次迭代后收敛。

三、验证性因素分析

本研究运用结构方程模型的方法进行验证性因素分析。结构方程模型 SEM (Structural Equation Modeling) 属于多变量统计,它结合了路径分析 (Path Analysis) 和因素分析 (Factor Analysis) 两种统计方法,并能同时检验模型中包含的显性变量、潜在变量、干扰和误差变量之间的各种关系。

结构方程模型可以立体地、多层次地展现驱动力分析。这种多层次的因果关系更符合真实的人类思维形式，这是传统回归分析无法做到的。SEM 根据不同属性的抽象程度将属性分成多层进行分析。结构方程模型分析可以将无法直接测量的属性纳入分析，如消费者忠诚度。这样就可以将数据分析的范围加大，尤其适合一些比较抽象的归纳性的属性。结构方程模型分析可以量化各属性之间的因果关系，使它们能在同一个层面进行对比，同时也可以使用同一个模型对各细分市场或各竞争对手进行比较。

结构方程模型是一种验证性的统计方法，通常必须有理论或经验法进行支持。结构方程模型中有两个基本的模型：测量模型（Measured Model）和结构模型（Structural Model）。测量模型在结构方程模型中即为验证性因素分析（Confirmatory Factor Analysis，CFA），验证性因素分析用于检测数个测量变量可以构成潜在变量的程度，以验证研究所提出的假设理论模型是否适切。

整体模型适配度分为三种：绝对适配度测量（Absolute Fit Measurement）、增值适配度测量（Incremental Fit Measurement）和简约适配度测量（Parsimonious Fit Measurement）。有专家学者认为，在进行模型适配度评估时，最好能同时考虑以上三种指标，以对模型的可接受度或拒绝产生共识的结果。

本研究采用的适配度指标见表 7-28。

表 7-28 验证性因素分析指标

类　　型	指　　标
绝对适配度指标	X^2/DF；GFI；AGFI；RMSEA
增值适配度指标	NFI；CFI；IFI
简约适配度指标	PGFI；AIC；CAIC

X^2/DF 小于 2.0 时，表示假设模型的适配度较佳（Carmines & Mclver，1981）；X^2/DF 大于 2.0 或 3.0 时，表示模型的拟合度不好，但可以接受；X^2/DF 大于 5.0，说明模型拟合度很差。

RMSEA 为残差均方和平方根（Root Mean Square Residual），一般而言，当 RMSEA 的数值高于 0.10 时，则假设模型的适配度欠佳；如数值在 0.08~0.10 则模型具有普通适配；在 0.05~0.08 表示模型具有良好适配；如果数值小于

0.05，则表示模型适配度非常好（Browne，Cudeck，1993）。

拟合优度指标（GFI）、调整拟合优度指标（AGFI）、比较拟合指数（CFI）、IFI 和 NFI 的数值大多介于 0~1，愈接近 1 表示适配度愈佳，愈小则表示假设模型契合度愈差。

在只关注假设模型契合度判别时，简约适配度指数（PGFI）两种指标的数值如果大于 0.50，表示假设理论模型可以接受。

AIC 和 CAIC 为信息效标。在判断假设模型是否可以接受时，通常的原则为理论模型的 AIC 和 CAIC 数值必须小于饱和模型以及独立模型对应值。

本研究进行结构方程模型统计软件为 AMOS 17.0，模型估计方法为极大似然法（Maximum Likelihood），矩阵为协方差矩阵，输入数据类型为原始数据，样本量为 414 人。

大学生个性化体质健康管理心理指标验证性因素分析结果见表 7-29。根据上述适配度指标解释，X^2/DF 为 1.76，表明拟合程度很好；RMSEA 的数值为 0.09，表明该模型具有普通适配。GFI、AGFT、NFI、CFI、IFI 指标的数值分别为 0.89、0.85、0.86、0.89 和 0.89，均达到适配度标准。PGFI 为 0.64，大于 0.50 的适配度标准。另外，AIC 和 CAIC 的数值也小于饱和模型和独立模型的对应值。

从表 7-29 可见，大学生个性化体质健康管理心理指标各项适配度指标均已达到标准。

表 7-29　大学生个性化体质健康管理心理指标拟合度指标（N=414）

拟合指数	X^2/DF	GFI	AGFI	RMSEA	NFI	CFI	IFI	PGFI	AIC	CAIC
	1.76	0.89	0.85	0.09	0.86	0.89	0.89	0.64	240.00	845.12

测量模型的标准化估计值模型如图 7-9 所示。各项目在相应维度上都有较高的载荷，表明三个维度的组成成分是该维度的有效指标，测量潜在维度是合适的。

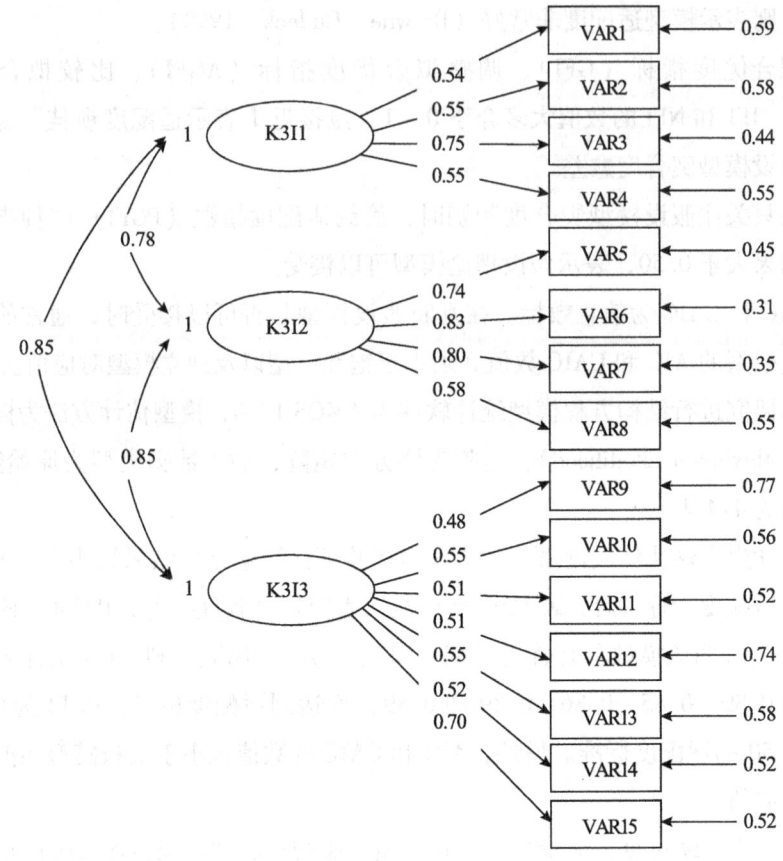

图7-9 标准化估计值模型

第9节 大学生个性化体质健康管理模型指标体系

本章通过理论分析与专家访谈建立《大学生个性化体质健康生理指标甄选专家问卷(第一轮)》和《大学生个性化体质健康生理指标甄选专家问卷(第二轮)》,开展两轮专家问卷调查,保留平均分大概3.9的条目,形成了大学生个性化体质健康管理模型中的生理指标部分。一共有七个指标,具体为身高、体重、肺活量、脉搏、力量、柔韧和耐力。根据专家的意见,将七项生理指标分为三个维度,分别是人体形态、生理机能和身体素质与运动能力发展水平。

通过理论分析与专家访谈建立《大学生个性化体质健康心理指标甄选专

家问卷（第一轮）》和《大学生个性化体质健康心理指标甄选专家问卷（第二轮）》，开展两轮专家问卷调查，形成了大学生个性化体质健康心理指标。通过对实证研究数据进行信度检验、结构效度检验发现大学生个性化体质健康心理指标信效度良好。通过验证性因素分析发现，大学生个性化体质健康心理指标各适配指标均达到了标准。同时，通过验证性因素分析发现，一阶三因子下的各项目在相应维度上都有较高的载荷，以此测量潜在维度是合适的。

研究表明，大学生个性化体质健康心理指标包括三个维度15个指标，分别是：自我维度，自尊、自信、自立、独立性；人际维度，团队精神、人际沟通、协作意识、协作能力；处事维度，注意力集中、坚持性、有恒性、情绪稳定、抗挫折能力、应变能力和自我学习。

综上所述，我国大学生个性化体质健康管理模型指标体系如表7-30所示。

表7-30 我国大学生个性化体质健康管理模型指标体系

一级指标	二级指标
人体形态	身高
	体重
生理机能	肺活量
	脉搏
身体素质与运动能力发展水平	柔韧
	力量
	耐力
自我	自尊
	自信
	自立
	独立性
人际	团队精神
	人际沟通
	协作意识
	协作能力
处事	注意力集中
	坚持性
	有恒性
	情绪稳定
	抗挫折能力
	应变能力
	自我学习

第8章 大学生个性化体质健康管理系统的设计与开发

第1节 研究目的与内容

本研究旨在构建大学生个性化体质健康管理指标体系的基础上，设计并开发出大学生个性化体质健康管理系统。具体内容包括大学生个性化体质健康管理系统的设计原则、可行性分析、结构功能模块、数据库设计、开发基础和开发环境、实现的技术路线。

第2节 系统的硬件配置和软件配置

大学生个性化体质健康管理系统融合了大学生健康管理模式的诸多要点，采用当今较为流行的系统开发工具与技术，以浏览器/服务器（B/S）为结构，开发基于Web技术的开放性应用程序，实现大学生个性化体质健康管理模型。在系统设计与开发过程中，应用Eclipse集成开发环境、Java语言和Access 2003数据库。利用大学生体质健康管理系统可以将学生的健康信息计算机化，形成电子健康档案，避免了人工管理中出现的各种弊端。通过健康干预和干预反馈让学生及时了解、更新、记录自己的健康信息，实现健康干预、个性化互助指导及常规化的健康教育，有效预防疾病的发生，为今后开展健康管理打下了基础，也为进一步分析研究积累研究数据。大学生个性化体质健康管理系统的硬件配置和软件配置如表8-1所示。

表8-1 大学生个性化体质健康管理系统的硬件和软件配置

系统配置		系统环境
硬件配置	网络环境	Internet 公共应用环境和网络平台； TCP/IP 协议
	数据库及 Web 服务器	1G 内存以上；80G 硬盘以上； 网卡；集线器
	客户端	512MB 以上内存；40G 以上硬盘；网卡
软件配置	程序开发环境	Eclipse 集成开发环境；Java 语言；JDK
	数据库平台	Access 2003 及以上
	Web 服务平台	Tomcat 6.18 及以上
	操作系统平台	Windows 2003 及以上

第3节 大学生个性化体质健康管理系统的设计原则和设计思想

一、大学生个性化体质健康管理系统的设计原则

1. 全面性原则

系统应全面记录信息。除了学生和专家的基本信息外，还应包括体质健康信息、健康干预、干预反馈、健康指南等。此外，因体质健康管理是干预—反馈—再干预—再反馈的过程，所以还应注意收集学生和专家的反馈信息，这样就为实现科学化、个性化的健康管理奠定了基础，为分析相关数据提供了依据。

2. 可行性原则

由于本系统的多样性、复杂性，在系统架构、数据库、中间件等方面要满足不同的应用功能。在软、硬件平台的选择上要考虑兼容性、协调性、互操作性，以保证系统能够最广泛地使用。采用当今较为流行的系统开发工具与技术，以浏览器/服务器（B/S）为结构开发体质健康管理系统，具有很强的实用性。目前，随着电脑的普及和互联网技术的高速发展，每个高校都拥有自己的计算机房和校园网，学生可以随时登录体质健康管理系统。本系统设计理念

具有人性化、操作界面美观化、操作方法简便化的特点,便于学生和专家使用。

3. 科学性原则

各个模块内的数据应该完整和准确。信息输入时需要设置控制措施防止信息的遗漏或重复。

4. 扩展性原则

在知识快速更新的时代,体质健康管理系统的应用环境、软硬件系统、相关的信息库都会不断更新,因此在系统整体规划及建设初期,必须考虑到系统的扩展性。体质健康管理系统除了基本信息、健康信息、健康干预、干预反馈、健康指南等模块外,还应该根据需要开发扩展性模块。系统应设置数据查询、修改、下载、备份等,防止数据流失或被损坏。

5. 保密性原则

体质健康管理系统中的信息属于个人隐私,因此在系统设计过程中,用户账户与密码要一一对应,学生和专家可通过账号和初始密码登录个人信息模块,并可修改初始密码。除健康管理人员外,用户间互不影响、数据互不流通,从而保证了用户的隐私及其信息的安全。

6. 交互性原则

系统信息可交互性程度高,系统的设计能更好地实现交互操作和信息共享,学生可对个人健康信息进行添加、修改、收集、咨询等管理,专家则可对其进行实时监控和指导。

7. 维护性原则

系统具有可维护性,有自动备份的功能,当文件被破坏时可恢复系统原有状态,保证数据资料文档的完整性;当系统需要发生改变时,应尽可能少地改变原有的操作方式。

8. 先进性与实用性原则

系统的先进性原则要求,能够采用先进的软件系统,使计算机技术在学生体质健康管理系统的构建与应用领域得以运用。系统的实用性,指用户操作方便,易学易用,并可以根据用户的习惯设置操作系统的帮助功能。

9. 智能化原则

智能化程度高,如系统能通过量表的评分标准自动套用相应的模板,作出对个人的基本评估。同时，系统还具备纠错能力，提高数据的准确性。还应设置系统智能提醒用户备忘，以便对健康数据作出判断和比较等。

10. 网络化管理原则

系统应具备完善的网络化管理功能，用户能够方便登录系统，通过网络实现对健康信息的查询、上传下载、修改、咨询、交流等操作。

二、大学生个性化体质健康管理系统的设计思想

大学生个性化体质健康管理系统的构建是一个集研究、设计、开发于一身的综合性实践过程。这种综合性表现在系统构建过程中人力资源构成、构建的理论依据以及开发技术手段。系统的构建理论涉及管理学、运筹学、非线性科学以及系统分析理论、系统设计理论、系统测量与评价理论等；在开发的技术手段中则综合运用了现代信息技术，如数据库技术、程序设计技术、网络应用连接技术、数据采编技术、文字与图形图像处理技术等。

具体设计思想体现在以下四个方面。

（1）本系统把多种学科的相关知识很好地融合在一起。在开发过程中，以管理为目的，以技术为手段，注意开发技术的综合应用。

（2）结构化的设计思想。在软件设计过程中，遵循结构化的设计原则，自顶向下，逐步求精，实现模块化。

（3）系统界面友好。使用户和管理员可随时随地登录网站完成体质检测。系统设计要做到界面友好，便于管理员和用户的使用。

（4）在本系统设计中遵循实用性原则，以解决实际需要为目的，力求主题突出，通俗易懂，操作简洁。

第4节　大学生个性化体质健康管理系统的可行性分析

一、需求可行性

大学生体质健康管理软件化是研究的必经之路。研发大学生个性化体质健康管理系统可以提高管理人员对学生体质健康信息的处理能力。此外，由于学

生体质健康管理具有持续性，需要一种专业高效的管理系统结合大学生体质健康管理模式来长期收集、评估他们的体质健康信息，起到预防为主、持续干预的管理目的。

由于学生数量庞大，如果对每一个个体都建立纸质健康档案，无论是建档还是后续追踪查询，不仅需要投入大量的人力和物力，还会造成个人健康信息难以查询、个人信息不连贯以及个人信息容易丢失这些现实问题。因此大学生体质健康档案需要借助更为高效、方便的体质健康档案信息网络系统才能管理。

二、技术可行性

采用当今较为流行的系统开发工具与技术，以浏览器/服务器（B/S）为结构，开发了基于 Web 技术的开放性应用程序，实现了大学生个性化体质健康管理模型。在系统设计与开发过程中，应用了 Eclipse 集成开发环境、Java 语言和 Access 2003 数据库。各高校都可以利用计算机房和校园网为系统的开发提供技术支撑。

三、操作可行性

学生可以随时通过校园网登录体质健康管理系统，查看自己的体质健康信息，并可通过健康干预得到即时的健康评估结果。学生们还可就某些问题在"健康反馈"中进行提问，由专家回答，具有很强的操作性。

第5节　大学生个性化体质健康管理系统的功能模块

本系统的设计采用多模块结构，按照软件工程中高内聚、低耦合的原则，每个模块设计开发并独立进行测试。本系统设计包括五大功能模块，即用户信息模块、健康信息模块、健康干预模块、干预反馈模块和健康指南模块。系统总体结构如图 8-1 所示。

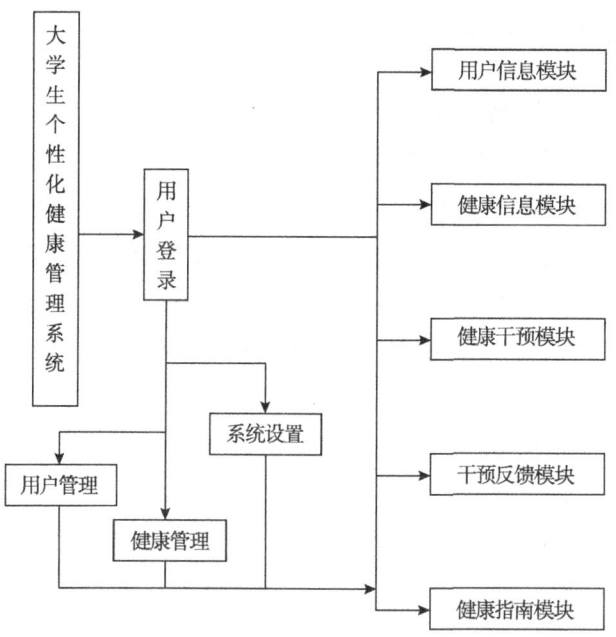

图 8-1 系统总体结构

一、用户登录界面

在用户登录界面中,用户分为管理员、专家和学生三种,通过输入不同用户类型的账号和密码来实现用户登录。以管理员身份登录后,除能实现学生和专家的所有功能外,还能对用户账号进行管理,对系统设置以及健康管理等进行具体操作。以学生身份或者专家身份登录后,可以查阅、修改基本信息,实现对应权限内的各种功能,具体登录界面如图 8-2 所示。

图 8-2 用户登录界面

二、用户信息模块

学生登录大学生个性化体质健康管理系统后，可以在本模块中修改基本资料以及登录密码，如图 8-3 所示。基本信息包括学生编号、姓名、学校、专业、学号、性别、民族、身高、体重、出生年月、籍贯、联系电话、地址、Email 等。这些内容均为统计查询提供了条件，每个项目都有系统默认的填写要求，不符合要求的资料会自动提示，并不会保存，直至学生按要求填写完全部必填内容后才能修改，并保存用户的基本信息。

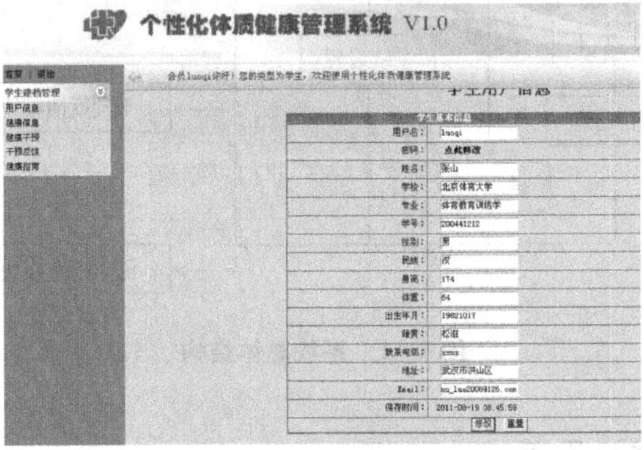

图 8-3　用户信息模块

三、健康信息模块

以大学生个性化体质健康管理模型为基础，体质健康信息模块主要记录每个学生的身高、体重、脉搏、力量、耐力、柔韧性、肺活量指标和自我、人际、处事指标的测试数据，如图 8-4 所示。

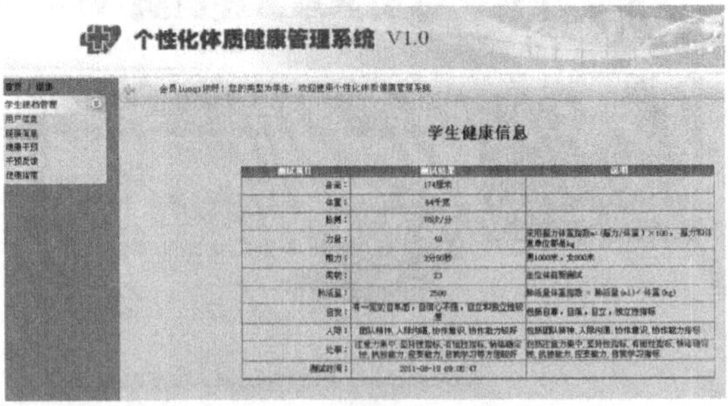

图 8-4　健康信息模块

四、健康干预模块

学生登录到大学生个性化体质健康管理系统后,可以在本模块中查看专家对学生的健康干预信息,包括对健康数据的评价以及提供的个性化运动处方、个性化心理咨询服务和个性化营养保健服务等,如图 8-5 所示。

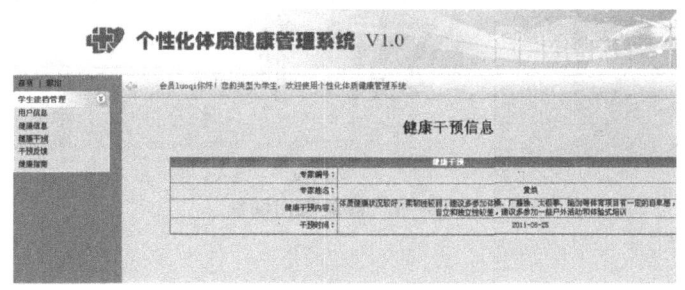

图 8-5 健康干预模块

五、干预反馈模块

学生登录大学生个性化体质健康管理系统后,可以在干预反馈模块中留言,专家会及时地答疑,为学生提供个性化的服务。学生查看健康干预信息,可以根据专家的意见进行科学的体育锻炼,如图 8-6 所示。

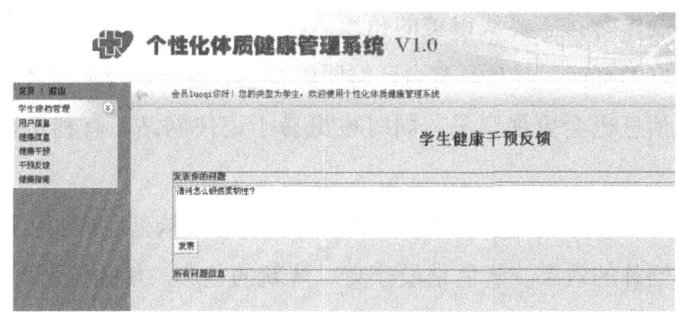

图 8-6 干预反馈模块

六、健康指南模块

此模块中包含了很多健康方面的知识,如一些健康小贴士、各科疾病、药典、营养膳食、运动健康、心理健康指南等,内容丰富。模块中的信息可以及时更新，不仅可以激发大学生对健康管理的兴趣，还可以及时地了解健康方面的信息，如图 8-7 所示。

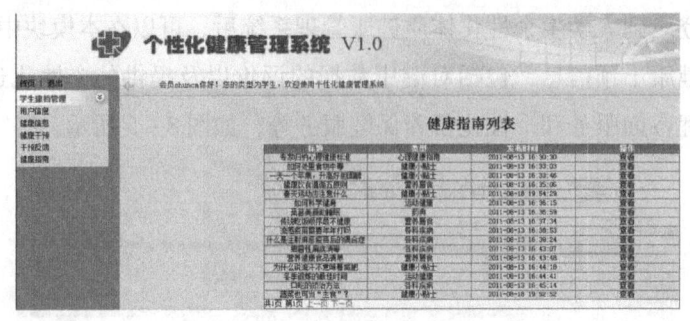

图 8-7 健康指南模块

第 6 节　大学生个性化体质健康管理系统的网页设计

大学生个性化体质健康管理系统采用 B/S 模式，主要以网页形式呈现，下面对网页设计进行简单说明。

一、网页颜色搭配和独特性

在网页制作时，需要从审美的角度入手，结合方便使用的要求，制作清晰、整体性好的页面，并且具有自己鲜明的特色，这样浏览起来才能使人心情愉快，接收信息也会更加容易，同时也更易于记住网站，有利于提升网站的形象。

大学生个性化体质健康管理系统网页中灰蓝色或淡蓝色的明色调组合具有令人平和、恬静的效果。蓝色是最凉爽、清新的色彩。使用淡蓝的配色设计，会使网页看起来诚实而直接。这种带着明色调的冷色可保持安宁、平和的感觉，它与白色混合，能体现柔顺与淡雅，像天空般浪漫的气氛。大学生个性化体质健康管理系统采用蓝色基调能给人带来柔和与清新的视觉效果，能给当今面临繁重学业压力的大学生以健康、放松和平静的感觉。

在网页的独特性上，我们主要采用了一些具有自身特色的网站的标志、图片、标准字体、标准色等，这样就把建设网站的理念融合到网页设计中去。

二、网页设计

在网页设计中，应该把美的形式规律与网页设计的具体要求结合起来。设计网页要求突出网站形象，页面用色协调，布局符合形式美，具有观赏性，而且要求层次分明，交互性强，满足使用者的需求，使用方便快捷。

第7节　大学生个性化体质健康管理系统的数据库设计

开发数据库应用系统时，数据库本身的设计是至关重要的，通常数据库设计质量的好坏直接影响到数据库应用系统的运行质量，而数据组织得是否得当正是数据库设计的关键所在。每一个数据库都是由多条记录组成的，各条记录之间的关系形成数据库的数据模型。本系统采用的是 Access 2003 数据库。

一、数据库设计原则

1. 标准化设计原则

数据的标准化和规范化。数据的标准化有助于消除数据库中的数据冗余。Third Normal Form（3NF）被认为在性能、扩展性和数据完整性方面达到了最好的平衡。

2. 字段设计原则

对类似于地址和电话字段采用多个字段和使用角色实体定义属于某类别的列。

3. 键设计原则

为关联字段创建外键，所有的键都必须唯一，避免使用复合键，外键总是关联唯一的键字段。使用系统生成的主键。可选键有时可作主键。

4. 索引使用原则

逻辑主键使用唯一的成组索引，对系统键（作为存储过程）采用唯一的非成组索引，对任何外键列采用非成组索引。考虑数据库的空间有多大，表如何进行访问，还有这些访问是否主要用作读写。

大多数数据库都有索引自动创建的主键字段，同时合理地使用外键，以最大限度地满足业务数据的完整性。

不要索引大文本类型字段，如 CLOB 字段，以避免占用太多的存储空间。

不要索引常用的小型表。不要为小型数据表设置任何键，如它们经常有插入和删除操作就更不能这样做了。对这些插入和删除操作的索引维护可能比扫描表空间消耗更多的时间。

5. 数据完整性设计原则

完整性的方法有六种：实体完整性、以主键的方式保证实体完整性、用约束而非商务规则强制数据完整性、强制指示完整性、使用查找控制数据完整性和采用视图方法。

二、数据库的设计步骤

数据库设计一般分为以下六个步骤。

1. 需求分析

综合各个用户的应用需求。调查和分析用户的业务活动和数据的使用情况，弄清所用数据的种类、范围、数量以及它们在业务活动中交流的情况，确定用户对数据库系统的使用要求和各种约束条件等，形成用户需求规约。

2. 概念设计

对用户要求描述的现实世界（可能是一个工厂、一个商场或者一个学校等），通过对其中诸处的分类、聚集和概括，建立抽象的概念数据模型。这个概念模型应反映现实世界各部门的信息结构、信息流动情况、信息间的互相制约关系以及各部门对信息储存、查询和加工的要求等。所建立的模型应避开数据库在计算机上的具体实现细节，用一种抽象的形式表现出来。以扩充的实体（E‐R 模型）联系模型方法为例。第一步，先明确现实世界各部门所含的各种实体及其属性、实体间的联系以及对信息的制约条件等，从而给出各部门内所用信息的局部描述（在数据库中称为用户的局部视图）。第二步，再将前面得到的多个用户的局部视图集成为一个全局视图，即用户要描述的现实世界的概念数据模型，形成独立于机器特点，独立于各个 DBMS 产品的概念模式（E‐R 图）。

3. 逻辑设计

主要工作是将现实世界的概念数据模型设计成数据库的一种逻辑模式，即适应于某种特定数据库管理系统所支持的逻辑数据模式。与此同时，可能还需为各种数据处理应用领域产生相应的逻辑子模式。这一步设计的结果就是所谓"逻辑数据库"。首先，将 E-R 图转换成具体的数据库产品支持的数据模型，如关系模型，形成数据库逻辑模式；其次，根据用户对处理的要求和安全性的考虑，在基本表的基础上再建立必要的视图（View），形成数据的外模式。

4. 物理设计

根据特定数据库管理系统所提供的多种存储结构和存取方法等依赖具体计算机结构的各项物理设计措施，对具体的应用任务选定最合适的物理存储结构（包括文件类型、索引结构和数据的存放次序与位逻辑等）、存取方法和存取路径等。这一步设计的结果就是所谓"物理数据库"。根据 DBMS 特点和处理的需要，进行物理存储安排，建立索引，形成数据库内模式。

5. 验证设计

在上述设计的基础上，收集数据并具体建立一个数据库，运行一些典型的应用任务来验证数据库设计的正确性和合理性。一个大型数据库的设计过程往往需要经过多次循环反复。当发现设计的某一步出现问题时，可能就需要返回到前面去进行修改。因此，在设计上述数据库时，就应考虑到今后修改设计的可能性和方便性。

6. 运行与维护设计

在数据库系统正式投入运行的过程中，必须不断地对其进行调整与修改。

根据大学生体质健康管理系统的需求，对健康管理系统的逻辑流程进行分析建模，共抽象出六个基本的数据实体及其相互间的关联关系，形成了健康管理系统的数据库逻辑模型，如图 8-8 所示。

大学生体质健康管理系统主要涉及三种角色，分别抽象为三个数据实体，依次为管理员、学生和专家。虽然管理员负责管理学生、专家和健康指南的基本信息，并具有为学生分配专家的权限，但是管理员的数据与其他数据实体没有直接关联，只需要存储基本的登录信息即可。学生实体主要存储两类信息，即用户基本信息和健康信息。专家信息主要存储专家的基本信息。专家实体与学生实体存在一对多的关联关系，因为一个专家可以分配给多个学生。问题实体主要存储学生提出的健康问题，因此，学生实体与问题实体也存在一对多的

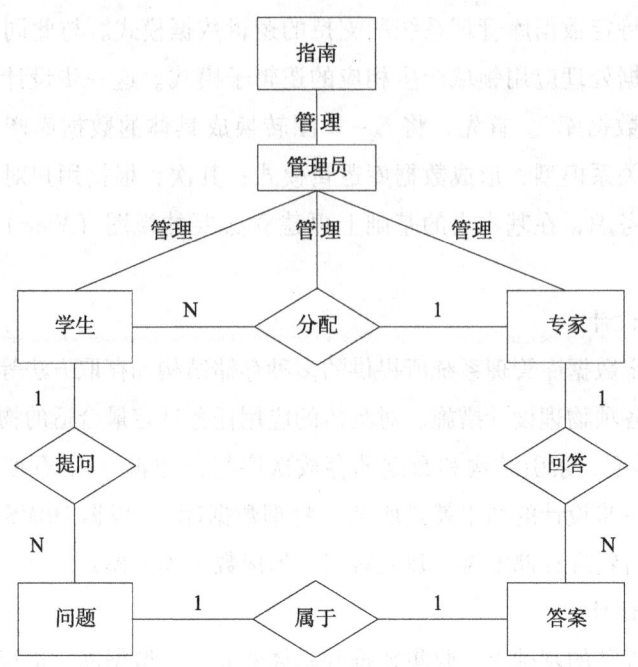

图 8-8 数据库 E-R 图

关系。答案实体存储专家给出的问题答案信息,因此,专家和答案实体也存在一对多的关系。健康管理系统只允许专家对一个问题给出一个答案,因此,问题和答案之间是一对一的关系。

依据健康管理系统数据库逻辑模型,结合关系数据库设计的相关理论,可以用五个基本的数据表存储上述信息。五个数据表在 Access 2003 数据库管理系统中的结构如图 8-9、图 8-10、图 8-11、图 8-12 和图 8-13 所示。

图 8-9 管理员信息

字段名称	数据类型	说明
Eusername	文本	专家编号
Epassword	文本	登录密码
Expname	文本	姓名
Expschool	文本	学校
Exppost	文本	职称
Expphone	文本	电话
Expemail	文本	邮箱
Esavetime	日期/时间	保存时间

图 8-10　专家信息

字段名称	数据类型	说明
Susername	文本	学生编号
Spassword	文本	登录密码
Sname	文本	姓名
Sschool	文本	学校
Smajor	文本	专业
Sno	文本	学号
Sgender	文本	性别
Snation	文本	民族
Sbirth	文本	生日
Snativeplace	文本	籍贯
Sphone	文本	电话
Saddress	文本	地址
Semail	文本	邮箱
Ssavetime	日期/时间	保存时间
Sweight	数字	体重
Sheight	数字	身高
Spulse	数字	脉搏
Sstrength	文本	力量
Sendurance	文本	耐力
Srouren	数字	柔韧
Svitalcapa	数字	肺活量
Sself	文本	自我
Sinterper	文本	人际
Sdealaffair	文本	处事
Stesttime	日期/时间	测试时间
Sexpusername	文本	专家编号
Sexpname	文本	专家姓名
Sintercontent	文本	健康干预内容
Sintertime	日期/时间	干预时间

图 8-11　学生信息

字段名称	数据类型	说明
H_id	自动编号	编号
H_class	文本	所属类别
H_title	文本	健康指南标题
H_content	备注	健康指南内容
H_date	日期/时间	发布时间

图 8-12　健康指南信息

图 8-13　健康反馈

第 8 节　大学生个性化体质健康管理系统的开发

一、大学生个性化体质健康管理系统的开发基础

本系统的开发人员熟练掌握各种计算机技术，系统设计合理、思路明确，开发的软件工具（如 Eclipse、Access 等）、硬件平台（如个人电脑、服务器）以及 Internet 网络接入等均已具备，这为系统的开发奠定了良好的基础。

二、大学生个性化体质健康管理系统的开发环境

1. 系统开发平台

本系统以 Eclipse 为开发平台。Eclipse 是著名的跨平台开源集成开发环境（IDE），是一个开放源代码的、基于 Java 的可扩展开发平台。就其本身而言，它只是一个框架和一组服务，通过插件组件构建开发环境。

2. 系统开发语言

本系统的开发选用了 Java 语言。Java 编程语言是一个简单、面向对象、分布式、解释性、健壮、安全与系统无关、可移植、高性能、多线程和动态的

语言。Java 具有平台无关性、安全性、面向对象、分布式、健壮性等优点。

3. 系统数据库选择

选用 Access 2003 为软件开发的数据库，是因为 Access 2003 是目前市场上用户用得最多的数据库管理软件之一，同时也是优秀的 Windows 数据库系统软件。

三、大学生个性化体质健康管理系统的体系架构

系统采用 B/S 结构（浏览器/服务器结构）的体系框架，采用 MVC 模式进行设计开发。B/S 体系架构的优点在于其具有良好的灵活性，可以在任何地方进行操作而不用安装专门的软件，只要有一台能上网的电脑就可实现相关操作，客户端零维护，系统的扩展性也相当良好，维护升级简便，成本也较低。

四、大学生个性化体质健康管理系统实现的技术路线

管理员将大学生基本信息和体质健康数据输入保存到数据库中，专家通过计算机借助互联网登录到健康管理系统，对学生健康信息进行分析处理，并同健康干预结果一起保存到数据库中。系统通过对数据库的操作，实现健康管理系统的诸多功能，包括对各项信息的管理、维护、更新，再将处理过的信息反馈至健康管理系统中，学生们可随时随地登录到健康管理系统中进行查询，实现了体质健康管理的个性化、网络化和互动化，如图 8-14 所示。

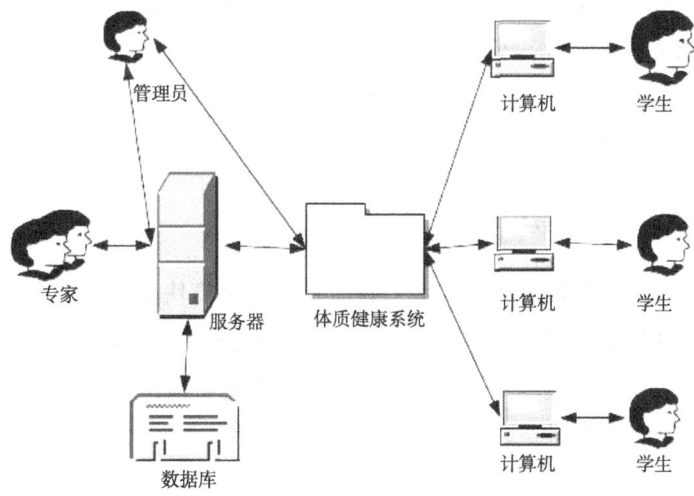

图 8-14　大学生个性化体质健康管理系统实现的技术路线

第 9 节 讨 论

一、系统结构方面

大学生体质健康管理系统是基于 B/S 结构的应用程序，与以往的 C/S 结构相比有许多优势。B/S 模式最大的好处是运行维护比较简便，不同的人员能实现从不同的地点、以不同的接入方式访问和操作共同的数据，具有分布性广、共享性强、开发成本较低等特点。但同时也存在一些缺点，如安全性、响应速度等。这就要求我们在系统运行过程中，对系统进行必要的更新和维护，按时备份，确保系统中信息的安全。

二、系统数据库方面

系统数据库设计采用的是 Access 2003 数据库。在系统的测试中，此数据库存在一些问题，总结如下。

1. 数据库容量过大

一般数据库容量达到 50M 的时候，其性能就会急剧下降。

2. 网站访问过于频繁

如 100 人以上同时登录数据库，数据库会不堪重负，系统容易崩溃。

3. 记录数过多

记录数达到 10 万条以上，系统性能就会大大降低。

针对以上存在的问题，我们有必要对数据库和系统进行优化。

三、系统内部模块方面

在系统设计与开发过程中，我们认真地对各个模块进行黑盒测试，并针对存在的问题进行了升级完善，使系统的界面更加精美、操作更加人性化、功能也日趋完善。在 1.0 版本中，我们也发现了一些有待改进或开放的功能，在此进行分析讨论，以便进一步完善。

1. 登录界面

在登录界面不提供自主注册功能，本系统的服务对象为在校大学生和专家，在试运行期间系统自动按照学生学号和专家编号生成了相应的账户及密码，确保信息的一一对应。登录后，学生和专家可以对初始密码进行修改。今后，我们将加入自主注册模块，使系统能为更多需要体质健康管理的用户开放，使资源共享达到最大化。

2. 体质健康信息模块

本模块中的健康信息全部来自体质测试数据。健康信息中的数据可以输入和修改，但是不能累积，那样做会导致不能用不同时期的体质健康数据进行分析。因此，在下一个版本中将增加历史信息模块。

第10节 小 结

本系统的设计与研发经过专家咨询和相关文献的调研，采用当今较为流行的系统开发工具与技术，通过缜密的系统设计，最终实现了系统的独立运作。测试结果表明，系统基本达到了预期的各项功能，为进一步开发大学生体质健康管理模式提供了现代化的工具。

目前，系统研发所选用的各项技术成熟而规范。系统模块的设计实现了科学、合理，界面精美、操作人性化的目标。通过一段时间的试运行，系统已经通过学生和专家的测试。基于 B/S 模式的体质健康管理系统比以前的单机版系统更加方便、易于操作，且符合大学生的实际情况。用户基本信息里具有大学生的特色信息，如学号、年级、专业等项目。体质健康信息以大学生个性化体质健康管理模型为基础，确保了系统的实用性和可行性。

本系统增加了健康干预和干预反馈两个模块，符合健康管理的各种要素。专家建议可以在健康干预中显示，学生可在干预反馈模块中提问，这样才能真正提高体质健康管理的科学性和可信性。

第9章　大学生身体运动能量监测仪的研制

第1节　研究目的与内容

本研究旨在研制大学生身体运动能量监测仪，该监测仪可以实现实时监测人体运动状态、能量消耗以及脉搏、体温的目的。大学生身体运动能量检测仪已申请国家实用新型专利（申请号：201120130611.X，申请日：2011年4月28日）。具体研究内容包括研制背景、硬件设计和软件设计。

第2节　研究方法

1. 文献检索法

通过文献检索研究大学生运动能量监测研究现状，针对目前大学生运动能量监测相关理论和研究成果进行总结，并分析研究存在的问题和对本研究的启示；最后探讨国外加速度计评估运动能量的机理，并吸收其经验。

2. 电子电路的设计方法

依据电子电路设计方法，设计出大学生身体运动能量监测仪的硬件结构。其硬件结构由微处理器模块、三维加速度传感器模块、温度传感器模块、脉搏传感器模块、大容量存储器模块、USB接口模块、键盘与液晶显示模块、无线信号发送模块等组成。

3. 计算机工程法

通过Labview语言进行编程设计，研发出相应的软件系统。软件功能模块主要包括用户登录、生理情况、运动情况、膳食跟踪和虚拟教练等模块。

第3节 研制背景

大学生体质下降，与其注重升学率、锻炼时间少、不重视体育锻炼等因素有关，但更重要的还是跟大学生在大学时期没有养成锻炼习惯、缺乏体育锻炼兴趣、锻炼时间少、锻炼效果不佳、锻炼设施短缺等因素有关。研制大学生运动能量检测仪，可为提高高校大学生体质健康水平提供可靠的监控手段。该仪器能对大学生体育活动提供连续的、动态的和有效的监测，可以有针对性制定体质健康的"处方"和个性化的体质健康指导策略。

一、大学生运动能量监测的研究现状

如何监测大学生运动能量一直是我国专家学者研究的重要问题。长期以来，由于缺乏大学生运动能量的监测方法，尤其是缺少一种客观、准确、可靠的测量方法，因此我国大学生运动能量的监测工作一直没有开展起来。

陈偕铨（1988）对133名男女大学生用心阻抗微分波法进行了踏车连续负荷无创伤性心输出量测定。根据测定结果，提出了男女大学生的适应负荷量，以指导学生在实际锻炼中合理地安排运动强度和密度。

李静（1991）用间接测热法对606名健康大学生测定了42个项目活动的能量损耗、基础代谢和安静代谢的耗能量以及一日总能量消耗。

梁洁、蒋卓勤（2003）为了解我国南方地区现阶段健康大学生的能量消耗状况，为大学生能量供给提供参考，随机抽取广东某高校61名在校健康大学生作为研究对象（男30人，女31人），用间接测热法测定基础代谢，用全天活动时间记录法进行全天活动调查，采用WHO报告的要因加算法估算学生全天总能量消耗量。

史祝梅、王爱华（2004）为了解体育教育专业大学生的能量消耗情况，采用生活观察法，对烟台师范学院体育教育专业34名学生进行了能量消耗量调查。

戴剑松、李靖、顾忠科、孙飙（2006）运用计步器测量步行和日常体力活动，并采用气体代谢分析方法，研究了不同速度下步行的能量消耗，采用体力活动日记推算一天的总能量消耗，进而推导出根据计步器参数推算步行能耗和一天总能耗的方程，以期为进一步开发计步器功能，指导人们通过体力活动实现目标活动量提供参考依据。

王巨文（2010）通过对体育专业男女大学生在相同强度、长时间运动中机体的能量消耗状况和底物代谢特征的研究，探讨了在同一强度长时间运动过程中，部分生理、气体代谢指标、糖和脂肪的氧化量、供能百分比以及与总能量消耗之间随时间变化的关系，进一步明确了运动过程中机体供能的特点和规律，以获得基于能量代谢角度的最佳运动量能效关系，最终实现运动健身的科学性。为了更准确地掌握运动过程中的能量消耗状况，为指导运动消耗与减肥等锻炼模式的构建提供了理论和实践依据。

白海波、姚唯众（2011）运用电子测步计对323名大学生每日步行量的测量结果表明，在校大学生每日步行量与维持成人正常健康所消耗能量日步行万步之间存在较大差异。大学生每日步行量少的主要原因，是由于学生从宿舍到教学活动场所的距离近，大多数学生以自行车、电动自行车代步，一部分学生有不良生活习惯，且他们体育锻炼的意识较差。

二、大学生运动能量监测研究存在的问题和对本研究的启示

通过以上文献分析可知，目前大学生能量监测主要采用行为观察法、间接测热法和计步器法。但是这些测量方法在实际应用中，无法监测个体在日常生活中的能量消耗。

（1）采用观察法来估测身体运动量及能量消耗，这种方法不仅准确率低，代价昂贵，还会受被观察者主观因素的影响，因此如果对大量的受试者进行研究，这种方法难以实现。

（2）间接测热法需要测定吸进氧气的数量和呼出的二氧化碳数量。能耗是根据呼吸时气体交换比率用氧气消耗量乘以非蛋白质的热当量计算得出。这种方法有很强的客观性，测定结果准确。但是这种方法对实验条件要求高，实验准备复杂。例如，每次测量前需要对仪器进行校准，而且测量时会较大程度地影响受试者的运动，因此这是一种实验室条件下的适用方法，无法实现个体在日常生活中对能量消耗的简单监测。

（3）计步器可以根据受测者的步幅进行定标，并将步数转换成行走的距

离。这种计步器只能记录运动的次数，并不能反映运动的强度，能量消耗的差异不能得到正确评价，其可靠性也相当差。

设计一套测量方法简单，可靠性、准确性较高，便于携带，能够在运动现场进行实时能量监测的装置已经成为目前研究的热点问题。

三、加速度计评估运动能量的机理

加速度是物体运动的速度随时间的变化率，是描述物体运动速度的大小和方向变化的物理量。加速度传感器是一种能够测量加速力的电子设备。

加速度计有两种：一种是角加速度计，是由陀螺仪（角速度传感器）改进的，另一种就是线加速度计。

物体运动的加速度是一空间矢量。一方面，要准确了解物体的运动状态，必须测得它的三个坐标轴上的分量；另一个方面，在预先不知道物体运动状况的场合下，只有应用多维加速度传感器来检测相应的加速度信号。同时，随着科学技术的迅速发展，传统的单维加速度传感器已经不能满足在测量、控制和信息技术等领域对传感信息越来越高的要求。

加速度计种类繁多，从测试原理上可分为压电效应式、电容式、电感式、应变式、压阻式和表面声波式等。从测量维数上可以分为一维型，个别属二维型，极少数属三维型。

人体运动不仅有身体运动这样的动态特性，还有重量负荷这样的静态特性。但是，所有的运动形式最终都可以归结于肌肉的收缩和因此导致的通过热量散发和体力工作而形成的能量消耗。当人体运动时，体内的糖、脂肪和蛋白质与人体内的氧发生氧化反应，生成二氧化碳和水，并释放能量。运动量较大时，耗氧量增加，在一定限度内，受试者的耗氧量与单位时间内的肌肉做功成正比，并且肌肉运动时的心输出量也与耗氧量成正比。因此可以用单位时间单位体重的耗氧量来表示运动能量。

布滕等（Bouten, Sauren, 1997）在三维加速度传感器的研究中，采用三个单维压阻式传感器正交放置构成的三维加速度传感器以及其配套的数据处理软件来测量人体运动量。

结果如下：在重复性实验和仪器内部可靠性的测试中，三维加速度传感器在每个测量方向上的偏移和灵敏度都一样。而且三维加速度传感器的输出与能耗之间具有极好的线性关系（$r=0.95$，$p<0.001$）。无论在高强度或低强度的实验中，三维加速度传感器的输出与能耗之间的不一致性都比单维加速度传感器要小。三维加速度传感器相对于单维加速度传感器的优越性非常明显，其输出值更接近客观真实值。

目前，对运动能耗 EE_{act} 的计算都是采用以下公式：

$$EE_{tot} = EE_{act} + SMR \qquad (9-1)$$

可以利用呼吸气体分析仪测得氧气的消耗量和二氧化碳的生成量，并计算出总的人体能量消耗 EE_{tot}，并在一个呼吸室中测得受试者静睡时的睡眠代谢量（Sleeping Metabolic Rate，SMR）。

布滕等（Bouten et al.，1994）认为，应该考虑进食后产生的热量 EE_{diet} 的影响，为此在实验中把运动练习安排在进餐 1.5 小时或者 2 小时后开始，这样可以排除 EE_{diet} 对实验结果的影响。因此计算出 $EE_{tot} = EE_{act} + SMR$，这样计算出的 EE_{act} 被认为是人体运动能耗的真实值。

我们可以将基于三维加速度的运动量测量设备佩戴在后腰间，加速度计的输出经数据处理装置的放大、滤波、整形后，以 30 秒为间隔进行绝对值的积分，得到 X、Y、Z 轴方向的输出 AO_X、AO_Y、AO_Z。

$$AO_X = \int_0^t |a_x| dt \qquad (9-2)$$

$$AO_Y = \int_0^t |a_y| dt \qquad (9-3)$$

$$AO_Z = \int_0^t |a_z| dt \qquad (9-4)$$

$$AO_{tot} = AO_X + AO_Y + AO_Z \qquad (9-5)$$

$$EE_{act} = -0.176 + 0.085 AO_X \qquad (9-6)$$

$$EE_{act} = 0.104 + 0.023 AO_{tot} \qquad (9-7)$$

式中：EE_{act} 表示能量消耗，单位：焦耳/分/千克，AO 表示加速度计输出，单位：次/分。

大量实验都证明，身体运动加速度的绝对值对时间的积分与能量或耗氧量呈线性关系。这就为加速度计评估人体运动提供了具体的理论依据。

本研究利用三维加速度计输出 AO_X，能耗 EE_{act} 的线性关系模型来计算大学生运动过程中的能量损耗。

第4节　硬件设计

大学生身体运动能量监测仪由便携式测量装置和计算机数据处理装置组成。便携式测量装置由传感器信号采集处理控制器分别与加速度传感器、温度传感器、脉搏传感器、无线信号发送模块相连而成。无线连接的计算机数据处理装置由计算机和与计算机相连的无线信号接收模块组成，便携式运动测量装置和计算机数据处理装置通过无线信号相互连接，如图9-1所示。

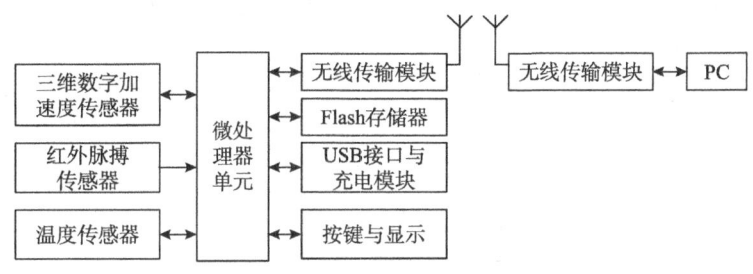

图9-1　大学生身体运动能量监测仪结构

在上述技术方案中，便携式测量装置设有大容量存储器、键盘与液晶显示器、USB接口。大容量存储器、键盘与液晶显示器、USB接口与传感器信号采集处理控制器的数据口相连。三维加速度传感器内置于便携式测量装置中，脉搏传感器和温度传感器设置于便携式测量装置的底板上。

计算机数据处理装置首先将通过无线接收或USB接收的数据写入数据库进行管理，然后分别进行能耗分析、运动姿态分析、健康顾问等，并结合脉搏、体温进行健康运动状态的分析处理，提供个性化的健康运动建议，如建议运动类型、时间等。

本设计结构简单，操作方便，测试成本低，且具有超低功耗。通过快速的数据处理，可对个体提供合理化的健康运动指导。大学生身体运动能量监测仪通过测量三维加速度的波形，识别人体的运动类型，建立了人体运动的能耗与运动类型、加速度、脉搏、体温、身高、年龄、性别等的运动能耗的数学模型和基本关系，能自动选择对应的数学模型进行实时监控并计算能量消耗。

大学生身体运动能量监测仪的便携式测量装置各单元模块的连接关系,见图9-2。

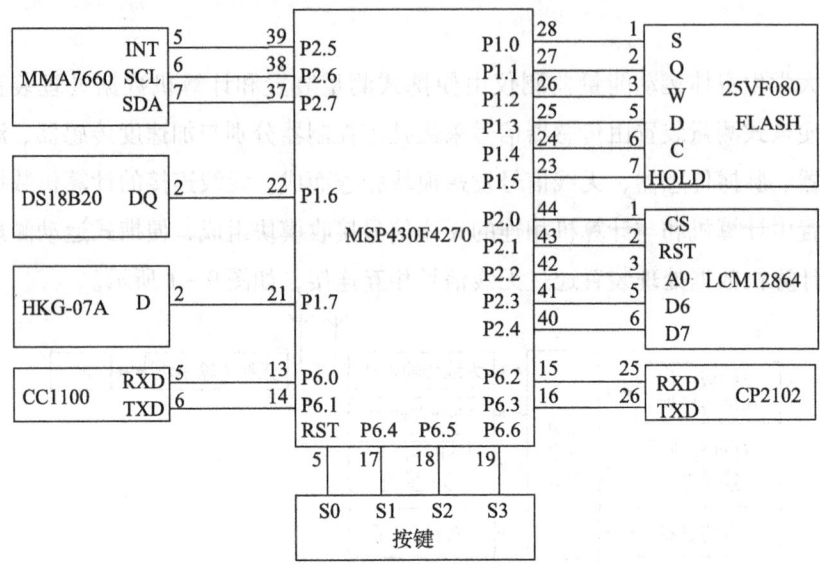

图9-2 便携式测量装置各单元模块连接关系

(1)三维加速度传感器。三维加速度传感器是检测人体运动加速度的关键器件。便携式测量装置采用三维数字加速度传感器MMA7660,通过SPI总线或IIC总线与传感器信号采集处理控制器相连,可设置定时采集运动加速度数值。

(2)微处理器。微处理器单元采用MSP430F4270芯片,该芯片的特点是具有极低功耗,特别适合便携式仪表。同时,芯片管脚数目适中,体积小。

(3)温度传感器。温度传感器采集人体体表温度。本实施例采用DS18B20数字温度传感器,通过IIC总线与传感器信号采集处理控制器相连,直接读取温度值。

(4)脉搏传感器。脉搏传感器采集人体手指脉搏。本实施例采用HKG-07A红外脉搏传感器,并通过放大电路,输入传感器信号整形得到标准脉冲信号,并通过数字滤波和处理获得脉搏值。

(5)大容量存储器。便携式测量装置可实时采集大量数据,并进行实时处理，获得各运动参数供本地显示，同时对采集的数据进行存储，以便上传给计算机，做进一步处理分析。本实施例采用 25VF080 FLASH 存储器，容量达到 8Mbit。

（6）USB 接口。便携式测量装置采集的数据需要发送给计算机系统做进一步处理分析。本实施例采用 CP2102 接口，将数据通过 USB 接口发送给计算机。

（7）键盘与液晶显示。在设计中，共设有四个控制按键，即复位键、测量键、上移键、下移键。测量键被按下标志测量开始；上移键、下移键与测量键组合使用，可作为数据预置使用，如预置身高、体重、时间校准。液晶显示采用 LCM12864，可显示时间、脉搏、体温和累计能耗。

（8）无线信号发送模块：便携式测量装置采集的数据既可以通过 USB 接口传输给计算机，还可以通过无线发送与接收电路进行传输。发送端若接收到请求信号，则发送已采集的数据，并根据计算机的回复确定是否继续发送数据。便携式测量装置采用 CC1100 通信接口，将数据通过无线方式发送给计算机。

微处理器单元的原理图与外围器件的连接关系如图 9-3 所示。

第 5 节　软 件 设 计

系统软件使用 Labview 语言进行编程设计。Labview 是一种图形化的编程语言，全称是实验虚拟仪器工程平台（Laboratory Virtual Instrument Engineering Workbench），它是直观的前面板与流程图式的编程方法的结合，是构建虚拟仪器的理想工具。

软件功能模块主要包括用户登录、生理情况、运动情况、膳食跟踪和虚拟教练等模块。运动情况主要记录温度、心率、运动量、步数、强度、路程、速度等参数，如表 9-1 所示。

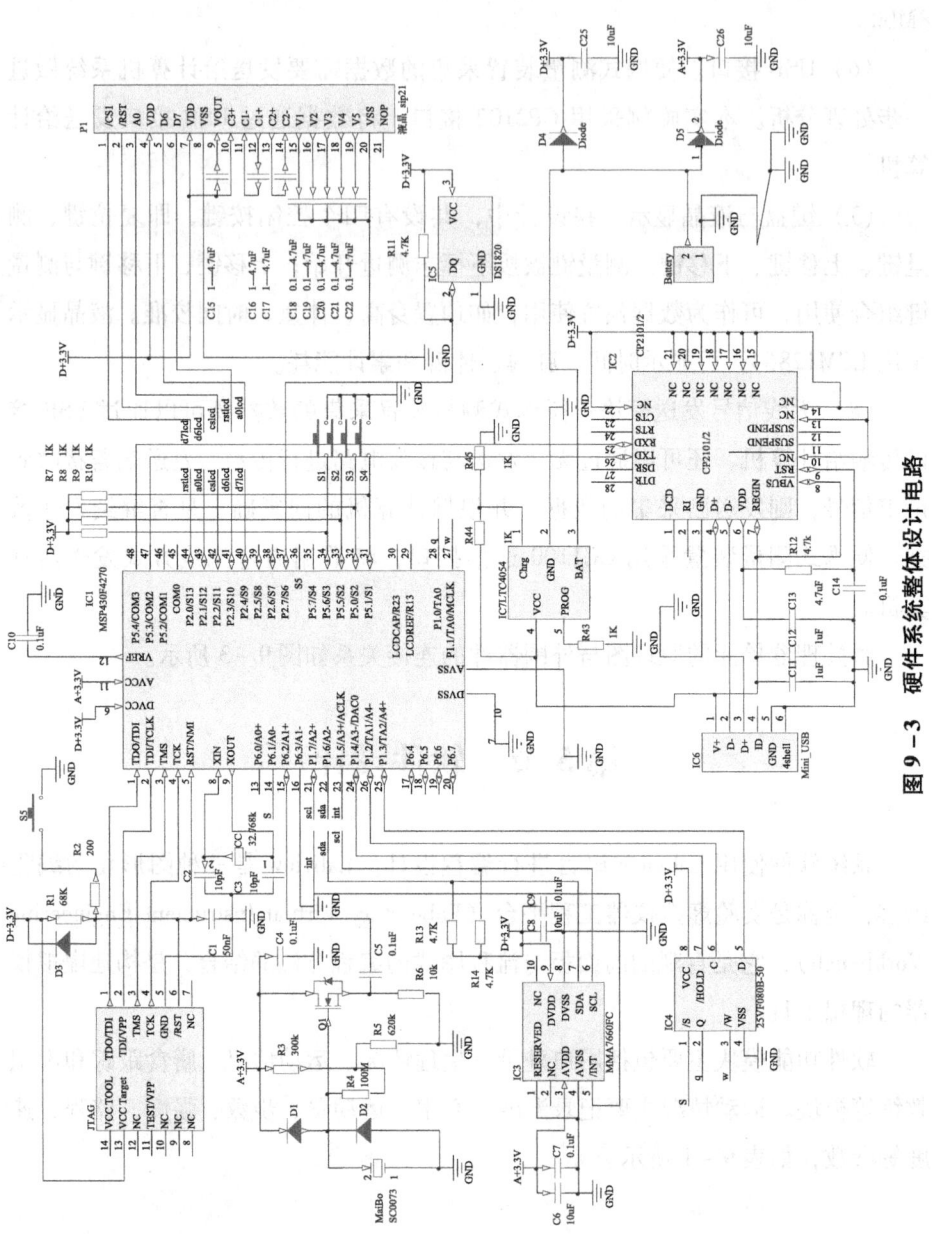

图 9-3 硬件系统整体设计电路

表9-1 主要参数说明

参　数	描　述	说　明
温度	摄氏温度（℃）	摄氏温度（℃）
心率	每分钟的瞬时心率	每分钟的瞬时心率（心率）
平均心率	每分钟平均心率	上次数据重置后的平均值
最高心率	每分钟最高心率	上次数据重置后的记录
运动量	卡路里燃烧总量	卡路里燃烧总量
步数	总步数	上次数据重置后的总步数
强度	活动强度水平	根据专有算法进行计算得出（小强度、中等强度、大强度及超大强度）
路程	总路程	上次数据重置后的活动路程
速度	千米/小时	千米/小时

软件部分界面运行如图 9-4、图 9-5、图 9-6、图 9-7、图 9-8 和图 9-9 所示。

图 9-4　登录对话框

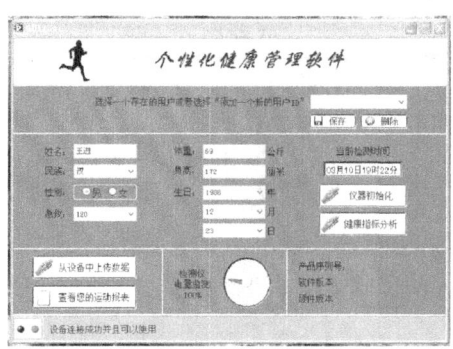

图 9-5　用户个人信息

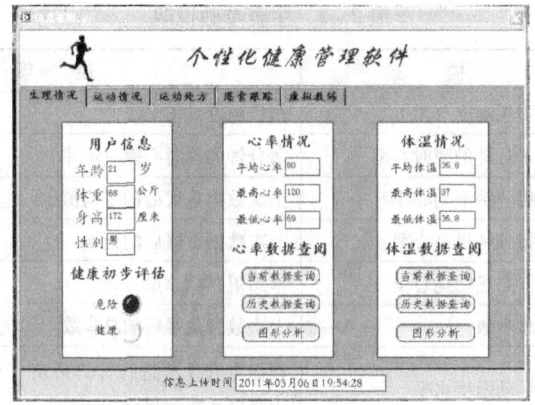

图9-6 生理情况

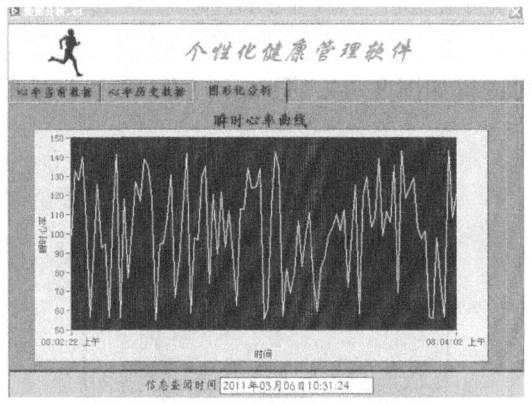

图9-7 心率图形化界面

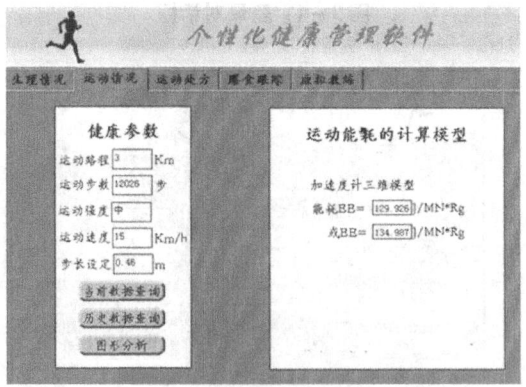

图9-8 运动耗能

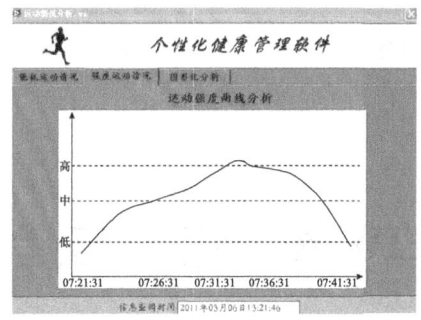

图 9-9 运动强度曲线

第 6 节 本研究的创新之处

本研究的创新之处表现在以下三个方面。

（1）本研究从大学生运动能量监测研究存在的问题出发，结合国外加速度计评估运动能量的机理。利用三维加速度传感器和电子电路设计方法，设计了大学生身体运动能量监测仪的硬件结构。

（2）在硬件结构中，增加了无线信号发送模块：便携式测量装置采集的数据既可以通过 USB 接口传输给计算机，还可以通过无线发送与接收电路进行传输。

（3）软件模块中增加了膳食跟踪模块和虚拟教练模块，这些模块可为大学生个性化体质管理提供个性化营养服务和个性化运动处方。

第 7 节 小 结

从科学化的运动、运动量监控、个性化健康管理等角度出发，笔者研制出了大学生身体运动能量监测仪及其管理软件。该设备能根据人的基本生理参数（如性别、年龄、身高和体重等），来实时地测量运动中（跑步和步行）身体的温度、瞬时心率、平均心率、最高心率、运动量、步数、强度、路程和速度等性能指标，并在此基础上，通过管理系统对收集到的运动数据进行分析，制定出了个性化的运动处方和营养服务。大学生身体运动能量检测仪现已申请国家实用新型专利。

第 10 章　结论与建议

第 1 节　结　论

本书在分析大量有关我国大学生体质健康研究文献的基础上,通过专家访谈与两轮专家问卷调查和学生问卷调查,运用探索性因素分析、验证性因素分析等数理统计方法构建了我国大学生个性化体质健康管理模型指标体系。在大学生个性化体质健康管理模型指标体系的基础上,设计和开发出了大学生个性化体质健康管理系统,并研发出了大学生身体运动能量监测仪。研究结论如下。

(1) 大学生个性化体质健康管理模型指标体系包括生理健康指标七项,心理健康指标 15 项(社会适应指标并入心理健康指标中),分为六个维度共 22 个指标,即人体形态维度包含身高和体重;身体机能维度包含肺活量和脉搏;身体素质和运动能力发展水平维度包括力量、柔韧和耐力;自我维度包含自尊、自信、自立和独立性;人际维度包含团队精神、人际沟通、协作意识和协作能力;处事维度包括注意力集中、坚持性、有恒性、情绪稳定、抗挫折能力、应变能力和自我学习。

(2) 开发完成了大学生个性化体质健康管理系统。系统研发选用成熟和规范的各项技术。系统模块设计科学、合理,界面精美、友好。通过一段时间的试运行,系统已经通过学生和专家的测试。基于 B/S 模式的体质健康管理系统比以前的单机版系统更加方便、易于操作且适用于大学生的实际情况。本系统增加了健康干预和干预反馈两个模块,符合健康管理的各种要素。专家建议可以在健康干预中显示,学生可在干预反馈模块中提问,真正提高了体质健康管理的科学性和可信性。

(3)研发完成了大学生身体运动能量监测仪。该设备能根据人的基本生理参数(如性别、年龄、身高和体重等),来实时测量运动中的(跑步和步行)身体温度、瞬时心率、平均心率、最高心率、运动量、步数、强度、路程和速度等性能指标,并通过管理系统对收集到的运动数据进行分析,从而制定个性化的"运动处方"和健康评价。大学生身体运动能量检测仪已申请国家实用新型专利。

第 2 节 本研究的创新之处

本研究的创新之处主要表现在以下三个方面。

(1)构建了完整的大学生体质健康管理模型指标体系。本研究对我国大学生体质健康指标进行研究,通过加入心理与社会适应指标,构建了完整的大学生个性化体质健康管理模型指标体系。

(2)在大学生个性化体质健康管理模型指标体系的基础上,采用目前较为流行的系统开发工具与技术,以浏览器/服务器结构,开发出了大学生个性化体质健康管理系统。系统中还增加了健康干预和干预反馈模块。以上各模块可以对学生进行持续性管理干预,并逐一对管理的效果进行评价,分析其中的影响因素,为全面推行健康管理奠定了基础。

(3)研发完成了大学生身体运动能量监测仪。这种监测仪从大学生运动能量监测研究存在的问题出发,结合国外加速度计评估运动能量的机理。利用三维加速度传感器和电子电路设计方法,设计完成了大学生身体运动能量监测仪的硬件结构。在硬件结构中,增加了无线信号发送模块;便携式测量装置采集的数据既可以通过 USB 接口传输给计算机,还可以通过无线发送与接收电路进行传输。软件设计中,增加了膳食跟踪模块和虚拟教练模块,这些模块可为大学生个性化体质管理提供个性化营养服务和个性化"运动处方"。

第 3 节　继续开展本研究的设想

1. 大学生个性化体质健康管理模型指标体系权重系数研究

本研究目前缺乏对大学生个性化体质健康管理模型指标体系权重系数的研究。在下一步研究中，拟采用 R 型因子分析法、回归分析法及判别分析法等数理方法确定综合评价的权重系数。

2. 改进大学生个性化体质健康管理系统

此系统的开发是基于大学生健康管理模式的小型系统，其功能和扩展性都存在一定的限制。我们将运用更先进的技术研发出功能更为强大、操作更为人性化、界面更加友好、能为更多人服务的健康管理系统。

3. 三维加速度能量消耗计算模型的研究

要得到更高精度的设备，就必须进一步优化三维加速度能量消耗计算模型。在今后研究中，我们将采用线性回归模型，增加一些修正因子，如年龄、性别等。

附　录

一、大学生个性化体质健康管理模型研究访谈提纲（生理类A）

第一步：介绍和自我说明（5~10分钟）

一、自我介绍

二、解释访谈目的和程序

本次访谈的目的，是想了解大学生的身体健康问题，以便研究和探讨大学生生理健康管理指标，如我国大学生身体健康状况如何、有哪些大学生身体健康评价标准等。

下面我根据您手中的《大学生个性化体质健康管理模型研究访谈提纲（生理类A）》问您4~5个问题。每提一个问题，我都会给您考虑时间，以便您整理自己的思路。

三、消除顾虑

注意事项：

（1）时间控制在3~5分钟；

（2）让被访者心情放松，不要让被访者感到紧张；

（3）鼓励被访者主动参与；

（4）强调谈话内容的保密性；

（5）录音时，应征得被访者同意。

我向您保证，谈话记录仅作为我们研究人员分析使用，您所谈的每一句话，我们都将严格保密，绝对不向任何人扩散。在整理谈话内容的时候，也绝对不包含您的名字，并删掉您所谈到的单位、部门等信息。为了便于理解，请允许我对您的谈话进行录音，这样我就可以减少记笔记的时间，集中精力倾听您的谈话。对于您的录音我们也将严格保密,仅供研究之用。我们的谈话时间,最多占用您60分钟的时间。请您给予理解和支持,谢谢!

第二步:问题提问(40~50分钟)

问题1:您认为目前我国大学生身体健康状况如何?

问题2:您认为目前我国大学生身体健康评价标准有哪些?这些评价标准中是否存在一些问题?

问题3:您认为,目前大学生身体健康评价标准中的哪些指标比较重要?为什么?

问题4:您了解大学生个性化体质健康管理吗?您认为,体质健康管理主要表现在哪些方面?

非常感谢您能抽出宝贵时间接受我的访谈,谢谢!

二、大学生个性化体质健康管理模型研究访谈提纲(生理类B)

第一步:介绍和自我说明(5~10分钟)

一、自我介绍

二、解释访谈目的和程序

本次访谈的目的,是想了解大学生的身体健康问题,以便研究和探讨大学生生理健康管理指标,如我国大学生身体健康状况如何、有哪些大学生身体健康评价标准等问题。下面我根据您手中的这份《大学生个性化体质健康管理模型研究访谈提纲(生理类B)》问您4~5个问题。每提一个问题,我都会给您考虑时间,以便您整理自己的思路。

第二步:问题提问(40~50分钟)

问题1:您认为目前我国大学生身体健康状况如何?

问题2:您认为目前我国大学生身体健康评价标准有哪些?这些评价标准中是否存在一些问题?

问题3:您认为目前大学生身体健康评价标准中的哪些指标比较重要?为什么?

问题4:您了解大学生个性化体质健康管理吗?您认为体质健康管理主要表现在哪些方面?

三、大学生个性化体质健康管理模型研究访谈提纲（心理类A）

第一步：介绍和自我说明（5~10分钟）

一、自我介绍

二、解释访谈目的和程序

本次访谈的目的，是想了解大学生的心理健康问题，以便研究和探讨大学生心理健康指标，如我国大学生心理健康状况如何、有哪些大学生心理健康评价量表、量表中有哪些比较重要的心理指标等。

下面我根据您手中的这份《大学生个性化体质健康管理模型研究访谈提纲（心理类A）》问您4~5个问题。每提一个问题，我都会给您考虑时间，以便您整理自己的思路。

三、消除顾虑

注意事项：

(1) 时间控制在3~5分钟；

(2) 让被访者心情放松，不要让被访者感到紧张；

(3) 鼓励被访者主动参与；

(4) 强调谈话内容的保密性；

(5) 录音时，应征得被访者同意。

我向您保证，谈话记录仅作为我们研究人员分析使用，您所谈的每一句话，我们都将严格保密，绝对不向任何人扩散。在整理谈话内容的时候，也绝对不包含您的名字，并删掉您所谈到的单位、部门等个人信息。为了便于理解，请允许我对您的谈话进行录音，这样我就可以减少记笔记的时间，集中精力倾听您的谈话。对于您的录音我们也将严格保密，仅供研究之用。我们的谈话时间，最多占用您60分钟的时间。请您给予理解和支持，谢谢！

第二步：问题提问（40~50分钟）

问题1：您认为目前我国大学生心理健康状况如何？

问题2：您认为目前我国大学生心理健康评价量表有哪些？这些评价量表中是否存在一些问题？

问题3：您认为目前大学生心理健康评价量表中哪些指标比较重要？为什么？

问题4：您了解大学生个性化体质健康管理吗？您认为健康管理主要表现在哪些方面？

非常感谢您能抽出宝贵时间接受我的访谈，谢谢！

四、大学生个性化体质健康管理模型研究访谈提纲（心理类B）

第一步：介绍和自我说明（5~10分钟）

一、自我介绍

二、解释访谈目的和程序

本次访谈的目的，是想了解大学生的心理健康问题，以便研究和探讨大学生心理健康管理指标，如我国大学生心理健康状况如何、有哪些大学生心理健康评价量表、量表中有哪些比较重要的心理指标等。下面我根据您手中的这份《大学生个性化体质健康管理模型研究访谈提纲（心理类B）》问您4~5个问题。每提一个问题，我都会给您考虑时间，以便您整理自己的思路。

第二步：问题提问（40~50分钟）

问题1：您认为目前我国大学生心理健康状况如何？

问题2：您认为目前我国有哪些大学生心理健康评价量表？这些评价量表中是否存在一些问题？

问题3：您认为目前大学生心理健康评价量表中哪些指标比较重要？为什么？

问题4：您了解大学生个性化体质健康管理吗？您认为健康管理主要表现在哪些方面？

五、大学生个性化体质健康生理指标甄选专家问卷（第一轮）

尊敬的各位专家：

您好！首先感谢您在百忙之中接受我们的调查。选取大学生个性化体质健康管理指标是我的博士学位论文《大学生体质健康管理的研究与应用》的重要组成部分，恳请您给予指导和帮助！

大学生体质健康管理的过程集中体现在以下三个方面：

（1）对大学生健康因素的采集、分析、监控，为健康评价提供基础的数据来源。

（2）对目前大学生的健康状态和未来的健康趋势进行评估、预测、管理和监控，对健康问题起到预警和促进的作用。

（3）根据结果给出符合大学生体质健康需求的健康服务（提供策略、体质健康指导、运动处方等咨询），或是利用资源（体质健康管理平台和体质健康监控设备）改变或是保持目前的健康状态以达到最大的健康效果。

在本研究中，大学生体质健康管理系统指的是基于大学生个性化体质健康模型和体质健康管理需要，由管理者、管理软件、大学生和体质健康监控设备组成的运行体系。要求学校的学生体质健康管理工作者对这一体系中各个部分的构成和具体分工有清楚的了解，并能根据外部环境变化和学生体质健康管理的需要有效地进行调整。

本问卷调查旨在对大学生个性化体质健康管理生理指标进行甄选，问卷中的题项与内容的选取参考《国民体质监测指标》和《大学生体质健康标准》中的相关内容，受研究者水平所限，存在错误或不当之处，恳请您给予批评、指导！

问卷中的每一内容条目采用五级评分方式，即非常重要、很重要、重要、有点重要、不重要，并分别赋予分数值5、4、3、2、1。

恳请您在百忙之中给予指导和帮助，同时，结合您对内容的认识与判断，并在相应的位置划"√"。

再次感谢您的帮助，祝您身体健康、工作顺利、万事如意！

生理健康指标问卷

指标	合理性		重要性				
	删除	修改	1	2	3	4	5
身高							
体重							
呼吸							
脉搏							
体温							
血压							
睡眠							
皮肤							
力量							
柔韧							

续表

指标	合理性		重要性				
	删除	修改	1	2	3	4	5
耐力							
血糖							
血红蛋白							
血脂							
血乳酸							
血尿素							
红细胞							
白细胞							
血小板							
心电图							
需要添加的指标							

注：表格中"合理性"一栏中的"修改"指该指标命名的科学性是否需要修改，如果需要修改名称，请将修改后的名称填写在相应的位置。

六、大学生个性化体质健康心理指标甄选专家问卷（第一轮）

尊敬的各位专家：

您好！首先感谢您在百忙之中接受我们的调查。选取大学生个性化体质健康管理指标是我的博士学位论文《大学生体质健康管理的研究与应用》的重要组成部分，恳请您给予指导和帮助！

大学生体质健康管理的过程集中体现在以下三个方面：

（1）对大学生健康因素的采集、分析、监控，为健康评价提供基础的数据来源。

（2）对目前大学生的健康状态和未来的健康趋势进行评估、预测、管理和监控，对健康问题起到预警和促进的作用。

（3）根据结果给出符合大学生体质健康需求的健康服务（提供策略、体质健康指导、运动处方等咨询），或是利用资源（体质健康管理平台和体质健康监控设备）改变或是保持目前的健康状态以达到最大的健康效果。

在本研究中，大学生体质健康管理系统指的是基于大学生个性化体质健康模型和体质健康管理需要,由管理者、管理软件、大学生和体质健康监控设备组成的运行体系。要求学校的学生体质健康管理工作者对这一体系中的各个部分的构成和具体分工有清楚的了解,并能根据外部环境变化和学生体质健康管理的需要有效地进行调整。

本问卷调查旨在对大学生个性化体质健康管理心理指标进行甄选,问卷中的题项与内容的选取参考《大学生心理健康标准》和《大学生社会适应标准》中的相关内容,受研究者水平所限,存在错误或不当之处,恳请您给予批评、指导!

问卷中的每一内容条目采用五级评分方式,即非常重要、很重要、重要、有点重要、不重要,并分别赋予分数值5、4、3、2、1。

恳请您在百忙之中给予指导和帮助,同时,结合您对内容的认识与判断,并在相应的位置划"√"。

再次感谢您的帮助,祝您身体健康、工作顺利、万事如意!

心理健康指标问卷

指标	合理性		重要性				
	删除	修改	1	2	3	4	5
积极自我评价							
生活积极							
乐观向上							
安全感							
畏难							
自信							
不逃避							
合作与竞争							
果断性							
顽强性							
意志力							
自制力							
冲动性							
情绪变化							
情绪低落							
自责自卑							

续表

指　　标	合理性		重要性				
	删除	修改	1	2	3	4	5
容易焦虑							
良好的心境							
注意力集中							
坚持性							
自觉性							
精力							
自知之明							
自我意识							
悦纳自己							
自立							
自尊							
合作与交往							
面对、接受、适应现实							
贡献							
目标明确							
目标现实							
自我实现							
学习成就感							
具有学习的能力							
创造性							
学习兴趣							
决策							
乐于工作并从中得到满足感							
活动性							
社交性							
冒险性							
冲动性							
表露性							
理智性							
责任感							
乐群性							

续表

指　　标	合理性		重要性				
	删除	修改	1	2	3	4	5
稳定性							
敢为性							
有恒性							
独立性							
自律性							
观察力							
记忆力							
想象力							
思考力							
操作能力							
需要添加的指标							

注：表格中"合理性"一栏中的"修改"指该指标命名的科学性是否需要修改，如果需要修改名称，请将修改后的名称填写在相应的位置。

社会适应指标问卷

指　　标	合理性		重要性				
	删除	修改	1	2	3	4	5
社会角色							
社会约束							
民主意识							
信息收集							
信息鉴别							
应变能力							
生存能力							
人际沟通							
互动状态							
竞争意识							
拼搏精神							
冒险精神							
团队精神							

续表

指　　标	合理性		重要性				
	删除	修改	1	2	3	4	5
协作意识							
抗挫折能力							
竞争手段							
协作行为							
自我学习							
生活方式							
需要添加的指标							

注：表格中"合理性"一栏中的"修改"指该指标命名的科学性是否需要修改，如果需要修改名称，请将修改后的名称填写在相应的位置。

七、大学生个性化体质健康生理指标甄选专家问卷（第二轮）

尊敬的各位专家：

您好！首先感谢您在百忙之中接受我们的调查。选取大学生个性化体质健康管理指标是我的博士学位论文《大学生体质健康管理的研究与应用》的重要组成部分，恳请您给予指导和帮助！

大学生体质健康管理的过程集中体现在以下三个方面：

（1）对大学生健康因素的采集、分析、监控，为健康评价提供基础的数据来源。

（2）对目前大学生的健康状态和未来的健康趋势进行评估、预测、管理和监控，对健康问题起到预警和促进的作用。

（3）根据结果给出符合大学生体质健康需求的健康服务（提供策略、体质健康指导、运动处方等咨询），或是利用资源（体质健康管理平台和体质健康监控设备）改变或是保持目前的健康状态以达到最大的健康效果。

在本研究中，大学生体质健康管理系统指的是基于大学生个性化体质健康模型和体质健康管理需要，由管理者、管理软件、大学生和体质健康监控设备组成的运行体系。要求学校的学生体质健康管理工作者对这一体系中的各个部分的构成和具体分工有清楚的了解，并能根据外部环境变化和学生体质健康管理的需要有效地进行调整。

本问卷调查旨在通过专家评价为甄选大学生个性化体质健康管理指标提供依据。前一段时间，我们进行了第一轮专家调查，参加者是包括您在内的14位专家。通过第一轮对专家调查的数据发现，专家们针对部分指标的"合适性"和"重要性"评价结果并不一致，同时还有部分专家提出了补充一些新指标的建议。为了进一步统一各位专家的意见，为最终的指标甄选提供更加准确、可靠的资料，我们特进行第二轮专家调查。

填答说明：

在本次调查问卷中，我们首先从大学生的身体健康、心理健康两个方面提供了第一轮专家调查的数据分析结果，供您对每个指标进行再次评价时参考使用。其中，每个指标后面均包括以下两方面的信息：①认为应该删除该指标的专家人数及占专家总数（14人）的百分比；②所有14位专家对该指标重要性评价的均值。

在第一次调查数据分析结果后面呈现的是第二轮调查的问卷，填答方式与第一轮调查完全一样。首先，请您对每个指标的"合理性"进行判断，即您认为该指标是否应该删除，或者只是需要修改，若需要修改，请将修改后的内容直接填写在相应位置；然后，请您对每个指标之于大学生个性化体质健康管理的重要性程度进行评价，采用五级评分方式，即非常重要、很重要、重要、有点重要、不重要，并分别赋予分数值5、4、3、2、1。

恳请您在百忙之中继续给予我们指导和帮助，结合您对每个指标的认识和判断，在相应选项下面的表格处打"√"标注。

再次感谢您的帮助，祝您身体健康、工作顺利、万事如意！

生理健康指标第一轮调查结果

编号	指标名称	认为应删除该指标的专家数（%）	专家对该指标重要性评价的均值
1	身高	0	3.79
2	体重	0	3.57
3	肺活量	1（7.14%）	4.00
4	脉搏	0	3.50
5	体温	3（21.43%）	2.91
6	血压	0	3.29

续表

编号	指标名称	认为应删除该指标的专家数（%）	专家对该指标重要性评价的均值
7	睡眠	0	3.36
8	皮肤	3 (21.43%)	3.09
9	力量	0	3.71
10	柔韧	0	3.71
11	耐力	0	3.71
12	血糖	2 (14.29%)	3.42
13	血红蛋白	2 (14.29%)	3.42
14	血脂	2 (14.29%)	3.08
15	血乳酸	5 (35.71%)	3.00
16	血尿素	5 (35.71%)	3.33
17	红细胞	3 (21.43%)	3.09
18	白细胞	4 (28.57%)	3.30
19	血小板	5 (35.71%)	2.67
20	心电图	4 (28.57%)	2.80

生理健康指标第二轮调查

编号	指标名称	合理性		重要性				
		删除	修改	1	2	3	4	5
1	身高							
2	体重							
3	肺活量							
4	脉搏							
5	体温							
6	血压							
7	睡眠							
8	皮肤							
9	力量							
10	柔韧							
11	耐力							
12	血糖							
13	血红蛋白							

续表

编号	指标名称	合理性		重要性				
		删除	修改	1	2	3	4	5
14	血脂							
15	血乳酸							
16	血尿素							
17	红细胞							
18	白细胞							
19	血小板							
20	心电图							

八、大学生个性化体质健康心理指标甄选专家问卷（第二轮）

尊敬的各位专家：

您好！首先感谢您在百忙之中接受我们的调查。选取大学生个性化体质健康管理指标是我的博士学位论文《大学生体质健康管理的研究与应用》的重要组成部分，恳请您给予指导和帮助！

大学生体质健康管理的过程集中体现在以下三个方面：

（1）对大学生健康因素的采集、分析、监控，为健康评价提供基础的数据来源。

（2）对目前大学生的健康状态和未来的健康趋势进行评估、预测、管理和监控，对健康问题起到预警和促进的作用。

（3）根据结果给出符合大学生体质健康需求的健康服务（提供策略、体质健康指导、运动处方等咨询），或是利用资源（体质健康管理平台和体质健康监控设备）改变或是保持目前的健康状态以达到最大的健康效果。

在本研究中，大学生体质健康管理系统指的是基于大学生个性化体质健康模型和体质健康管理需要，由管理者、管理软件、大学生和体质健康监控设备组成的运行体系。要求学校的学生体质健康管理工作者对这一体系中的各个部分的构成和具体分工有清楚的了解，并能根据外部环境变化和学生体质健康管理的需要有效地进行调整。

本问卷调查旨在通过专家评价为甄选大学生个性化体质健康管理指标提供

依据。前一段时间,我们进行了第一轮专家调查,参加者是包括您在内的14位专家。通过第一轮对专家调查的数据发现,专家们针对部分指标的"合适性"和"重要性"评价结果并不一致,同时还有部分专家提出了补充一些新指标的建议。为了进一步统一各位专家的意见,为最终的指标甄选提供更加准确、可靠的资料,我们特进行第二轮专家调查。

填答说明:

在本次调查问卷中,我们首先从大学生的身体健康、心理健康两个方面提供了第一轮专家调查的数据分析结果,供您对每个指标进行再次评价时参考。其中,每个指标后面均包括以下两方面的信息:①认为应该删除该指标的专家人数及占专家总数(14人)的百分比;②所有14位专家对该指标重要性评价的均值。

在第一次调查数据分析结果后面呈现的是第二轮调查的问卷,填答方式与第一轮调查完全一样。首先,请您对每个指标的"合理性"进行判断,即您认为该指标是否应该删除,或者只是需要修改,若需要修改,请将修改后的内容直接填写在相应位置;然后,请您对每个指标之于大学生个性化体质健康管理的重要性程度进行评价,采用五级评分方式,即非常重要、很重要、重要、有点重要、不重要,并分别赋予分数值5、4、3、2、1。

恳请您在百忙之中继续给予我们指导和帮助,结合您对每个指标的认识和判断,在相应选项下面的表格处打"√"标注。

再次感谢您的帮助,祝您身体健康、工作顺利、万事如意!

心理健康指标第一轮问卷结果

编号	指标名称	认为应删除该指标的专家数(%)	专家对该指标重要性评价的均值
1	积极自我评价	0	3.50
2	生活积极	0	3.79
3	乐观向上	0	3.57
4	安全感	0	3.36
5	不畏难	2 (14.29%)	3.55
6	自信	0	3.86
7	不逃避	1 (7.14%)	3.08
8	合作与竞争	0	3.50

续表

编号	指标名称	认为应删除该指标的专家数（%）	专家对该指标重要性评价的均值
9	果断性	1（7.14%）	3.15
10	顽强性	1（7.14%）	3.38
11	意志力	1（7.14%）	3.00
12	自制力	0	3.79
13	冲动性	1（7.14%）	3.25
14	情绪变化	2（14.29%）	3.08
15	情绪低落	3（21.43%）	3.00
16	自责	2（14.29%）	2.92
17	容易焦虑	1（7.14%）	3.23
18	良好的心境	0	3.36
19	注意力集中	0	3.79
20	坚持性	1（7.14%）	3.50
21	精力充沛	1（7.14%）	3.38
22	自知之明	1（7.14%）	3.25
23	自我意识	1（7.14%）	3.23
24	悦纳自己	1（7.14%）	3.08
25	自觉性	2（14.29%）	3.58
26	自立	1（7.14%）	3.62
27	自尊	2（14.29%）	3.42
28	协作	1（7.14%）	3.67
29	现实理性	1（7.14%）	3.17
30	奉献	3（21.43%）	2.80
31	目标明确	1（7.14%）	3.31
32	目标现实	1（7.14%）	3.42
33	自我实现	2（14.29%）	3.25
34	学习成就感	1（7.14%）	3.31
35	具有学习的能力	1（7.14%）	3.00
36	创造性	1（7.14%）	3.77
37	学习兴趣	0	3.57
38	决策	2（14.29%）	4.17
39	乐于工作并从中得到满足感	0	3.50

续表

编号	指标名称	认为应删除该指标的专家数（%）	专家对该指标重要性评价的均值
40	活动性	1 (7.14%)	3.62
41	社交性	1 (7.14%)	3.77
42	冒险性	1 (7.14%)	2.54
43	冲动性	4 (28.57%)	2.82
44	表露性	2 (14.29%)	3.00
45	理智性	2 (14.29%)	3.50
46	责任感	0	3.57
47	乐群性	1 (7.14%)	3.92
48	稳定性	1 (7.14%)	3.83
49	敢为性	1 (7.14%)	3.42
50	有恒性	1 (7.14%)	3.77
51	独立性	2 (14.29%)	3.42
52	自律性	2 (14.29%)	3.17
53	观察力	0	3.36
54	记忆力	0	3.29
55	想象力	1 (7.14%)	3.54
56	思考力	0	3.71
57	操作能力	1 (7.14%)	3.31

心理健康指标第二轮调查

编号	指标名称	合理性		重要性				
		删除	修改	1	2	3	4	5
1	积极自我评价							
2	生活积极							
3	乐观向上							
4	安全感							
5	不畏难							
6	自信							
7	不逃避							
8	合作与竞争							
9	果断性							
10	顽强性							

续表

编号	指标名称	合理性		重要性				
		删除	修改	1	2	3	4	5
11	意志力							
12	自制力							
13	冲动性							
14	情绪变化							
15	情绪低落							
16	自责							
17	容易焦虑							
18	良好的心境							
19	注意力集中							
20	坚持性							
21	精力充沛							
22	自知之明							
23	自我意识							
24	悦纳自己							
25	自觉性							
26	自立							
27	自尊							
28	协作能力							
29	现实理性							
30	奉献							
31	目标明确							
32	目标现实							
33	自我实现							
34	学习成就感							
35	具有学习的能力							
36	创造性							
37	学习兴趣							
38	决策							
39	乐于工作并从中得到满足感							
40	活动性							

续表

编号	指标名称	合理性		重要性				
		删除	修改	1	2	3	4	5
41	社交性							
42	冒险性							
43	冲动性							
44	表露性							
45	理智性							
46	责任感							
47	乐群性							
48	稳定性							
49	敢为性							
50	有恒性							
51	独立性							
52	自律性							
53	观察力							
54	记忆力							
55	想象力							
56	思考力							
57	操作能力							

社会适应指标第一轮调查结果

编号	指标名称	认为应删除该指标的专家数（%）	专家对该指标重要性评价的均值
1	社会角色	0	3.14
2	规则意识	1 (7.14%)	3.08
3	民主意识	2 (14.29%)	3.50
4	信息收集	4 (28.57%)	3.30
5	信息鉴别	3 (21.43%)	3.55
6	应变能力	0	3.50
7	生存能力	0	3.64
8	人际沟通	0	3.57
9	互动状态	2 (14.29%)	3.42
10	竞争意识	0	3.43
11	拼搏精神	0	3.64
12	冒险精神	0	3.36

续表

编号	指标名称	认为应删除该指标的专家数（%）	专家对该指标重要性评价的均值
13	团队精神	1（7.14%）	3.54
14	协作意识	0	3.57
15	抗挫折能力	0	3.93
16	竞争手段	0	3.29
17	协作行为	0	3.29
18	自我学习	1（7.14%）	3.31
19	生活方式	2（14.29%）	3.42

社会适应指标第二轮调查

编号	指标名称	合理性		重要性				
		删除	修改	1	2	3	4	5
1	社会角色							
2	规则意识							
3	民主意识							
4	信息收集							
5	信息鉴别							
6	应变能力							
7	生存能力							
8	人际沟通							
9	互动状态							
10	竞争意识							
11	拼搏精神							
12	冒险精神							
13	团队精神							
14	协作意识							
15	抗挫折能力							
16	竞争手段							
17	协作行为							
18	自我学习							
19	生活方式							
20	社会支持							

九、大学生个性化体质健康心理指标学生调查问卷

亲爱的同学：

您好！首先非常感谢您参加我们的调查。本调查的内容涉及大学生心理素质的自我、人际和处事三个方面。具体来讲：①自我方面的内容包括个人对自我的正确评价及基本生活态度；②人际方面的内容包括个人在人际交往中体现出来的核心能力和素质；③处事方面的内容包括个人在学习、生活中所反映出来的处事风格和特点。

调查问卷共包含17项具体的评价指标，每项指标的内容描述后面都有7个选项，从"1"到"7"依次代表"完全不符合"到"完全符合"。请您根据自己的实际情况认真填写问卷，并在您认为与自己实际情况最相符的选项下的数字上打"√"标注。

本调查为匿名调查，调查收集的数据资料只用作学术研究，进行整体的统计分析，请放心作答。

编号	指标名称	指标内容的具体描述	完全不符合	不符合	较不符合	一般	比较符合	符合	完全符合
1	自尊	自我尊重，既不向他人卑躬屈膝，也不允许他人的歧视、侮辱	1	2	3	4	5	6	7
2	自信	肯定自我，有克服困难的决心和勇气	1	2	3	4	5	6	7
3	自立	自己的事情自己负责，不依赖别人，靠自己的劳动而生活	1	2	3	4	5	6	7
4	独立性	善于独立思考，有主见	1	2	3	4	5	6	7
5	乐观向上	对生活持积极乐观的态度，事业上有进取心	1	2	3	4	5	6	7
6	自我学习	给自己设定有明确的学习目标，并且有意识地坚持学习，努力实现目标	1	2	3	4	5	6	7
7	团队精神	善于与人合作，能充分信任他人，能与不同风格的人交往，有集体意识，重视集体利益	1	2	3	4	5	6	7
8	人际沟通	友善随和，有较强的沟通意愿，在沟通中善于倾听，能够进行及时准确的反馈	1	2	3	4	5	6	7

续表

编号	指标名称	指标内容的具体描述	完全不符合	不符合	较不符合	一般	比较符合	符合	完全符合
9	协作意识	善于用合作而非竞争的视角看问题，重视通过与他人的协调、配合来处理问题	1	2	3	4	5	6	7
10	协作能力	能够通过与他人进行协调、配合的方式有效应对学习、生活中遇到的各种问题	1	2	3	4	5	6	7
11	情绪稳定性	情绪稳定，不易受周围环境的影响	1	2	3	4	5	6	7
12	注意力集中	能够集中精力于自己想做的事情	1	2	3	4	5	6	7
13	坚持性	对目标执着，意志坚定，遇到困难不退缩，能够坚持到底	1	2	3	4	5	6	7
14	有恒性	做事有恒心，不半途而废	1	2	3	4	5	6	7
15	责任性	做事时尽职尽责，善始善终，能够给人以信赖感	1	2	3	4	5	6	7
16	抗挫折能力	在挫折面前保持冷静，能够有效克服学习、生活中遇到的困难和挑战	1	2	3	4	5	6	7
17	应变能力	能够适应学习、生活中的各种变化，灵活应对学习、生活中的各种突发问题或事件	1	2	3	4	5	6	7

调查最后，请补充有关你个人的一些基本信息（非常重要）

性别：①男；②女

年龄：（　）岁

学历：①专科；②本科；③硕士及以上

专业：①文科；②理科；③工科；④其他

生源地：①乡镇；②县城；③地市级城市；④省会城市

是否独生子女：①是；②否

家庭经济状况在当地所处的位置：①中下；②中等；③中上

调查结束，再次感谢您的参与，祝您学习、生活愉快！

十、人体运动量监控系统说明书

技术领域

本实用新型涉及人体运动量监测技术,特别涉及一种人体运动量监控系统。

背景技术

近年来,尽管居民的营养水平和形态发育不断提高,但是,人体的部分体能素质指标中的肺活量水平、体能素质持续下降,体能素质中的速度素质和力量素质连续 10 年下降,而耐力素质则连续 20 年下降。超重和肥胖人体的比例迅速增加,城市男生已达到 24%,人体体质健康成为全社会关注的焦点。调查研究显示,忽视体育锻炼、缺乏营养知识是导致人体体质下降的主因。大量研究结果表明,科学合理的体育锻炼对人体体质健康将产生积极的影响。

综上所述,要实现运动的科学性必须对人体运动情况进行实时的监控,并在此基础上进行分析和评价。而实现实时监控的关键在于开发高精度、便携和低廉的运动量监控设备。目前,有关运动量的监控设备大多是国外产品,其评价参数是根据欧洲人身体条件制定的,不适用于中国人的体质状况。

因此,研发高精度、便携和低廉的人体运动量监控设备,通过对人体每天参加一小时运动时间的监控及对人体的体质状况进行长期有效的跟踪记录,将对人体体育的开展具有重要的意义。

目前,常用能耗科学测试方法是心率监测法,它利用了心率与能耗之间存在的线性关系,但心率只能作为评估人体运动强度的客观参考指标,主要原因为:(1)个体的忍耐力不同,心率与氧气摄入量的关系也在变化;(2)个体的心率与氧气的摄入量与运动状态有关;(3)心率与身体状况、情感、环境有关。另一种常用能耗科学测试方法是气体代谢分析法。但是,该方法成本高昂,需要特定的苛刻的测试环境,还需要复杂的测试流程,因此它只能用在实验室内,无法实现个体在日常生活中能量消耗的简单监测。

发明内容

本实用新型的目的就是为了克服上述现有技术的不足,提供一种人体运动量监控系统,通过该系统可以实现实时监测人体运动状态、能量消耗以及脉搏、温度的目的。

为了实现上述目的,本实用新型的技术方案是:人体运动量监控系统由便携式测量装置和计算机数据处理装置组成。便携式测量装置由传感器信号采集处理控制器分别与加速度传感器、温度传感器、脉搏传感器、无线信号发送模块相连而成。通过无线连接的计算机数据处理装置由计算机和与计算机相连的无线信号接收模块组成。便携式运动测量装置和计算机数据处理装置通过无线相互连接。

在这一技术方案中，便携式测量装置设有大容量存储器、键盘与液晶显示器、USB 接口，大容量存储器、键盘与液晶显示器、USB 接口和传感器信号采集处理控制器的数据口相连。三维加速度传感器内置于便携式测量装置中，脉搏传感器和温度传感器设置于便携式测量装置的底板上。

本实用新型结构简单，操作方便，测试成本低，且具有超低功耗，通过快速的数据处理可对个体提供合理化的健康运动指导。通过测量三维加速度的波形，可识别人体的运动类型，建立了人体运动的能耗与运动类型，以及加速度、脉搏/体温、身高、年龄、性别等的运动能耗的数学模型和基本关系，能自动选择对应的数学模型进行实时监控并计算运动能耗。

附图说明

附图 1 是本实用新型提供的人体运动量监控系统的结构框图。

附图 2 是本实用新型中所描述的各模块的连接关系。

具体实施方式

下面结合附图和实施例对本实用新型做进一步描述。

如附图 1 所示，本实施例人体运动量监控系统由便携式测量装置和计算机数据处理装置组成。便携式测量装置由传感器信号采集处理控制器分别与加速度传感器、温度传感器、脉搏传感器、无线信号发送模块相连而成。通过无线连接的计算机数据处理装置由计算机和与计算机相连的无线信号接收模块组

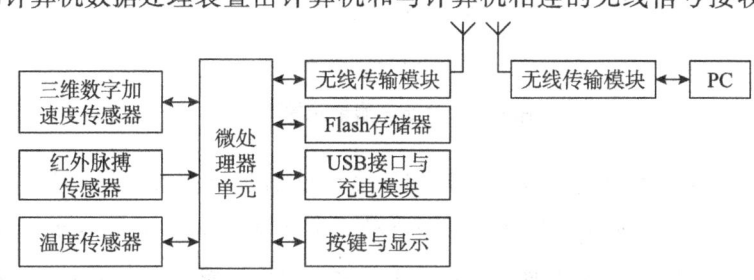

附图 1　人体运动量监控系统系统结构

成。便携式运动测量装置和计算机数据处理装置通过无线相互连接。

上述便携式测量装置还设有大容量存储器、键盘与液晶显示器、USB 接口，所述大容量存储器、键盘与液晶显示器、USB 接口和传感器信号采集处理控制器的数据口相连。

上述三维加速度传感器内置于便携式测量装置中，脉搏传感器和温度传感器设置于便携式测量装置的底板上。

上述计算机数据处理装置首先将通过无线接收或 USB 接收的数据写入数据库进行管理，再分别进行能耗分析、运动姿态分析、健康顾问等，并结合脉搏、体温进行健康运动状态的分析处理，提供个性化的健康运动建议，如建议运动类型、时间等。

如附图 2 所示，为本人体运动量监控系统的便携式测量装置的各单元模块的连接关系。以下是对电路图中各部分的说明。

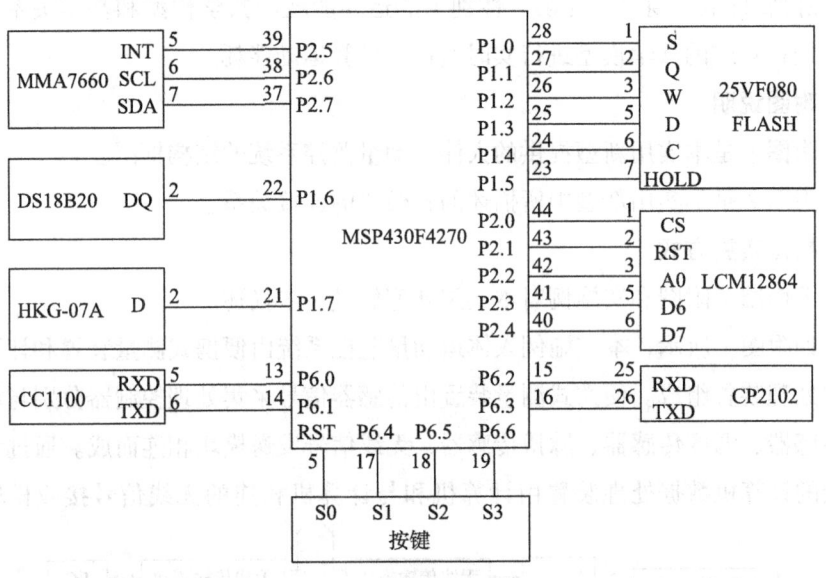

附图 2　微处理器单元的原理

（1）三维加速度传感器：三维加速度传感器是检测人体运动加速度的关键器件。本实施例采用三维数字加速度传感器 MMA7660，通过 SPI 总线或 IIC 总线与传感器信号采集处理控制器相连，可设置定时采集运动加速度数值。

（2）本实用新型的微处理器单元采用 MSP430F4270 芯片，该芯片的特点是具有极低功耗,特别适合便携式仪表。同时,芯片管脚数目适中,体积小。

(3) 温度传感器:温度传感器采集人体体表温度。本实施例采用 DS18B20 数字温度传感器,通过 IIC 总线与传感器信号采集处理控制器相连,直接读取温度值。

(4) 脉搏传感器:脉搏传感器采集人体手指脉搏。本实施例采用 HKG-07A 红外脉搏传感器,并通过放大电路,输入传感器信号整形得到标准脉冲信号,并通过数字滤波和处理获得脉搏值。

(5) 大容量存储器:便携式测量装置实时采集大量数据,一方面进行实时处理,获得各运动参数供本地显示,同时对采集的数据进行存储,以便上传给计算机,作进一步处理分析。本实施例采用 25VF080 FLASH 存储器,容量达到 8Mbit。

(6) USB 接口:便携式测量装置采集的数据需要发送给计算机系统作进一步处理分析。本实施例采用 CP2102 接口,将数据通过 USB 接口发送给计算机。

(7) 键盘与液晶显示:在本实施例中,共设有四个控制按键,即复位键、测量键、上移键、下移键。测量键被按下标志测量开始;上移键、下移键与测量键组合使用,可作为数据预置使用,如预置身高、体重、时间校准。液晶显示采用 LCM12864,可显示时间、脉搏、体温和累计能耗。

(8) 无线信号发送模块:便携式测量装置采集的数据既可以通过 USB 接口传输给计算机,还可以通过无线发送与接收电路进行传输。发送端若接收到请求信号,则发送已采集的数据,并根据计算机的回复确定是否继续发送数据。本实施例采用 CC1100 通信接口,将数据通过无线方式发送给计算机。

附图 2 给出了本实用新型中所述微处理器单元的原理图与外围器件的连接关系。三维加速度传感器 MMA7660 与微处理器连接的 INT(5 脚)、SCL(6 脚)、SDA(7 脚)信号线分别接微处理器 MSP430F4270 的 P2.5(39 脚)、P2.6(38 脚)、P2.7(37 脚),温度传感器 DS18B20 的 DQ 端(2 脚)接微处理器 MSP430F4270 的 P1.6(22 脚),脉搏传感器 HKG-07A 的信号端 D(2 脚)接微处理器 MSP430F4270 的 P1.7(21 脚),无线信号发送模块 CC1100 的 RXD(5 脚)、TXD(6 脚)分别接微处理器 MSP430F4270 的 P6.0(13 脚)、P6.1(14 脚)。大容量的 FLASH 存储器 25VF080 的 S(1 脚)、Q(2 脚)、W(3 脚)、D(5 脚)、C(6 脚)、HOLD(7 脚)分别接微处理器 MSP430F4270 的 P1.0(28 脚)、P1.1(27 脚)、P1.2(26 脚)、P1.3(25 脚)、P1.4(24

脚)、P1.5（23 脚），显示液晶 LCM12864 为串行工作模式，其 CS（1 脚)、RST（2 脚)、A0（3 脚)、D6（5 脚)、D7（6 脚）分别接微处理器 MSP430F4270 的 P2.0（44 脚)、P2.1（43 脚)、P2.2（42 脚)、P2.3（41 脚)、P2.4（40 脚)。USB 接口采用 CP2102 芯片，可以通过 USB 提供的 5V 电压对电池充电，同时提供 USB 数据传输方式。其 RXD（25 脚)、TXD（26 脚）分别接微处理器 MSP430F4270 的 P6.2（15 脚)、P6.3（16 脚)；系统设置了 4 个按键，分别为复位按键 S0，接微处理器 MSP430F4270 的 RST（5 脚）端，操作键 S1、S2、S3 分别接微处理器 MSP430F4270 的 P6.4（17 脚)、P6.5（18 脚)、P6.6（19 脚)，S1 为功能切换键，S2、S3 为输入数据调整键，为功能复用的组合键实用。

参考文献

[1] 教育部关于 2005 年全国学生体质与健康调研结果公告 [EB/OL]. http://www.jyb.cn/cm/jycm/beijing/jybgb/zh/t20070314_70184.html.

[2] 中央人民广播电台中国广播网. 2008 年全国教育事业发展统计公报 [EB/OL]. http://www.cnr.cn/jy/toutiao/200907/t20090720_505404084.html.

[3] 人民网."阳光体育运动"背景：让全国亿万学生沐浴体育阳光 [EB/OL]. http://edu.people.com.cn/GB/8216/83335/122473/7237575.html.

[4] 大学生体质一年不如一年 [N]. 郑州晚报, 2008-08-13.

[5] 教育部关于 2010 年全国学生体质与健康调研结果公告 [EB/OL]. http://www.moe.edu.cn/publicfiles/business/htmlfiles/moe/s5948/201109/124202.html.

[6] 万琼. 1985—2000 年湖北省大学生体质健康状况分析 [J]. 中国校医, 2005 (1).

[7] 柯芳, 余毅震. 湖北省学生身体素质现况及 20 年变化趋势分析 [J]. 中国学校卫生, 2007 (12).

[8] 孙静. 湖北省普通高校实施《国家学生体质健康标准》测试数据统计及分析 [J]. 武汉体育学院学报, 2012 (10).

[9] 苏端飞. 阳光体育之特征与发展 [J]. 四川体育科学, 2009 (3).

[10] 李爱民, 刘欣然, 黄玲. 对开展青少年学生"阳光体育运动"的理论分析 [J]. 江西师范大学学报：自然科学版, 2008 (4).

[11] 黄祖林. 从阳光体育的内涵与特征审视体育教育专业的改革 [J]. 成都体育学院学报, 2008 (9).

[12] 刘海元. 深入推进"阳光体育运动"需要思考的几个问题 [J]. 体育教学, 2008 (5).

[13] 孙俊伟. 高校体育教学改革如何适应"阳光体育运动"的需求探讨 [J]. 四川体育科学, 2008, 9 (3).

[14] 刘小俊. "阳光体育"内涵与发展探析 [J]. 沈阳体育学院学报, 2009 (2).

[15] 王月华. 开展全国亿万学生"阳光体育运动"的认识与思考 [J]. 上海体育学院学报, 2007 (6).

[16] 刘海元, 袁国英. 关于开展"阳光体育运动"若干问题的探讨 [J]. 体育学刊, 2007 (11).

[17] 刘传安. 系统科学视觉下的"阳光体育运动"体系 [G] // 第八届全国体育科学大会论文汇编, 2008: 895.

[18] 张兵. 对"阳光体育运动"实施体系的思考 [J]. 体育成人教育学刊, 2008 (12).

[19] 吴杰. 高校体育课程改革中"阳光体育运动"俱乐部模式教学的研究 [J]. 吉林体育学院学报, 2008 (1).

[20] 张琴琳. 学校"阳光体育运动"模式的比较和选择——以湖南省为例 [D]. 长沙: 湖南师范大学, 2010.

[21] 王洪磊, 仇银霞. 普通高校"阳光体育运动""三元化"模式研究 [J]. 四川体育科学, 2012 (10).

[22] 顾勇. 我国高校阳光体育"一院一品"模式研究——以湖北大学为例 [D]. 武汉: 湖北大学, 2012.

[23] 杨贵仁. 从战略高度认识和加强体育 [J]. 中国高等教育, 2007 (11).

[24] 黄玉宁. "阳光体育运动"价值研究 [J]. 当代体育科技, 2012 (10).

[25] 张玉兰, 朱书祥, 黄显忠, 等. "阳光体育"的内涵及时代意义解析 [J]. 体育科技文献通报, 2010 (3).

[26] 郑汉山. 大学生体育价值观与"阳光体育运动"的和谐发展 [J]. 体育学刊, 2013 (3).

[27] 刘天宇. 教育本质的回归——"阳光体育运动"价值研究 [J]. 体育科技文献通报, 2011 (1).

[28] 刘海元. 全国10省市区贯彻"中央7号文件"精神及实施意见的研究 [J]. 武汉体育学院学报, 2008 (8).

[29] 刘海元. 全国教育系统落实"中央7号文件"的基本状况 [J]. 体育学刊, 2008 (3).

[30] 罗敦雄. 学校体育政策执行阻滞问题研究——以高效实施"阳光体育运动" [D]. 福州: 福建师范大学, 2012.

[31] 聂盼. 北京市普通高校开展"阳光体育运动"的现状和对策研究 [D]. 北京: 首都体育学院, 2011.

［32］姬军战，张鹏. 湖南省高校开展"阳光体育运动"现状研究［J］. 考试周刊，2010（6）.

［33］皮云云. 西安市普通高校"阳光体育运动"实施现状及发展对策研究［D］. 西安：陕西师范大学，2011.

［34］熊玲，彭拥军. 湖北省高校"阳光体育运动"初始阶段现状研究［J］. 体育研究与教育：研究生论文专刊，2012（S2）.

［35］熊玲，余超，杨谦，周光海. 湖北省普通高校"阳光体育运动"管理现状研究［J］. 湖北体育科技，2012（5）.

［36］柯育平，杨江明. 湖北省高校开展"阳光体育"运动的现状与对策研究［J］. 当代体育科技，2011（2）.

［37］赵昀. 成都市中小学师生对"阳光体育运动"的认知与期望调研［D］. 成都：四川师范大学，2008.

［38］宁业梅. 高校开展"阳光体育运动"促进学生参与体育运动的研究［J］. 体育科技，2008（3）.

［39］闫秋霞. 武汉市中学"阳光体育运动"的社会保障与个人自觉研究［D］. 武汉：武汉体育学院，2008.

［40］杨士金. "阳光体育运动"视角下上海市部分高校课外体育活动现状研究［D］. 上海：上海师范大学，2012.

［41］高卫民. "阳光体育运动"背景下高校公共体育课程体系的研究［D］. 济南：山东大学，2012.

［42］周唯. "阳光体育运动"的实施与体育教育专业的体操教学［J］. 西安体育学院学报，2007（6）.

［43］何海艳. 阳光体育背景下洛阳市中学乒乓球运动开展的现状与对策研究［D］. 成都：成都体育学院，2012.

［44］钱飞云. "阳光体育"背景下学生参与课余体育现状调查报告［J］. 科技创新导报，2009（5）.

［45］姚旭霞，赵强. 普通高校"阳光体育运动"评价体系研究［J］. 体育文化导刊，2010（11）.

［46］李生民，王波，祝菁. 普通高校"阳光体育运动"评价指标体系构建［J］. 北京体育大学学报，2011（4）.

［47］冯秀敏. 西安市中小学"阳光体育运动"实施效果评价指标体系研究［D］. 西安：西安体育学院，2013.

[48] 赵郭侠. 论建构"阳光体育运动"的长效机制 [J]. 体育成人教育学刊, 2008 (6).

[49] 唐建华. 普通高校"阳光体育运动"长效机制构建初探——以湖南省高校为例 [D]. 长沙: 湖南师范大学, 2010.

[50] 李伟, 詹建国. 美国学校体育教学的现状与特点 [J]. 中国学校体育, 1997 (3).

[51] 任朋达. 长春市城区小学开展"阳光体育运动"情况的调查与分析 [J]. 华东师范大学学报, 2008 (5).

[52] 俞爱玲. 加拿大学校"高质量的日常体育活动计划"的启动 [J]. 体育学刊, 2006, 21 (11).

[53] 方云伟. 运动不足成学生体质健康状况下降主因 [N]. 人民网, 2006-08-20.

[54] 耿银平. "体能再败"源于"圈养痼疾" [N]. 中国青年报, 2006-08-30.

[55] 全国学生体质健康调研组. 2005 年全国学生体质与健康调研结果 [J]. 中国学校体育, 2006 (10).

[56] 教育部. 国家体育总局共青团中央关于开展全国亿万学生"阳光体育运动"的通知 [EB/OL]. http://baike.baidu.com/view/2987674.html.

[57] 新华网: 胡锦涛主持政治局会议 [EB/OL]. http://news.xinhuanet.com/politics/2007-04/23/content_6016870.html.

[58] 中共中央国务院关于加强青少年体育 增强青少年体质的意见 [EB/OL]. http://www.gov.cn/gongbao/content/2007/content_663655.html.

[59] 国家中长期教育改革和发展规划纲要 (2010—2020 年) [EB/OL]. http://www.gov.cn/jrzg/2010-07/29/content_1667143.html.

[60] 柴葳. 2007 亮点: 阳光体育进学校, 素质教育突破口 [N]. 中国教育报, 2007-12-31.

[61] 省教育厅关于印发《湖北省中小学校每天一小时阳光体育实施方案》的通知 [EB/OL]. http://www.hbxasy.com/www/25/2010-05/198.html.

[62] 中共湖北省委湖北省人民政府关于加强青少年体育 增强青少年体质的实施意见 鄂发〔2008〕10 号 [EB/OL]. http://www.jingzhou.gov.cn/article/oldfzjz022012/13066.html.

[63] 姚绪忠, 秦正为. 毛泽东体育思想形成的理论来源 [J]. 体育文化导刊, 2013 (5): 132-135.

[64] 刘花云, 孙洪涛. 高校实施"阳光体育运动"的审视 [J]. 体育科技文献通报, 2009 (2): 5-7.

[65] 刘天宇. 教育本质的回归——"阳光体育运动"价值研究 [J]. 体育科技文献通报, 2011 (1).

[66] 国务院. 全民健身一二一工程 [J]. 体育学刊, 1995 (1): 15-17.
[67] 国务院关于印发全民健身计划（2011—2015 年）的通知 [EB/OL]. http://www.gov.cn/zwgk/2011-02/24/content_1809557.html.
[68] 体育事业发展"十二五"规划 [EB/OL]. http://www.sport.gov.cn/n16/n1077/n1467/n1843577/1843747.html.
[69] 周光耀, 代江, 林勇. 全民健身背景下的"阳光体育运动" [J]. 知识经济, 2007 (8): 117-178.
[70] 黄美好. 体育学概论 [M]. 北京: 人民体育出版社, 2007: 50.
[71] 李建军. 中国学校体育百年发展的研究 [EB/OL]. http://www.mlty.net/keyan/zjjz/200609/keyan_310.html.
[72] 黄勇前. 《国家体育锻炼标准》出台背景、实施情况研究 [J]. 体育文化导刊, 2005 (5): 51-53.
[73] 梁立启, 栗霞. "阳光体育运动"开展现状的思考 [J]. 体育学刊, 2009 (12).
[74] 李建强. 我国学生体质健康标准的演变历程及特征研究 [D]. 苏州: 苏州大学, 2009.
[75] 教育部关于进一步加强高等学校体育工作的意见 [EB/OL]. http://www.eol.cn/article/20051014/3155682.shtml.
[76] 教育部、国家体育总局关于进一步加强学校体育工作切实提高学生健康素质的意见 [EB/OL]. http://www.edu.cn/nj07_29_8986/20091203/t20091203_427307.shtml.
[77] 刘小俊. "阳光体育"内涵与发展探析 [J]. 沈阳体育学院学报, 2009 (2).
[78] 王则珊. 对终身体育的探讨 [J]. 北京体育学院学报, 1987 (1): 35-39.
[79] 王则珊. 终身体育: 现代人生活方式的一种追求 [M]. 北京: 北京体育学院出版社, 1994.
[80] 李勇. 对大学生体育意识与行为的调查研究 [J]. 武汉体育学院学报, 2004, 38 (2): 171.
[81] 中华人民共和国教育部. 普通高等学校体育场馆设施、器材配备目录 [S]. 教体艺厅〔2004〕6 号, 2004.
[82] 邵洪. 学生体质健康标准（试行方案）剖析 [J]. 中北大学学报: 社会科学版, 2005 (4).
[83] 杨冬钧. 《学生体质健康标准》评分标准存在的问题 [J]. 山西师大体育学院学报, 2004 (2).
[84] 孙灿成. 学校管理学概论 [M]. 北京: 人民教育出版社, 2002: 35.

［85］孙灿成. 学校管理学概论［M］. 北京：人民教育出版社，1993：81.

［86］编委会. 新时期宣传工作要点与宣传方法艺术创新实务全书［M］. 北京：当代中国出版社，2009.

［87］陈永利. 改革开放三十年中国学校体育的法规和制度建设回顾与思考［J］. 中国学校体育，2009（4）.

［88］中小学体育工作督导评估指导体系（试行）［EB/OL］. http：//www.moe.edu.cn/edoas/website18/34/info1222047548406134.html.

［89］唐智. 普通高校开展"阳光体育运动"的意义［J］. 网络财富，2008（11）.

［90］陈建嘉. 高校体育的经费现状及对策研究［J］. 四川体育科学，1998（2）.

［91］张金标，姜同仁，钱杰. 高校体育教育经费投入问题研究［J］. 北京体育大学学报，2004（12）.

［92］夏会国. 加快我国高校体育经费保障机制建设的思考［J］. 吉林体育学院学报，2007（4）.

［93］刘江山，刘欣石，王健. 关于构建"阳光体育运动"运行机制的思考［J］. 河北体育学院学报，2009（4）.

［94］张华. 山东省普通高校实施《国家学生体质健康标准》现状分析与对策研究——以山东大学为例［D］. 济南：山东大学，2009.

［95］李鸿江，等. 阳光体育总论［M］. 北京：北京体育大学出版社，2009.

［96］张洁. 湖北省普通高校"阳光体育运动"开展现状［J］. 湖北第二师范学院学报，2012（4）.

［97］何小华. 湖北省独立学院"阳光体育运动"开展的现状及发展策略［J］. 科技信息，2012（31）.

［98］熊国庆. 湖北省高校体育资源配置现状的研究［D］. 南京：南京师范大学，2007.

［99］韩昌松. 湖北省高校体育场馆资源现状及开发利用的研究［D］. 武汉：华中师范大学，2008.

［100］李万虎，钟霞.《国家学生体质健康标准》的实施情况——以湖北省高校为例［J］. 体育成人教育学刊，2013（2）.

［101］刘秀珍. 学校体育系统目标管理之我见［J］. 科学教育，2006（1）.

［102］俞宪忠. 优化制度设计的基本原则：激励与惩罚相兼容［J］. 社会科学战线，2011（12）.

［103］刘昕. 绩效审核与改进会议的作用及实施要点［J］. 中国人力资源开发，1994（20）：10.

[104] 田卫东. 谈谈课后总结的作用、形式及内容 [J]. 职业教育研究, 2004 (9).

[105] 沈尔唯. 设立强有力的行政组织保障 [J]. CIO Weekly, 2007 (19).

[106] 刘治国, 钟挥云. 甘肃高台县探索建立"阳光体育运动"长效机制的实践 [J]. 青少年体育, 2013 (4).

[107] 李锋. 普通高校体育安全保障体系的初步构建 [D]. 长沙: 湖南大学, 2011.

[108] 张红坚. 校园体育文化建设与对策探析 [J]. 涪陵师范学院学报, 2003 (5).

[109] 曹建丽. 浅议高校体育文化节的开展 [J]. 贵州体育科技, 2007 (9).

[110] 安维强. 大学生体育社团的作用与运行机制 [J]. 黑河学刊, 2012 (12).

[111] 韩政, 韩学民. 体育比赛的作用 [J]. 价值工程, 2012 (11): 297-298.

[112] 刘长江, 严春辉, 孙荣辉. "阳光体育运动"开展的障碍性因素分析 [J]. 山东体育学院学报, 2009, 25 (5).

[113] 饶平, 费云志, 符亮. 普通高校实施阳光体育实时监控初探 [J]. 科技信息, 2010 (3).

[114] 黄敬亨. 社区健康促进的现状与展望 [J]. 中国健康教育杂志, 1999 (3).

[115] 国家体育总局. 2010年国民体质监测公报 [R], 2011 (9).

[116] 方从慧. 当代大学生社会适应现状调查研究 [D]. 重庆: 西南大学, 2008.

[117] 杨晓青. 我国高等教育的发展规模和速度问题研究 [M]. 北京: 高等教育出版社, 2009.

[118] 姚鸿恩. 体育保健学高级教程 [M]. 南宁: 广西师范大学出版社, 2003.

[119] 齐岱蔚. 达到身心平衡——康复疗养空间景观设计初探 [D]. 北京: 北京林业大学, 2007.

[120] 孙文. 新职业健康管理师 [J]. 中国卫生产业, 2006 (2).

[121] 张继平, 孔庆涛, 刘波. 中外大学生体质健康管理研究 [J]. 科教导刊, 2011.

[122] STEFANO MIZZARO, CARLO TASSO. Ephemeral and persistent personalization in adaptive information access to scholary publications on the web [C]. Conference Proceedings of AH 2002, 2002: 306-316.

[123] JON DAVIES, BYRON P MCCRAE, JOANNE FRANK, et al. Identifying male college students' perceived health needs, barriers to seeking help, and recommendations to help men adopt healthier lifestyles [J]. Journal of American College Health, 2000, 48 (6).

[124] WARE JE JR, SNOW K K, KOSINSKI M, et al. SF-36 Health survey manual and interpretation Guide [M]. Boston: New England Medical Center the Health Institute, 1993.

[125] MCFARLANE A H, NEALE K A, NORMAN G R, et al. Methodological issues in develo-

ping a scale to measure social support [J]. SchizophrBull, 1981 (7).

[126] LEVINE H M, BASHAM R B, SARASON B R. Assessing social support: The social support questionnaire [J]. J. Pers. Soc. Psychol, 1983, 44 (1).

[127] 郑日昌. 大学生心理诊断 [M]. 济南: 山东教育出版社, 1999.

[128] STOKES J P, WILSON D G. The inventory of socially supportive behaviors: prediction and gender [J]. American Journal of Community Psychology, 1984, 12 (1).

[129] PERNEGER T V, LEPLEGE A, ETTER J F, et al. Validation of a french – language version of the MOS 36 – item short form health survey (sf – 36) in young healthy adults [J]. J Clin Epidemiol, 1995 (48).

[130] GUILLEMIN F, BOMBARDIER C, BEATON D. Cross – cultural adaptation of health – related quality of life measures: literature review and proposed guidelines [J]. J Clin Epidemiol, 1993 (46).

[131] GANDEK B, WARE J E J R. Methods for validating and norming translations of health status questionnaires: the IQOLA project approach. international quality of life assessment [J]. J Clin Epidemiol, 1998 (51).

[132] 李鲁, 王红妹, 沈毅 [J]. 中华预防医学杂志, 2002, 36 (2).

[133] 许军. 自测健康评定量表 [J]. 中国行为医学科学, 2001 (10).

[134] SHUVAL KEREM, WEISSBLUETH EYAL, BREZIS MAYER, et al. Individual and socioecological correlates of physical activity among arab and jewish college students in israel [J]. Journal of Physical Activity & Health, 2009, 6 (3).

[135] TOM LONEY, MARTYN STANDAGE, DYLAN THOMPSON, et al. Objectively assessed physical activity: which is right for public health [J]. Journal of Physical Activity and Health, 2011 (8).

[136] CARTER STACY, M RYCHETNIK, LUCIE DIETETICS, PGRADDIP LLOYD, et al. Evidence, ethics, and values: a framework for health promotion [J]. American Journal of Public Health, 2011, 101 (3).

[137] 吴宗喜, 蔡晓波. 高校开展学生体质健康管理的调查研究 [J]. 南京体育学院学报, 2008, 1 (22).

[138] 吴宗喜. 高校学生体质健康管理方法探析 [J]. 运动, 2010 (10).

[139] 谭洪论. 基于《标准》下体质健康管理体系的探索 [J]. 中国科技信息, 2011 (24).

[140] 杜小安, 朱斌. 大学生体质健康测试后续服务管理模式与运用 [J]. 成都体育学院学报, 2010, 8 (36).

[141] 梁建秀, 周艳明, 刘艺峰. 学生体质健康管理咨询系统的研制与实践 [J]. 北京体育大学学报, 2005, 10 (28).

[142] 汪浩, 王秉彝, 李实.《大学生体质健康标准》测试管理系统的研制 [J]. 中国体育科技, 2005, 3 (41).

[143] 刘振华, 何丕廉. C/S 与 B/S 混合模式学生体质健康管理系统设计 [J]. 计算机与现代化, 2008 (1).

[144] 李为敏, 朱娅加, 肖乐. 大学生体质健康标准信息管理系统的设计与实现 [J]. 吉林体育学院学报, 2007, 23 (2).

[145] 陈磊, 皮崴, 牛小洪. 高校学生体质信息管理反馈系统的初步研究 [J]. 人力资源管理, 2010 (3): 1-2.

[146] 李强. 大学生健康诊断系统研究 [J]. 天津体育学院学报, 2002, 4 (17): 48-51.

[147] 何江川. 我国十七个少数民族大学生健康水平的因子分析 [J]. 北京体育大学学报, 2004, 10 (27): 1359-1361.

[148] 倪湘宏. 健美操健康功能对大学生健康影响的教学实验研究 [J]. 武汉体育学院学报, 2005, 5 (39): 100-103.

[149] 张一兵, 谈军. 上饶师院大学生健康状况研究 [J]. 中国卫生统计, 2005, 2 (22): 123.

[150] 张少生, 庞德芳. 广州与沈阳大学生健康状况的比较研究 [J]. 武汉体育学院学报, 2005, 12 (39): 112-114.

[151] 梁建桃. 高校大学生健康教育监测与评价的研究 [J]. 武汉体育学院学报, 2007, 9 (41): 81-84.

[152] 蒋志勇. 浅谈当代大学生健康心理的培养 [J]. 西南民族大学学报: 哲学社会科学版, 2002, 5 (23): 128-130.

[153] 张志军. 论高校德育与大学生健康心理素质培养 [J]. 中国成人教育, 2007 (11).

[154] 董玫玫. 培养大学生健康的心理素质 [J]. 辽宁教育研究, 2003 (5): 44-45.

[155] 庞明珍. 论大学生健康心理的培养与塑造 [J]. 广西民族学院学报: 哲学社会科学版, 2004 (12): 315-318.

[156] 萧旭, 葛莉莉. 大学生心理健康调查报告 [EB/OL]. http://home.51.com/swater1988/diary/item/10009091.html.

[157] 陈栩, 郭斯萍. 514 名大学生健康坚韧性分析 [J]. 中国心理卫生杂志, 2007, 7 (21): 475-476.

[158] 丛明滋. 当代大学生健康意识行为调查 [J]. 现代预防医学, 2010, 8 (37):

1493-1494,1503.

[159] 石磊,董博成. 大学生心理健康调查：九成大学生有心理方面的困扰［EB/OL］. http：//news. cntv. cn/20110422/113254. shtml.

[160] 蒋志勇. 浅谈当代大学生健康心理的培养［J］. 西南民族学院学报：哲学社会科学版,2002,5（23）：128-130.

[161] 张海莹. 大学生健康心理养成的途径和方法［J］. 中国成人教育,2006（2）：71.

[162] 张志军. 论高校德育与大学生健康心理素质培养［J］. 中国成人教育,2007（11）：57-58.

[163] 刘衔华,姚树桥,全宏艳,等. 心理健康教育显性课程对大学生健康认知与行为的影响［J］. 中国学校卫生,2009,9（30）：812-814.

[164] 杨眉,李佳慧. 大学生健康人格教育的质性研究［J］. 高等工程教育研究,2010（1）：86-89.

[165] 朱晓晖. 审美教育与大学生健康人格的培养［J］. 中国成人教育,2010（23）：56-58.

[166] 温兴满. 几种不同类型体育运动项目在构建大学生健康心理中的作用［J］. 教育与职业,2009,29（633）：189-190.

[167] 王纳新. 大学体育之心理健康效应研究［J］. 山东行政学院、山东省经济管理干部学院学报,2004,2（60）：83-84.

[168] 吕燕. 发挥高校体育的心理健康教育功能［J］. 湖北职业技术学院学报,2005,3（8）：88.

[169] 曾芊. 论休闲体育的心理健康价值［J］. 广州体育学院学报,2006,3（26）：25-27.

[170] 刘宇航. 体育运动的心理健康教育功能［J］. 科技资讯,2007（34）：249.

[171] 刘亚硕. 运动心理健康评判因素［J］. 魅力中国,2008,10（57）：111-112.

[172] 陈偕铨. 大学生运动负荷心输出量和适应运动量［J］. 体育科学,1988（1）：25-27.

[173] 李静. 上海大学生能量消耗与总能量代谢研究［J］. 营养学报,1991,13（2）：149-150.

[174] 梁洁,蒋卓勤. 广东省某高校大学生能量消耗研究［J］. 卫生研究,2003,32（5）：468-469.

[175] 史祝梅,王爱华. 体育学院教育专业130名大学生能量消耗情况研究［J］. 中国学校卫生,2004,25（2）：197-200.

[176] 戴剑松,李靖,顾忠科. 步行和日常体力活动能量消耗的推算 [J]. 体育科学, 2006, 26 (11): 91-95.

[177] 王巨文. 体育专业大学生中等强度长时间运动中机体能量代谢特征研究 [D]. 金华: 浙江师范大学, 2007: 1-2.

[178] 白海波. 对大学生身体基础运动量的研究与对策——以每日平均步行量为研究基点 [J]. 吉林体育学院学报, 2011, 27 (2): 70-72.

[179] 杨先军,王昌喜,潘磊,马祖,孙怡宁. 基于三维加速度信息的上肢动作质量评价的研究 [J]. 传感技术学报, 2010 (12): 41-44.

[180] 王昌喜,杨先军,徐强,马祖长,孙怡宁. 基于三维加速度传感器的上肢动作识别系统 [J]. 传感技术学报, 2010 (6).

[181] BOUTEN C V, WESTERTERP K R. Assessment of energy expenditure for physical activity using a triaxial accelerometer [J]. Med Sci Sports Exerc, 1994, 26 (12): 1516-1523.

[182] 于道中. 体质健康概念与我国学生体质健康状况 [J]. 山东体育学院学报, 1994 (10): 7-14.

[183] 黄奕祥. 健康管理: 概念界定与模型构建 [J]. 武汉大学学报: 哲学社会科学版, 2011, 64 (6): 66-74.

[184] 李蔚. 心理健康的定义和特点 [J]. 教育研究, 2003 (10).

[185] 陈霄. 中医健康管理系统的构建与应用 [J]. 广州中医药大学, 2010 (5).

[186] 赵云猛. 心理与生理的相互关系及对健康的影响 [J]. 中国冶金工业医学杂志, 2008, 25 (3).

[187] 赖春霞. 试论大学生生理健康与心理健康的协调发展 [J]. 阿坝师范高等专科学校学报, 2005 (9).

[188] 徐倩漪. 国民体质检测与服务信息管理系统的研究与实现 [J]. 天津大学计算机科学与技术学院, 2007 (6).

[189] 庞明珍. 论大学生健康心理的培养与塑造 [J]. 广西民族学院学报: 哲学社会科学版, 2004 (S2).